Côte d'Ivoire, l'urgence de l'intégrité

Collection « Études africaines »

Forte de plus de mille titres publiés à ce jour, la collection « Études africaines » fait peau neuve. Elle présentera toujours les essais généraux qui ont fait son succès, mais se déclinera désormais également par séries thématiques : droit, économie, politique, sociologie, etc.

Dernières parutions

Yves-Alain KOUMBA, *L'élection présidentielle gabonaise de 2016, Contribution à une problématique de la construction démocratique en Afrique francophone*, 2025.

Gérard Martin PEKASSA NDAM (dir.), *La fiscalité post-Covid-19 en Afrique subsaharienne francophone. Regards croisés*, 2025.

Mohamed AHMED ISSA, *Politiques linguistiques familiales à Djibouti-ville. Étude de la transmission intergénérationnelle des langues*, 2025.

Khaled AMRANI, *Les oiseaux du sahara, Précis d'ornithologie saharienne (Algérie)*, 2025.

Hugues Morell MELIKI, Ferdinand MBEN LISSOUCK (dir.), *Communautés et foncier à l'épreuve du capital au XXIe siècle. Dynamiques émergentes en Afrique noire*, 2025.

Coumba CISSÉ, *Vivre à l'ombre du barrage de Manantali, Les représentations sociales des impacts*, 2025.

Sidi Tiémoko TOURÉ, *L'histoire oubliée de Mori Touré le Conquérant. De l'Empire songhaï à Marabadjassa (1492-1960)*, 2025.

Mamadi KABA, *Renaissance du Sahel, L'Alliance des États du Sahel*, 2025.

Amadou MBEYAP KUTNJEM, *La justice sportive au Cameroun. Genèse et dynamiques du processus de règlement des litiges sportifs*, 2025.

Trésor LUMFUANKENDA BUNGIENA, *Architecture du care en République démocratique du Congo, Repenser l'infrastructure hospitalière*, 2025.

Amafou Pierre Stéphane Diby

Côte d'Ivoire, l'urgence de l'intégrité

Analyse des mécanismes de lutte contre la corruption

Préface de Mariame Krauer-Diaby

L'Harmattan

5-7, rue de l'École Polytechnique, 75005 Paris
http://www.editions-harmattan.fr
ISBN : 978-2-336-55154-8
EAN : 9782336551548

À mon défunt père, Commissaire DIBY Léguébé Pierre, mon modèle d'intégrité.

À Madame ESSO Abanet Blanche, Présidente du Pôle Pénal Économique et Financier.

REMERCIEMENTS À

Monsieur AHOUSSI Arthur Augustin Pascal, Directeur Général du Trésor et de la Comptabilité Publique, pour avoir suscité cette saine émulation.

Ma mère YARABE Ossoko Émilienne, sans qui je ne serais certainement pas celui que je suis devenu.

Ma merveilleuse épouse Danielle et à nos fils Lyam et Elydjah.

Henry Ognan DOGO et Patrick VERON.

Sigles et abréviations

AAI	Autorité Administrative Indépendante
ACD	Attestation de Concession définitive
AFA	Agence Française anticorruption
AFD	Agence Française de développement
AGRAC	Agence de Gestion et de Recouvrement des Avoirs Criminels
AGEF	Agence de Gestion Foncière
AJE	Agent Judiciaire de l'État
AJT	Agent Judiciaire du Trésor
ANRMP	Autorité Nationale de Régulation des Marchés Publics
ARSO	Autorité pour l'Aménagement de la Région du Sud-Ouest
APD	Aide Publique au Développement
AOR	Appels d'Offres Restreints
BCEAO	Banque Centrale des États de l'Afrique de l'Ouest
BLC	Brigade de Lutte contre la Corruption
CAN	Coupe d'Afrique des Nations
CAEF	Commission des Affaires Économiques et Financières
CAFOP	Centre d'Aptitude et de Formation Pédagogique
CAGICT	Commission des Affaires Générales, Institutionnelles et des Collectivités Territoriales
CASC	Commission des Affaires Sociales et Culturelles

CE	Conseil de l'Europe
CEA	Commission Économique pour l'Afrique
CEDEAO	Communauté Économique des États de l'Afrique de l'Ouest
CENTIF	Cellule Nationale de Traitement des Informations Financières
CFA	Colonies Françaises d'Afrique
CICD	Commission Interne de Contrôle et de Déontologie
CIDT	Compagnie Ivoirienne pour le Développement du Textile
CNPS	Caisse Nationale de Sécurité Sociale
CNUCC	Convention des Nations Unies Contre la Corruption
COSO	Committee of Sponsoring Organizations of the Treadway
CPIB	Corrupt Practices Investigation Bureau
CRC	Centre des Relations Clients
CREIHCI	Commission des Relations Extérieures et des Ivoiriens établis Hors de Côte d'Ivoire
CRF	Cellule de Renseignement Financier
CSD	Commission de la Sécurité et de la Défense
CST	Comptes Spéciaux du Trésor
DCEC	Direction de Lutte Contre la Corruption et la Criminalité Économique
DCRP	Direction de la Communication et des Relations Publiques
DGD	Direction Générale des Douanes
DGTCP	Direction Générale du Trésor et de la Comptabilité Publique
DF	Direction de la Formation
DOS	Déclaration d'Opération Suspecte
DPSD	Direction de la Police, des Stupéfiants et des Drogues
DSDI	Direction de la Stratégie et du Développement Institutionnel
ENA	École Nationale d'Administration
ENS	École Normale Supérieure
EPN	Établissements Publics Nationaux

FCPA	Foreign Corrupt Practice Act
FER	Fonds d'Entretien Routier
FIFA	Fédération Internationale de Football Association
FMI	Fonds Monétaire International
FRAR	Fonds Régionaux d'Aménagement Ruraux
GIABA	Groupe Intergouvernemental d'Action contre le Blanchiment d'Argent en Afrique de l'Ouest
GIZ	Coopération Allemande
HABG	Haute Autorité Pour la Bonne Gouvernance
HATVP	Haute Autorité Pour la Transparence de la Vie Publique
IA	Intelligence Artificielle
IGAT	Inspection Générale et Audit du Trésor
IGE	Inspection Générale d'État
IGF	Inspection Générale des Finances
IIAG	Indice Ibrahim de la Gouvernance Africaine
INFJ	Institut National de Formation Judiciaire
IPC	Indice de Perception de la Corruption
INTERPOL	Organisation Internationale de Police Criminelle
JORCI	Journal Officiel de la République de Côte d'Ivoire
KPMG	Klynved Peat Marwick Goerdeler
LBC/FT	Lutte contre le Blanchiment de Capitaux et le Financement du Terrorisme
LOGEMAD	Logement Administratif
MACA	Maison d'Arrêt et de Correction d'Abidjan
OCDE	Organisation de Coopération et de Développement Économiques
OED-TP	Observatoire de l'Éthique et de la Déontologie du Trésor Public
OHADA	Organisation pour l'Harmonisation du Droit des Affaires en Afrique
ONG	Organisation Non Gouvernementale
ONJ-CI	Organisation Nationale des Journalistes d'Investigation de Côte d'Ivoire

ONUDC	Organisation des Nations Unies Contre la Drogue et le Crime
PAGEF	Programme d'Appui à la Gestion Économique et Financière
PAGOF	Projet d'Appui aux Gouvernements Ouverts Francophones
PIB	Produit Intérieur Brut
PPEF	Pôle Pénal Économique et Financier
PTF	Partenaires Techniques et Financiers
ROLAC	Rule of Law and Anticorruption Center
SIGOMAP	Système Intégré de Gestion des Marchés Publics
SNEDAI	Société Nationale d'Édition de Documents Administratifs et d'Identification
SNGRC	Secrétariat National à la Bonne Gouvernance et au Renforcement des Capacités
SODEFEL	Société d'État pour le développement des Fruits et Légumes
SODERIZ	Société d'État pour le développement de la Riziculture en Côte d'Ivoire
SODESUCRE	Société d'État pour le développement des plantations de canne à sucre
SODEXAM	Société d'Exploitation et de Développement Aéroportuaire et Météorologique
TIC	Technologie de l'Information et de la Communication
TMA	Tribunal Militaire d'Abidjan
UCP	Unités de Coordination des Projets
UCT	Unité de Lutte Contre la Criminalité Transnationale
UE	Union Européenne
UEMOA	Union Économique et Monétaire Ouest Africaine
ULRD	Unité de Lutte Contre le Racket en Douane

« Dans le monde de Machiavel, auteur républicain, l'antidote contre la corruption réside dans le puissant carburant que représente, le patriotisme, l'amour pour sa patrie »

Thierry MENISSIER, « *Philosophie de la corruption* », *2018, Hermann Éditeurs, 6 rue Labrouste, 75015, Paris, P.12*

Préface

La corruption, ce fléau ancien aux ramifications contemporaines, demeure l'un des principaux obstacles à la construction de sociétés justes, équitables et résilientes. Partout dans le monde, des mécanismes sont élaborés, des lois adoptées, des institutions mises en place… et pourtant, la question demeure lancinante : pourquoi, malgré tant d'efforts, la corruption persiste-t-elle ? Et surtout, comment la combattre de manière plus efficace, plus concrète, plus durable ?

C'est à cette double interrogation que répond, avec lucidité et engagement, DIBY Amafou Pierre Stéphane dans cet ouvrage ambitieux. *Côte d'Ivoire, l'urgence de l'intégrité : Analyse des mécanismes de lutte contre la corruption* n'est pas un simple essai doctrinal ni une compilation technique. C'est une immersion réfléchie, documentée et sans concession dans l'histoire, la sociologie, le droit, l'économie et la culture politique ivoirienne, qui ensemble façonnent les conditions de possibilité – ou d'impossibilité – de l'intégrité publique.

Ce livre s'illustre par une double ambition : documenter et réveiller. Documenter, à travers une recherche rigoureuse, appuyée sur des sources nationales et internationales, des textes, des institutions, des scandales et des tentatives de réforme. Réveiller, par une écriture limpide, une parole libre et informée, et surtout une volonté farouche de contribuer à une Côte d'Ivoire éthique, crédible et responsable.

Parmi les images les plus marquantes de l'ouvrage, l'allégorie des grilleurs d'arachide – qui donne son nom à l'un des premiers chapitres – retient l'attention. Par cette figure forte, l'auteur illustre à la fois la banalisation sociale de la corruption et la tolérance implicite de certains abus de pouvoir dans la sphère publique. C'est à la fois un constat culturel, un avertissement moral, et une invitation à rompre avec l'acceptation silencieuse.

Ce travail ne se limite pas à identifier des dysfonctionnements. Il interroge la capacité réelle du cadre institutionnel ivoirien à enrayer le phénomène, tout en proposant des pistes d'amélioration fondées sur une connaissance intime des réalités de terrain. L'auteur met en tension les efforts consentis par les autorités et les limites structurelles ou contextuelles qui les entravent encore.

Par son approche pluridisciplinaire, l'ouvrage parle à tous : décideurs publics, praticiens du droit, universitaires, acteurs de la société civile, étudiants et citoyens soucieux de comprendre les racines profondes d'un mal qui ronge la confiance, freine le développement, et met en péril la légitimité de nos institutions.

Mais au-delà de l'analyse, ce livre est un appel. Un appel à la responsabilité collective. Un appel à la sincérité dans les engagements publics. Un appel à revoir le contrat social sur lequel se fonde notre vivre-ensemble.

Je salue ici l'audace et la clarté de cette œuvre. Parler de corruption, l'analyser, la nommer, l'affronter, exige du courage. Cela suppose de la méthode, de l'humilité, mais aussi une foi inébranlable en la capacité de nos sociétés à se transformer.

Puisse ce livre susciter des prises de conscience, nourrir des vocations, inspirer des réformes – et surtout, raviver notre espoir collectif en une nation véritablement intègre.

Par Mariame Krauer-Diaby
***Chief Ethics Officer* à la Banque Africaine de Développement**
Experte internationale en lutte contre la criminalité économique
***Radical Compliance Lady & Anti-Corruption Alchimiste*.**

Introduction

Tous unanimes pour le changement !

« Le fait que la corruption profite à ceux qui détiennent le pouvoir, ou du moins à certains d'entre eux, rend le problème difficile à traiter. Nombreux cependant sont les dirigeants et administrateurs des pays en développement qui souhaitent améliorer la façon dont ils combattent les escroqueries, la prévarication, les extorsions et détournements de fonds, la fraude fiscale, les commissions et ristournes, et autres formes de comportement illicite et corrompu »[1]. Cette assertion se justifie car à la base, l'intention et l'objectif de la corruption sont le pouvoir et l'argent. La corruption est toujours liée à l'inégalité sociale que généralement, elle reproduit et accentue. En effet, elle prive les citoyens de l'égalité d'accès aux services et biens publics, elle porte atteinte à la confiance à l'égard des institutions publiques, des gouvernements et de la démocratie elle-même. La corruption cause un tort considérable à tout développement économique satisfaisant.[2]Dans cette perspective, le Président ivoirien Alassane OUATTARA pouvait affirmer, dans une parution de

[1] Robert KLITGAARD, « COMBATTRE LA CORRUPTION », Nouveaux Horizons-ARS, Paris, 1995, P.3

[2] La corruption concentre des bénéfices gagnés illégalement dans des mains privées et procure des avantages économiques à des personnes qui versent des pots-de-vin ou bénéficient d'une influence économique. Cf. Jürgen BUXBAUM, « CORRUPTION ET SERVICES PUBLICS, APPROCHE POLITIQUE D'UNE CAMPAGNE DE LA PSI ET DE SES AFFILIÉS, Public Services International, www.world-psi.org, consulté le 17/03/2024.

Jeune Afrique du 05 août 2013, que : « L'émergence de la Côte d'Ivoire demeurera un voeu pieux tant que le climat des affaires ne sera pas assaini ».

À l'image de tous ces décideurs et personnalités engagés à endiguer ce fléau, les mots du Président de la République de Côte d'Ivoire traduisent une prise de conscience de l'ampleur du mal qui, à n'en point douter, ronge la société ivoirienne dans toutes ses composantes. Cependant, la corruption n'est pas une réalité qui sévit exclusivement dans notre pays.

Au plan international, la corruption est considérée comme le principal obstacle au développement économique et social dans le monde[3]. Le Programme des Nations Unies pour le développement estime que, dans les pays en développement, le montant des fonds soustraits de leur destination par la corruption est dix fois plus élevé que celui de l'aide publique au développement (APD)[4]. Aussi, le Groupe de la Banque mondiale s'est-il engagé par des mécanismes solides destinés à renforcer l'intégrité de ses opérations en s'employant à détecter, dissuader et prévenir la fraude et la corruption impliquant ses financements[5]. Nous retenons que la

---

[3] Chaque année, 1000 milliards de dollars sont versés en pots-de-vin tandis que quelques 2600 milliards de dollars, soit plus de 5 % du PIB mondial, sont détournés. Cf
unodc.org/documents/lpo-brazil/Topics_aids/publicacoes/cors14_fs_DEVELOPMENT_FR_PRINT.pdf consulté le 13/03/2024.

[4] Jeroen VOS, « LUTTE CONTRE LA CORRUPTION DANS LE SECTEUR DE L'EAU : MÉTHODES, OUTILS ET BONNES PRATIQUES » (New York, Programme des Nations Unies pour le Développement, 2011) ;
https://www.undp.org/content/dam/undp/library/Democratic%20Governance/Anticorruption/Corruption%20and%20water_french.pdf consulté le 18/03/2024.

[5] Au cours des deux dernières décennies, la Banque mondiale a sanctionné plus de 1100 entreprises, leur imposant souvent des interdictions qui les rendent inéligibles à participer aux projets et opérations qu'elle finance. En outre, elle a appliqué plus de 640 interdictions croisées avec d'autres banques multilatérales de développement, afin d'empêcher que la corruption n'entache les projets de développement partout dans le monde. Cf. Ousmane DIAGANA, Mouhamadou DIAGNE : LA CORRUPTION EST UN PROBLÈME MONDIAL POUR LE

corruption ne se limite pas au vol de fonds là où ils sont le plus nécessaires, elle est également la cause d'une gouvernance défaillante. De ce qui précède, une vigilance accrue face aux risques persistants de fraude et de corruption s'impose.

En Côte d'Ivoire, chaque époque et chaque régime a connu ses scandales financiers et ses crimes économiques. La question de la corruption ne date pas d'aujourd'hui et les abus de biens sociaux ainsi que les détournements ont parfois été érigés en règle de gouvernance. À titre d'illustration, nous avons encore en mémoire les entreprises publiques des années 70-80 gérées sans aucun sens de la redevabilité[6]. Nous y reviendrons.

Le constat du coût élevé de la corruption fait l'unanimité à l'échelle internationale. La corruption impacte négativement l'exercice de la démocratie en altérant la confiance entre les gouvernants et les gouvernés. Elle entraîne une détérioration de la qualité des services sociaux et entrave le développement économique[7].

Aussi, entraîne-t-elle des réactions de la part de la communauté internationale. Le 31 octobre 2003, la convention de Mérida, qui complète les conventions régionales signées dans le cadre de l'Organisation de Coopération et de Développement Économiques (OCDE), du Conseil de l'Europe et de l'Union Européenne, constituera le premier instrument mondial de lutte contre la corruption. D'autres instruments juridiques internationaux tels que la

---

DÉVELOPPEMENT. POUR LA COMBATTRE, NOUS AVONS TOUS UN RÔLE À JOUER. » ; https://www.banquemondiale.org/fr/news/opinion/2023/06/13/corruption-is-a-global-problem-for-development-to-fight-it-we-all-have-a-role-to-play consulté le 13/03/2024.

[6] Noé Moise KOSSONOU « NON ! CA DOIT CHANGER », les éditions CERAP, 2021, P. 109

[7] Valts KALNINS, « CORRUPTION : DÉFINITION, CAUSES ET CONSÉQUENCES », https://rm.coe.int/16806efbe3, Tunis, 24-25 septembre 2014, consulté le 18/03/2024.

FCPA[8], le *Bribery Act*[9] et la loi Sapin II[10] s'inscrivent dans cette veine. Au niveau du continent africain, des protocoles sur la lutte contre la corruption ont été adoptés dès 2001 par la Communauté des États d'Afrique Australe pour le développement et la Communauté Économique des États de l'Afrique de l'Ouest. La convention de l'Union africaine sur la corruption et les infractions assimilées, quant à elle, fut adoptée le 01er juillet 2003.

En résumé, le monde entier organise la résistance face au fléau que le Pape François, à l'occasion d'une rencontre avec le président français François Hollande, le 17 août 2016, assimilait à une drogue. En effet, il disait : « Certains se comportent avec la corruption comme avec la drogue : Ils pensent pouvoir y avoir recours et arrêter quand ils veulent ». Il explique : « On commence petit, une petite somme par ici, un pot-de-vin par-là et ainsi on perd sa propre liberté ». Le pontife revient aussi sur l'« accoutumance » que produit la corruption en générant pauvreté et souffrance[11].

Dans cette synergie d'actions, la Côte d'Ivoire n'a pas voulu être en reste. À l'instar de l'ensemble des pays engagés dans la lutte contre la corruption, elle a pris conscience des risques que fait planer ce fléau sur son développement

---

[8] *La Foreign Corrupt Practices Act* est une loi américaine adoptée depuis 1977. Elle est caractérisée essentiellement par son extraterritorialité et vise à lutter contre les pratiques de corruption d'agents publics étrangers. Son caractère extraterritorial lui permet de s'appliquer dans le monde entier, quel que soit le pays où l'acte de corruption a eu lieu.

[9] Cette loi émanant du Royaume-Uni est très stricte car elle instaure des normes modernes en matière de lutte contre la corruption. En effet, en plus d'être extraterritoriale, elle considère la corruption comme un délit au même titre que le fait de ne pas la prévenir. Elle impose aux entreprises la mise en place de dispositifs adaptés de prévention de la corruption.

[10] Elle a été adoptée en France en 2016 et a édicté des règles claires pour prévenir et détecter la corruption. Elle se caractérise aussi par son extraterritorialité et exige que certaines entreprises adoptent un programme de conformité lutte contre la corruption. Elle a créé une nouvelle agence anti-corruption (Agence Française Anticorruption) dotée de pouvoirs d'exécution.

[11] Noé Moise KOSSONOU « NON ! CA DOIT CHANGER », les éditions CERAP, 2021, P.104

économique et social. Ainsi, elle a procédé au renforcement de son cadre juridique institutionnel. Ce renforcement s'est matérialisé par la ratification des conventions des Nations Unies et de l'Union africaine, la prise de l'ordonnance n° 2013-660 du 20 septembre 2013 relative à la prévention et à la lutte contre la corruption et les infractions assimilées, et de l'ordonnance n° 2013-661 du 20 septembre 2013 fixant les attributions, la composition, l'organisation et le fonctionnement de la Haute Autorité pour la Bonne Gouvernance (HABG). Elle a procédé à la création du Pôle Pénal Économique et Financier et du Ministère de la Promotion de la Bonne Gouvernance, du Renforcement des Capacités et de la Lutte contre la Corruption[12]. Par ailleurs, est-il judicieux de mentionner la mise en place de plusieurs institutions supérieures de contrôles telles que la Cour des Comptes, l'Inspection Générale d'État, l'Inspection Générale des Finances, l'Autorité Nationale de Régulation des Marchés Publics et la Cellule Nationale de Traitement des Informations Financières.

Notre œuvre intitulée *Côte d'Ivoire, l'urgence de l'intégrité : Analyse des Mécanismes de lutte contre la corruption*, s'inscrit dans ce contexte particulier. En effet, les pouvoirs publics ivoiriens ont, depuis un certain temps, mis en place des mécanismes juridictionnels et non juridictionnels avec pour objectif d'instaurer la bonne gouvernance[13] dans

---

[12] Haute Autorité Pour la Bonne Gouvernance « RAPPORT D'ÉVALUATION 2020-2021 DES ACTIVITÉS LIÉES À LA PRÉVENTION ET À LA LUTTE CONTRE LA CORRUPTION » P.8

[13] La notion est constitutionnellement encadrée. En effet, à travers le préambule de la constitution ivoirienne de 2020, le peuple ivoirien déclare : « Nous réaffirmons notre détermination à bâtir un État de droit dans lequel les droits de l'Homme, les libertés publiques, la dignité de la personne humaine, la justice et la bonne gouvernance tels que définis dans les instruments juridiques internationaux auxquels la Côte d'Ivoire est partie, notamment, la charte des Nations Unies de 1945, la Déclaration Universelle des droits de l'Homme de 1948, la charte africaine des droits de l'Homme et des peuples de 1981 et ses protocoles additionnels, l'Acte constitutif de l'Union Africaine de 2001, sont promus, protégés et garantis ».

l'administration des services. Il convient de souligner que notre étude n'a aucunement la prétention de porter des jugements moraux sur telle ou telle activité illicite, ou de décrire la corruption comme étant spécifique à la Côte d'Ivoire en particulier voire à certaines organisations et corporations ivoiriennes. Pour rappel, il n'y a pas si longtemps que cela, elle fleurissait dans les pays que nous qualifions aujourd'hui de « développés » et il est de fait prouvé que certaines formes de corruption sont aujourd'hui en augmentation dans les pays économiquement et politiquement les plus « avancés »[14]. Néanmoins, elle se veut comme une approche visant à mieux appréhender ce fléau et son impact au sein de la société ivoirienne. Aussi, serait-elle l'occasion de jauger l'efficacité des mécanismes de lutte anticorruption à l'aune des résultats[15] obtenus.

Dans le souci de mener une réflexion fructueuse, il serait convenable d'envisager la définition de certaines notions. Qu'entendons-nous par « l'urgence de l'intégrité » ou encore par « Les mécanismes de lutte » ainsi que « la corruption » ? Cette analyse sémantique devrait nous permettre de mieux cerner ces termes clés. Appréhendé sous un autre angle, cet exercice devrait nous permettre de mieux circonscrire le champ de notre réflexion.

Ensuite, l'article 41 soulève la nécessité d'instaurer la bonne gouvernance ainsi qu'il suit : « les pouvoirs publics sont tenus de promouvoir, de respecter et de faire respecter la bonne gouvernance dans la gestion des affaires publiques et de réprimer la corruption et les infractions assimilées ».

[14] Simcha B. WERNER « NEW DIRECTIONS IN THE STUDY OF ADMINISTRATIVE CORRUPTION », Public Administration Review 43 (mars-Avril 1983), P.146-154

[15] Selon le dernier rapport de l'Indice de Perception de la Corruption (IPC) 2022 de l'Organisation Non Gouvernementale Transparency International paru le 31 janvier 2023, la Côte d'Ivoire a gagné six (06) places dans le classement de perception et obtenu un (01) point dans le rang en passant de 36/100 à 37/100. Classée 99e sur 180 pays, la Côte d'Ivoire peut se réjouir d'avoir gagné 06 places en passant du 105e en 2021 au 99e rang en une année. Cf. Ministère des Finances et du Budget https://www.igf.finances.gouv.ci consulté le 20/03/2024

Selon le dictionnaire Littré, **l'urgence** traduit l'état de ce qui presse, de ce qui demande une prompte exécution. Il précise également dans l'usage juridique qu'il y a urgence, lorsqu'une affaire ne peut être différée sans danger ou inconvénient notable. Sous l'angle de la médecine, une maladie ou un cas d'urgence exigent des secours immédiats. Ainsi, la notion d'urgence met en avant une contrainte temporelle forte liée à un danger, un besoin ou un impératif immédiat.

Le dictionnaire Littré définit **l'intégrité** comme l'état d'une chose qui est entière, sans altération. Autrement dit, l'intégrité désigne l'état de ce qui est intact, complet et exempt de corruption ou de malhonnêteté. Ainsi, pour une nation, l'intégrité impliquerait que la nation en tant qu'entité se maintienne entière et sans altération, respectant les valeurs de pureté, de probité et d'honnêteté. Aussi, une telle nation serait-elle caractérisée par un système politique transparent et juste, un respect des lois et règles, des valeurs éthiques partagées, l'égalité et l'équité, la responsabilité et la redevabilité. Elle devrait promouvoir les valeurs éthiques dans tous les aspects de la vie publique et privée.

« L'urgence de l'intégrité » signifie qu'il est impératif de restaurer ou renforcer les valeurs d'honnêteté, de probité et de responsabilité dans la gestion des affaires publiques et privées. En d'autres termes, c'est l'alerte selon laquelle chaque retard dans la promotion de l'éthique publique aggrave le coût humain, économique et institutionnel de la corruption.

Un mécanisme est un dispositif constitué par des pièces assemblées ou reliées les unes aux autres et remplissant une fonction déterminée. C'est un enchaînement des opérations propres à une fonction, c'est un processus. Quant à **la lutte,** elle est traduite selon le dictionnaire ROBERT comme une opposition violente entre deux adversaires (individus, groupes), où chacun s'efforce de faire triompher sa cause. Elle pourrait traduire aussi un antagonisme, une opposition, un duel. De ce qui précède, **« les mécanismes de lutte »**, pourraient être appréhendés comme un ensemble d'activités imbriquées de manière cohérente, un ensemble d'instruments ayant pour but de s'opposer à une réalité ou une situation donnée.

La corruption est un mot emprunté du latin classique *corrumpere*, « briser complètement, détériorer, physiquement ou moralement ». Elle pourrait être perçue comme l'action de se corrompre, de corrompre ou de se laisser corrompre. Dans le dictionnaire de la corruption[16], cette notion est polysémique selon l'organe qui la définit. Ainsi, pour la Banque mondiale[17], c'est le fait d'utiliser sa position de responsable d'un service public à des fins privées. Selon le conseil de l'OCDE, elle peut consister à offrir ou octroyer directement ou indirectement un avantage excessif, payant ou autre, à un agent public étranger ou pour son compte, en violation des obligations légales de ce dernier, afin d'obtenir ou de conserver un marché[18]. Transparency International la définit comme l'abus de pouvoir reçu en délégation à des fins privées ou l'abus de pouvoir au profit de l'enrichissement personnel. Nous constatons que la corruption revêt plusieurs significations. Nous l'appréhenderons aussi comme la perversion ou le détournement d'un processus ou d'une interaction avec une ou plusieurs personnes dans le dessein, pour le corrupteur, d'obtenir une rétribution en échange de sa complaisance.

La définition produite par Transparency International, traduisant l'abus des responsabilités conférées pour s'enrichir personnellement, prend en compte trois éléments qu'il nous paraît important de mettre en lumière. Premièrement, il s'agit

---

[16] Sylvain Musinde SANGWA « DICTIONNAIRE DE LA CORRUPTION », Éditions l'Harmattan, 15 janvier 2018, 282 Pages

[17] Banque Mondiale, la lutte contre la corruption, Fiche d'information, 19 FÉVRIER 2020 consultable sur https://www.banquemondiale.org/fr/news/factsheet/2020/02/19/anticorruption-fact-sheet consulté le 20/03/2024

[18] Sylvain Musinde SANGWA « DICTIONNAIRE DE LA CORRUPTION », Éditions l'Harmattan, 15 janvier 2018, P.26

d'un abus de pouvoir. Ensuite, cet abus peut se dérouler tant dans le secteur public que privé pour signifier qu'aucun secteur n'échappe à la corruption. Enfin, le corrompu ou le corrupteur tire un profit, ce dernier pouvant être monétaire ou prendre la forme d'un avantage indu. Parfois, l'« avantage » du corrupteur n'est pas « excessif », parfois il est équivoque, mais il n'en reste pas moins un avantage[19]. La corruption couvre un large éventail de comportements allant du dessous-de-table au détournement de fonds publics. Selon la Banque Mondiale, elle existe partout mais est surtout présente dans les pays ayant une faible assise institutionnelle, qui sont souvent touchés par la fragilité et les conflits.

La prise de conscience de **l'urgence de l'intégrité en Côte d'Ivoire** se traduirait, comme le fait de mener une lutte acharnée contre les détournements, afin d'éviter des avantages illicites que certaines personnes ont tendance à s'octroyer tant dans l'administration publique ou privée. Cela, à travers l'implémentation de divers dispositifs. Selon la Banque mondiale, la lutte contre la corruption est indissociable de la bonne gouvernance. En effet, elle inscrit la lutte contre la corruption au cœur de ses actions pour réduire la pauvreté, la faim et la maladie. Cela va de soi car, en plus de décourager les investisseurs privés et de freiner la croissance économique, la corruption détourne les ressources des pauvres au profit des riches, entretient la culture du *bakchich*[20] et fausse les dépenses publiques.

---

[19] SNAC Tunisie, Promotion de la bonne gouvernance et de la lutte contre la corruption, Document technique - note conceptuelle sur la contribution de l'INLUCC/IBOGOLUCC à l'activité normative nationale relative à la lutte contre la corruption et en faveur de la bonne gouvernance. Cf. https://rm.coe.int/16806d8b4d consulté le 21/03/2024

[20] La notion de *bakchich* ramène à l'argent que l'on donne à quelqu'un afin de le remercier de ses services ou de les acheter ; pot-de-vin. Sri Mulyani INDRAWATI, « LA BONNE GOUVERNANCE EST À LA BASE DE LA LUTTE CONTRE LA PAUVRETÉ ET LA CORRUPTION », Banque Mondiale Blog, publié sur Opinions, 17 Mai 2016 Cf. https://blogs.worldbank.org/fr/voices/la-bonne-gouvernance-contre-la-pauvreté-et-la-corruption, consulté le 24/03/2024.

La corruption est nuisible[21]. À juste titre, la déclaration politique lors de la première réunion de haut niveau de l'Assemblée générale sur l'état de droit aux niveaux national et international contient un paragraphe important la concernant.

L'étude de la lutte contre la corruption en Côte d'Ivoire nous impose une nécessaire présentation du cadre spatial et temporel. La Côte d'Ivoire est un pays d'Afrique occidentale, bordé au nord par le Mali et le Burkina Faso, à l'est par le Ghana, au sud par l'océan Atlantique, et le Libéria ainsi que la Guinée à l'Ouest. Sa capitale est Yamoussoukro. En tant que premier producteur mondial de cacao et de noix de cajou, elle enregistre l'un des taux de croissance économique les plus rapides et soutenus en Afrique subsaharienne depuis plus de dix ans. Avec une croissance du PIB réel de 8,2 % en moyenne sur la période 2012-2019, elle a réussi à contenir la pandémie de COVID-19 pour garder le rythme de croissance positive en 2020 à 2 %. En 2021, le pays a renoué avec sa trajectoire de forte croissance et continue de jouer un rôle central en tant que hub économique régional et terre d'accueil pour de nombreux ressortissants des pays de la Communauté Économique des États de l'Afrique de l'Ouest[22]. Notre étude remonte aux

---

[21] Extrait de la déclaration politique lors de la première réunion de haut niveau de l'Assemblée générale sur l'État de droit aux niveaux national et international, qui s'est tenue le 24 septembre 2012 ; les Chefs d'État et de gouvernement ainsi que les chefs de délégation : « Nous sommes convaincus que la corruption est nuisible, car elle fait obstacle à la croissance et au développement économiques, entame la confiance du citoyen dans la légitimité et la transparence des institutions et entrave l'adoption de lois justes et efficaces, ainsi que l'administration et l'exécution des lois et l'action des tribunaux, et insistons, en conséquence, sur l'importance de l'État de droit en tant que condition essentielle de la prévention et de la répression de la corruption, dans le cadre, notamment, d'une coopération plus étroite entre les États en matière pénale. ». Il semble aller de soi que la corruption a des effets nuisibles importants. Toutefois, le fait que la déclaration adoptée à l'unanimité traite de la question de la corruption d'une manière aussi approfondie montre clairement que l'ensemble des membres de l'ONU attache, à juste titre, une grande importance à cette question et à l'État de droit.

[22] Cf. https://www.banquemondiale.org-country-coted'ivoire « LA BANQUE MONDIALE EN CÔTE D'IVOIRE », consulté le 24/03/2024

années 1960-1970 lorsque la Côte d'Ivoire connut une période de forte croissance économique et de stabilité politique que la postérité a retenue comme « un miracle ivoirien ». Le pays est politiquement indépendant et bénéficie d'un climat propice à des cultures de rentes ainsi qu'à des cultures vivrières. Au vu de sa faible population en 1960 (2 millions d'habitants contre 24 millions aujourd'hui), le gouvernement va faire appel massivement à l'immigration, ce qui aura un impact notable sur le futur du pays. Le gouvernement va être également très actif à travers divers organismes pour promouvoir certaines cultures, notamment d'exportation. Des caisses de dépôts vont permettre aux exploitants agricoles d'obtenir un revenu stable. Toutefois, ces caisses brasseront des sommes d'argent très importantes qui serviront également à entretenir un système de corruption à grande échelle[23]. À cette époque, une industrie a même commencé à voir le jour dans la transformation des matières premières locales comme le cacao, le café et l'huile de palme. Mais de sérieux problèmes de gestion viendront entacher la productivité de tout ce système mis en place. Depuis lors, jusqu'à nos jours, des scandales financiers vont se succéder sous tous les régimes, faisant progressivement naître une culture d'improbité au sein de la société ivoirienne.

Théoriquement, notre étude s'inscrit dans les approches classiques de l'analyse de l'action publique et s'insère dans le débat entre l'école du choix rationnel et les approches cognitives qu'il vise à concilier. La combinaison ciblée de ces deux types d'approches théoriques permettra ainsi de dépasser les insuffisances explicatives singulières de leurs différents cadres conceptuels par rapport à la lutte contre la corruption en tant qu'action publique. Ainsi, notre contribution se voudra relative à la mise en lumière des mécanismes de lutte contre la

---

[23] Jean ROQUAIN « LES YEUX DU MONDE, ACTUALITÉ INTERNATIONALE ET GÉOPOLITIQUE : LE MIRACLE IVOIRIEN ET SES CONSÉQUENCES SUR LA SITUATION ACTUELLE DU PAYS », https://www.les-yeux-du-monde.fr consulté le 22/03/2024

corruption en Côte d'Ivoire en tant qu'objet d'étude et à l'analyse théorique de l'efficacité desdits mécanismes.

De manière pratique, la mise en exergue des insuffisances des mécanismes de lutte contre la corruption est un impératif afin que soit mise en évidence la responsabilité des autorités relevant de l'exécutif, du législatif et du judiciaire. Aussi, cette mise en évidence devrait-elle nous permettre d'apprécier la pertinence des instruments implémentés. Les progrès réalisés dans la compréhension des mécanismes à l'origine de la corruption doivent beaucoup à la communication permanente entre la théorie et l'évaluation empirique qui lui est consacrée.

Notre objectif de situer notre étude dans un cadre théorique, appelle la nécessaire mise en évidence du fait que selon l'analyse microéconomique, la corruption fait intervenir, dans sa version la plus complète, trois joueurs : le « principal », l'« agent » et le « corrupteur »[24]. Elle s'appréhendera alors comme l'imbrication de deux contrats : Un contrat de délégation conclu entre le principal et l'agent et un contrat de corruption établi entre l'agent et le corrupteur.

Le principal étant l'État, le contrôle et la sanction font partie des instruments dont il dispose pour contraindre l'agent à servir ses intérêts. En réalité, ce n'est pas tant l'existence de dispositifs de contrôle et les sanctions prévues par la loi (*de jure*) qui appellent notre questionnement. Il s'agit de leur efficacité et leur crédibilité (*de facto*) qui influent sur le comportement de corruption et, par conséquent, de l'efficacité des mécanismes mis en œuvre. En effet, il est rare que les faits de corruption soient entièrement détectés par les mécanismes de contrôle internes de l'administration. Cela, en raison de l'inefficacité des procédures internes et/ou de la collusion entre les contrôleurs et les agents publics corrompus. Les mécanismes de mutualisation des bénéfices de la corruption,

---

[24] Nicolas JACQUEMET « REVUE FRANCAISE D'ÉCONOMIE, VOLUME 20, N° 4, 2006 », https://www.persee.fr/issue/rfeco 0769-0479 consulté le 02/04/2024. Il s'agit ici des interactions qui sont mises en évidence dans un scénario de corruption.

rendant totalement inefficaces les procédures de contrôle, sont d'ailleurs largement documentés dans la littérature anthropologique pour les pays d'Afrique de l'Ouest.

Toutefois, des mécanismes de contrôle externes à l'administration peuvent s'avérer efficaces pour lutter contre la corruption. Par exemple, il est communément considéré qu'une presse libre et indépendante peut, avec d'autres agences, être un élément important du processus de détection et de sanction des activités corruptives. Plusieurs travaux étudiants, au niveau des pays, la relation entre liberté de la presse et corruption corroborent cette relation. Rudiger AHREND (2002)[25], A Brunetti et B Weder (2003)[26] et

---

[25] Rudiger AHREND, 2002 « LIBERTÉ DE LA PRESSE, CAPITAL HUMAIN ET CORRUPTION », Delta Working Papers 2002-11, DELTA (École Normale Supérieure).

Cet article nous présente la relation entre la corruption, le capital humain et les capacités de contrôle de la société civile, telles que représentées par exemple par la liberté de la presse et un système judiciaire indépendant. Dans un modèle théorique, nous constatons que l'impact de l'éducation sur la corruption dépend des capacités de la société civile à superviser les responsables gouvernementaux. Ainsi, lorsque ces capacités sont bien développées, l'éducation fait baisser le niveau de la corruption, alors qu'elle peut conduire à une aggravation de la corruption si le contrôle civil est faible. Nous trouvons des preuves empiriques à l'appui de ce résultat pour l'enseignement secondaire et supérieur. Nous étudions également la relation directe entre la corruption et la liberté de la presse. Nous ne trouvons aucune preuve que la corruption affecte négativement la liberté de la presse. Cependant, il existe des preuves empiriques solides selon lesquelles, le manque de liberté de la presse conduit à des niveaux plus élevés de corruption. Cela implique que le renforcement de la liberté de la presse devrait figurer parmi les priorités de la lutte contre la corruption.

[26] A BRUNETTI, B WEDER, « UNE PRESSE LIBRE EST UNE MAUVAISE NOUVELLE POUR LA CORRUPTION », Journal d'économie publique, 2003, Elsevier.

Cet article teste la proposition selon laquelle une presse libre peut constituer un puissant moyen de contrôle de la corruption. Nous trouvons des preuves d'une relation significative entre plus de liberté de la presse et moins de corruption dans un large éventail de pays. Ce résultat est robuste aux spécifications et à l'échantillon et la relation n'est pas sensible au choix d'une mesure particulière de la corruption ou de la liberté de la presse. En outre, nous présentons des éléments qui suggèrent que le lien de causalité va d'une plus grande liberté de la presse à une réduction de la corruption.

Chowdhury (2004) montrent que de faibles niveaux de liberté de la presse sont associés à de hauts niveaux de corruption.

Enfin, la probabilité d'être poursuivi et condamné pour des pratiques corruptives dépend aussi de la capacité de la justice à traiter et à condamner de tels faits. Ceci est d'ailleurs confirmé indirectement par la relation négative forte observée entre la qualité du système judiciaire des pays et leur niveau de corruption (Herzfield et Weiss, 2003). S'il est vrai que les effets néfastes de la corruption sont avérés, il est important de souligner qu'au plan théorique, des thèses concurrentes s'opposent. D'un côté, les théories fonctionnalistes qui présentent la corruption comme un élément facilitant le fonctionnement des bureaucraties et, ce faisant, augmentant la confiance des citoyens dans les institutions politiques.[27]Jusqu'au début des années 1990, les théories fonctionnalistes ont dominé l'analyse de la corruption en sciences politiques comme en sciences économiques. Elles présentent la corruption comme un moyen efficace de contourner des réglementations ou des procédures administratives lentes ou tatillonnes, permettant ainsi le développement politique et économique[28]. En science politique, la corruption est parfois considérée comme un élément facilitateur de régulation sociale qui participe à la stabilité. Selon Bayley, Huntington[29] et Merton[30], la corruption est généralement perçue comme augmentant la loyauté et la confiance des citoyens dans le système politique. De l'autre côté, nous avons certaines théories du

---

[27] Seligson, 2002 ; Heidenheimer, Johnston et LeVine, 1989 ; Huntington, 1968. Ces différentes études négligent la possible interaction entre la qualité de la bureaucratie ou l'insuffisance des services publics et la corruption.

[28] LEFF, N (1964), « ECONOMIC DEVELOPMENT THROUGH BUREAUCRATIC CORRUPTION » The American Behavioural Scientist 8(2): 8-14

[29] HUNTINGTON S, (1968) « POLITICAL ORDER IN CHANGING SOCIETIES, NEW HAVEN », Yale University Press

[30] BLUNDO, Giorgio et Jean-Pierre Olivier de SARDAN (2007), « LA CORRUPTION QUOTIDIENNE EN AFRIQUE DE L'OUEST », Éditions Karthala. DOI : 10.3917/polaf.083.0008

développement qui condamnent la corruption. La corruption est le principal obstacle au développement économique et social dans le monde. Cette vision de la corruption est d'ailleurs au fondement de la convention des Nations Unies contre la corruption[31]. Dans différents rapports sur le développement dans le monde, la Banque mondiale souligne que la corruption affaiblit la légitimité de l'État. Ainsi, en 1997, elle affirmait que « la corruption bafoue la confiance publique et diminue le capital social…Non maîtrisée, l'accumulation rampante d'infractions apparemment mineures peut lentement ronger la légitimité du pouvoir politique »[32] et en 2002, que « la corruption affaiblit la légitimité de l'État lui-même et réduit sa capacité de fournir des institutions qui soutiennent le marché »[33].

Au titre des causes de la corruption, il convient de noter qu'il existe diverses théories. Pour notre part, les théories « macro » qui peuvent se regrouper en deux dimensions : institutionnelle et culturelle[34] retiennent notre attention. Ainsi, l'impact institutionnel est très déterminant dans la lutte contre la corruption. Par ailleurs, cet impact sur la tolérance des gens à la corruption peut être directement évalué par leur participation aux activités d'éducation du public et aux programmes de formation qui renforcent la mentalité

[31] Le préambule de la convention des Nations Unies contre la corruption stipule que la corruption, « en sapant les institutions et les valeurs démocratiques, les valeurs éthiques et la justice et en compromettant le développement durable et l'état de droit », est une menace pour « la stabilité et la sécurité des sociétés ». Dans la même veine, notons que la convention de l'Union Africaine sur la prévention et la lutte contre la corruption reconnaît également les effets dévastateurs de la corruption sur la stabilité politique, économique, sociale et culturelle des États africains.

[32] Banque mondiale, 1997, P.102-104

[33] Banque mondiale, 2002, P.99

[34] La corruption est perçue sous différents angles (Prasard e al., 2019). Des études ont examiné la corruption en se basant sur la dimension institutionnelle (Gong et Wang, 2013 ; Klitgaard, 1988 ; Rose-Ackerman, 1999). Pour ces chercheurs, les causes et les réponses à la corruption sont d'ordre institutionnel formel. La rubrique « institutions formelles » traduit l'effet des efforts des institutions dans la lutte contre la corruption.

anticorruption.[35] À côté des théories macro de l'explication de la corruption, il est opportun d'évoquer la théorie d'agence et la théorie du salaire d'efficience.[36] Ces théories mettent en exergue la nécessité de mettre en place un contrôle efficace pour réduire la corruption. Nous aborderons mieux ces théories dans la première partie de notre développement.

La lutte contre la corruption fait l'objet d'une littérature assez étoffée. Dans cette perspective, l'œuvre que nous produisons et qui s'inscrit dans le cadre de la Côte d'Ivoire, vient enrichir les études déjà existantes sur la question. Dans l'éthique de la gestion publique : Stratégie nationale et internationale de prévention de la corruption, rédigée sous la direction de Marcel GUENOUN et de Jean-François ADRIEN, il est clairement stipulé que dans nombre de pays, le souci d'une éthique exemplaire au sein des administrations publiques est ancien. La prévention et la lutte contre la corruption et les comportements non éthiques deviennent donc des priorités. En effet, dans de nombreux États, des initiatives sont prises et de vastes plans sont mis en œuvre pour réorienter les actions dans le sens d'une meilleure gouvernance.

L'idée de combattre la corruption n'est pas propre à la Côte d'Ivoire. André LACROIX[37]affirme que dans les pays du Nord tels que la Suède, les mesures de transparence publique et la liberté de presse sont les deux piliers les plus efficaces des mécanismes de lutte contre la corruption et les manquements éthiques. À travers des mécanismes d'accès à l'information, les journalistes arrivent à documenter les abus

---

[35] Gong, Ting et Shiru Wang « INDICATORS AND IMPLICATIONS OF ZERO TOLERANCE OF CORRUPTION: THE CASE OF HONG KONG », Social Indicators Research, Vol.112, n° 3, 2013

[36] CAHUC, Pierre et André ZYLBERBERG (1994), « QUE RESTE-T-IL DE LA THÉORIE DU SALAIRE D'ÉFFICIENCE ? », Revue économique, vol. 45, n° 3, P.385-397.DOI : 10.2307/3 502 334

[37] André LACROIX, « ÉTHIQUE ET INTÉGRITÉ DU SERVICE PUBLIC », Presses de l'Université du Québec, Édifice Fleurie, 480, rue de la Chapelle, bureau F015, Québec, 2022, 277 P.

et pratiques reconnues comme atteintes à la probité. Ainsi, les politiciens et fonctionnaires conscients de cette situation et craignant de faire un jour l'objet d'une enquête, sont obligés d'agir de manière exemplaire. Le sentiment de vivre dans une maison de verre, selon lui, a l'effet le plus important pour prévenir la corruption.

Toutefois, NGOUDA Fall Kane[38], auteur sénégalais, évoque l'échec de certains mécanismes mis en place et qui, à terme, finissent par mettre à mal la lutte contre la corruption. Il aborde, dans le contexte sénégalais, le cas de la commission nationale de lutte contre la corruption et ses infractions connues. En effet, cette commission manque cruellement d'autonomie tant dans sa composition que dans son fonctionnement. Il ajoute qu'elle ne dispose pas de pouvoir de saisir la justice sur des faits présumés de corruption ou de concussion. Les faits constatés sont transmis sous forme de note de la commission au Président de la République, qui juge de l'opportunité de saisir l'autorité judiciaire par le biais du Ministre de la justice, ou de classer le dossier. Dès lors, l'inefficacité des politiques de lutte contre la corruption serait donc liée à des facteurs favorisant un mauvais fonctionnement des instruments existants.

Dès son accession à la magistrature suprême en 2011, le Chef de l'État ivoirien, Son Excellence Monsieur Alassane OUATTARA, et son gouvernement ont fait de la promotion

---

[38] NGOUDA Fall Kane, « CRIMINALITÉ FINANCIÈRE EN AFRIQUE ET MOYENS DE LUTTE - L'EXEMPLE DU SÉNÉGAL », L'Harmattan, 30 septembre 2021, 390 pages. À travers une démarche à la fois pédagogique et critique, l'auteur s'ingénie à expliciter, d'une part, la phénoménologie de la petite et méga criminalité financière, y compris les infractions connexes, et d'autre part, à inventorier et à analyser les moyens et instruments de lutte définis et mis en œuvre par nos États, les organismes internationaux, régionaux et sous-régionaux, sous l'angle de leur adaptabilité, de leur pertinence et de leur efficacité. Enfin, dans une démarche qui se veut prospective, l'auteur s'appuyant sur l'expérience vécue et les typologies rencontrées en matière de corruption, blanchiment de capitaux, s'est évertué à proposer une batterie de mesures susceptibles de contribuer à améliorer le système national de lutte contre la dimension économique et financière du crime organisé.

de la bonne gouvernance et de la lutte contre la corruption une priorité. Dans cette dynamique, le Ministère de la Promotion de la Bonne Gouvernance et de la Lutte contre la Corruption, créé en 2021, a mené des campagnes intensifiées[39] de lutte contre la corruption. Celles-ci étaient accompagnées d'opérations coup de poing dans les secteurs les plus touchés par le phénomène. Par ailleurs, ce ministère a mis en place une plateforme de dénonciation des actes de corruption et infractions assimilées (SPACIA). La mission de cette plateforme est de recueillir les signalements des cas de corruptions, de procéder à leur traitement, d'en saisir les autorités compétentes et d'assurer le suivi des mesures prises. Notons aussi le programme national de renforcement de capacités des acteurs dénommé « MORALIS ». Il vise la moralisation de la vie publique et se donne pour mission de sensibiliser les acteurs publics et privés aux valeurs de responsabilité, de redevabilité et de reddition des comptes.

Tous ces efforts aboutiront à des résultats tels que communiqués à travers les notations internationales en matière de bonne gouvernance et de lutte contre la corruption. Les rapports de l'Indice de Perception de la Corruption (IPC) délivrés par l'Organisation Non Gouvernementale Transparency International[40] entre 2012 et 2021 révèlent une sensible amélioration de l'indice. La Côte d'Ivoire a enregistré un score de 36/100 en 2021 contre 29/100 en 2012. Elle est

---

[39] Ces opérations se sont soldées par la mise en cause, l'interpellation, la suspension et la radiation de plusieurs agents et fonctionnaires de l'État dans le secteur de la police, de l'administration territoriale, des transports, de la santé, de la justice et des impôts.

[40] Il s'agit d'une organisation non gouvernementale d'origine allemande ayant pour principale vocation la lutte contre la corruption des gouvernements et institutions gouvernementales mondiaux. Elle a été fondée par Peter EIGEN en 1993. Elle est connue pour publier régulièrement des indices mondiaux sur la corruption : classement des États, indice de perception de la corruption par pays ou encore régularité des échanges internationaux. Elle se positionne également en observateur du fonctionnement démocratique des institutions nationales, en émettant des avis sur les actions gouvernementales. Elle a un rayonnement international indiscutable aujourd'hui et dispose de sections autonomes dans 110 pays.

passée de la 130ème place sur 176 pays à la 105ème sur 180 pays.[41] Dans le rapport paru le 31 janvier 2022, la Côte d'Ivoire a gagné six places dans le classement de perception et obtenu un point dans le rang en passant de 36/100 à 37/100. Classée 99ème sur 180 pays, elle est passée de la 105ème place en 2021 au 99ème rang.[42]Au titre de l'IPC 2023 publié le 30 janvier 2024, la Côte d'Ivoire gagne, en un an, trois points et douze places. Elle enregistre ainsi un score de 40/100 avec un rang de 87ème sur 180 pays en 2023, contre un score de 37/100 avec un rang de 99ème sur 180 pays en 2022.[43]Ces résultats obtenus par la Côte d'Ivoire sont à saluer car dans la plupart des pays, la lutte contre la corruption du secteur public n'a pas ou peu progressé. Il est vrai que cette performance est le résultat des réformes juridiques et institutionnelles mises en œuvre depuis plus d'une décennie et des actions entreprises en matière de dénonciation et de répression des actes de corruption.

Toutefois, malgré ces résultats, la Côte d'Ivoire doit poursuivre ses efforts pour relever les défis auxquels elle est encore confrontée en matière de lutte contre la corruption. La corruption inhibe les efforts de développement du Gouvernement et entrave le bon fonctionnement des institutions. Pour preuve, plusieurs scandales financiers se sont perpétrés dans les services en Côte d'Ivoire. Nous pouvons citer le détournement de fonds au Fonds d'Entretien Routier[44] (FER) mettant en cause la gestion de Lanciné

---

[41] Haute Autorité Pour la Bonne Gouvernance « RAPPORT D'ÉVALUATION 2020-2021 DES ACTIVITÉS LIÉES À LA PRÉVENTION ET À LA LUTTE CONTRE LA CORRUPTION » P.7

[42]Ministère des Finances et du Budget https://www.igf.finances.gouv.ci consulté le 20/03/2024

[43] Haute Autorité Pour la Bonne Gouvernance « COMMUNIQUÉ : INDICE DE PERCEPTION DE LA CORRUPTION (IPC) 2023 LA CÔTE D'IVOIRE GAGNE, EN UN AN, 12 PLACES ET 3 POINTS » Cf.www.habg.ci consulté le 06/04/2024

[44] L'audit a révélé un détournement de fonds de 35 milliards par le Directeur Général et plusieurs dizaines de milliards de dépenses non justifiées. Le FER,

DIABY. Le contrôle des auditeurs a révélé des irrégularités sur la quasi-totalité des marchés attribués par le FER. Klynved Peat Marwick Goerdeler (KPMG), le célèbre cabinet américain, note un trop grand recours à des appels d'offres restreints (AOR) et une propension à des gré à gré, souvent sur des marchés de plusieurs milliards de francs CFA. Le cabinet américain remarque que le recours à ces pratiques ne se justifiait nullement.

Ensuite, il y a eu le cas de détournements à la Société Nationale d'Édition de Documents Administratifs et d'Identification (SNEDAI). Le magazine Jeune Afrique a titré : « Au cœur du scandale de détournements au sein du groupe SNEDAI ». Ce magazine révèle que le groupe fondé par Adama BICTOGO, le Président de l'Assemblée nationale de Côte d'Ivoire, est victime d'un détournement de fonds de plusieurs millions d'euros. En effet, depuis le mois de septembre de l'année 2023, les enquêteurs de la police économique ont procédé à plusieurs perquisitions au siège de SNEDAI. Le groupe familial, bien connu des Ivoiriens, a été victime de détournements de fonds. Des cadres de l'entreprise sont mis en cause et les premières estimations évaluent le préjudice subi à 1 679 milliards de francs CFA, soit 2 44 millions d'euros[45]. Le troisième scandale que nous

---

constatent les auditeurs, affirme devoir encore 35 milliards de francs CFA d'un emprunt auprès de la BGFI. Mais le problème, notent les auditeurs, cette banque ne confirme pas la dette. Alors, Lanciné DIABY a-t-il créé une dette fictive dans l'intention de siphonner 35 milliards des caisses du Fonds d'Entretien Routier ? La question reste entière, puisque l'ex-DG du FER n'a pas répondu à notre demande d'entretien.

Information révélée par le site abidjaninfos.net et consultable sur https://www.ivoirebusiness.net/articles/scandale-fer-laudit-revele-un-detournement-de-35-milliards-par-le-dg-et-plusieurs-0 page consultée le 06/04/2024

[45] Tout a commencé avec une facture d'un montant de 25 millions de francs CFA, qui a été présentée pour règlement début septembre. Des anomalies attirent alors l'attention d'Alassane BICTOGO, le frère aîné du président de l'Assemblée nationale, qui a longtemps travaillé pour le groupe. Information consultable sur

évoquerons est celui que nous qualifierons de « scandale d'Ébimpé[46] » en référence au mythique stade qui a abrité la finale de la Coupe d'Afrique des Nations (CAN) 2023 à l'occasion de laquelle les éléphants de Côte d'Ivoire ont obtenu leur troisième trophée continental. En effet, nouvellement construit, le stade apparaît non conforme aux normes de la FIFA. Dès lors, l'ancien ministre des sports et du développement de l'économie sportive, DANHO Paulin Claude, a fait face aux membres de la commission des affaires économiques et financières du Sénat où il a obtenu un budget de financement nécessaire de 20 milliards de francs CFA. Ce montant pour une mise aux normes a fait réagir dans le milieu du sport. Le stade d'Ébimpé, inauguré en octobre 2020, aura coûté un peu plus de 143 milliards de francs CFA et est le fruit de la coopération entre la Côte d'Ivoire et la Chine.[47] Malheureusement, à quatre mois du coup d'envoi de la Coupe d'Afrique des Nations 2023, le match amical opposant la Côte d'Ivoire au Mali dans ledit stade a été interrompu par un orage rendant la pelouse impraticable. Cette situation révélatrice d'un éventuel défaut d'entretien de cette pelouse fraîchement acquise a provoqué la colère de la totalité des Ivoiriens. Ce fiasco qui a coûté son poste à Mariam Koné YODA, alors Directrice Générale de l'Office National des Sports, est révélateur de la gestion qui est faite des deniers publics. Plus précisément, il s'agit du manque de redevabilité des acteurs publics auxquels sont confiées de hautes responsabilités dans la gestion de la chose publique.

---

https://www.jeuneafrique.com/1484092/economie-entreprises/au-coeur-du-scandale-de-detournements-au-sein-du-groupe-snedai/ page consultée le 06/04/2024

[46] Ébimpé est un village inter-urbain du peuple Akyé, situé dans la sous-préfecture et commune d'Anyama. Il se fait connaître grâce à la construction du stade olympique Alassane OUATTARA sur ses terres à la faveur de la Coupe d'Afrique des Nations 2023.

[47] Information consultable sur https://www.7info.ci/stade-debimpe-les-20-milliards-fcfa-qui-font-debat/ page consultée le 06/04/2024

Le mardi 09 octobre 2024, un autre scandale est signalé du côté de la Société d'Exploitation et de Développement Aéroportuaire Aéronautique et Météorologique (SODEXAM). En effet, il s'agit d'un détournement présumé de la somme de 625 millions de francs CFA impliquant trois agents. Ces derniers ont été mis à la disposition du Pôle Pénal Économique et Financier. Cette autre situation, qui est révélatrice des risques permanents de corruption qui pèsent sur les agents publics et sur les organisations, est la conséquence de nombreuses opérations frauduleuses perpétrées par certains agents.

De tout ce qui précède et au regard des faits et du contexte dans lequel s'inscrit notre étude, une question se pose avec acuité : Pourquoi le dispositif de lutte contre la corruption manque-t-il d'efficacité ? Par ailleurs, des questions secondaires se dégagent ainsi qu'il suit : Comment pouvons-nous situer les fondements de la corruption en Côte d'Ivoire ? Comment se présente l'environnement de la corruption en Côte d'Ivoire ? Quelles sont les mécanismes de lutte contre la corruption en Côte d'Ivoire ? Quelle analyse pouvons-nous faire des résultats obtenus à l'issue de la lutte menée contre la corruption jusqu'ici ? Enfin, quelles propositions pour un dispositif de lutte anticorruption plus efficace ?

Dans la rédaction de cet ouvrage, nous nous efforcerons d'éviter les jugements moraux, même s'il nous faudra impérativement remonter dans le temps et identifier certaines situations qui auraient pu faire naître la culture d'improbité. Nous essaierons d'être assez pratiques car, comme le dit le politologue James Q. WILSON, « le problème avec la corruption, c'est qu'on tend à ne plus y voir que » le problème » de la corruption. Les questions morales obscurcissent en général les questions pratiques, même lorsque le problème moral est relativement mineur et le problème pratique fort important »[48]. Nous ne nous ferons pas d'illusions sur le caractère exhaustif de notre travail. Mais, nous y trouvons le moyen d'apporter notre contribution à la construction de l'édifice commun qu'est la Côte d'Ivoire. L'identification de l'origine des pratiques de corruption, l'appréhension du phénomène en Côte d'Ivoire font l'objet de notre réflexion. En outre, la prise en compte du bien-fondé des mécanismes implémentés par nos autorités et surtout nos propositions pour mieux faire, s'inscrivent résolument dans la démarche de l'amélioration continue. Pour ce faire, nous avons eu recours à la recherche documentaire avec une méthodologie orientée vers le choix de sources d'informations à travers différents types de documents, à savoir des livres, des manuels, des périodiques, des rapports et autres documents spécifiques. Aussi, avons-nous fait usage de l'analyse des données qualitatives par l'analyse de texte et du contenu.

Dans le souci de mener une étude pertinente, notre réflexion se penche, dans une première partie, sur le visage hideux de la corruption en Côte d'Ivoire. À travers l'allégorie des « grilleurs d'arachide »[49], nous nous essaierons à démontrer qu'historiquement, le laxisme affiché à l'époque par les gouvernants face aux premiers scandales financiers a constitué indubitablement un mauvais précédent. Au surplus, cette partie sera le lieu de dresser le panorama de la corruption en Côte d'Ivoire. Ensuite, la deuxième partie sera l'occasion de poser un regard critique sur l'efficacité de la lutte anticorruption menée depuis lors. Concrètement, il s'agira de

[48] James Q. WILSON, « CORRUPTION IS NOT ALWAYS SCANDALOUS », in Theft of the city: Readings on Corruption in America, éd. J. A. Gardiner et D. J. Olson (Bloomington, Indiana University Press), P.29

[49] Noé Moise KOSSONOU « NON ! CA DOIT CHANGER », les éditions CERAP, 2021, P.110

L'auteur met en lumière les premiers scandales financiers qui éclataient dans les années 70-80, traduisant une gestion opaque et dépourvue de tout sens de redevabilité. Aussi, ajoute-t-il que face à cette situation, la réaction attendue des autorités de l'époque n'a pas été à la hauteur des infractions commises. Il affirme que « Le père de la Nation » avait assuré « ses enfants » qu'on ne regarde pas dans la bouche des grilleurs d'arachide…

présenter les mécanismes en vigueur par la mise en exergue tant du cadre normatif qu'institutionnel avant d'en analyser les forces et les faiblesses. Enfin, la troisième partie devra nous permettre de faire des propositions concrètes pour une lutte anticorruption plus efficace.

PREMIÈRE PARTIE :

LE VISAGE HIDEUX DE LA CORRUPTION EN CÔTE D'IVOIRE

CHAPITRE 1 :

L'allégorie des « grilleurs d'arachide »

Après l'indépendance, la politique économique de l'État ivoirien se résume en deux phases.[1]Les vingt premières années après l'indépendance, étaient qualifiées de « miracle ivoirien ». En effet, la Côte d'Ivoire, à cette époque, a enregistré un fort taux de croissance annuel du PIB, de l'ordre de 7 %. Ce dernier est passé de 130 milliards de francs CFA en 1960 à 1900 milliards en 1979. Cette prospérité ininterrompue et soutenue de la Côte d'Ivoire durant deux décennies a permis de mener une politique économique et sociale particulière. Cette embellie économique sera confortée par la hausse des cours des matières premières agricoles sur le marché mondial (la Côte d'Ivoire devient, en 1978, le premier producteur mondial de cacao devant le Ghana). La valeur ajoutée de la production agricole en Côte d'Ivoire est passée de 69,4 milliards de francs CFA en 1960 à 1028 milliards de francs CFA en 1985. De même, la valeur des exportations agricoles est passée de 39,3 à 294,4 milliards de francs CFA

[1] Guiby Joseph DAGO, « HISTOIRE ÉCONOMIQUE ET SOCIALE DE LA CÔTE D'IVOIRE DE 1843 À NOS JOURS », éditions L'Harmattan, 2016, P.49. Dans la première phase (1960-1980), l'État agit en tant qu'agent économique par la création d'entreprises publiques. Dans la seconde phase (à partir de 1980), l'État, au contraire, se désengage des entreprises publiques pour cause de récession économique.

en vingt-cinq ans.[2] Durant ce « miracle » ivoirien, les politiques de l'État étaient libérales, d'ouverture sur l'extérieur avec les capitaux étrangers. Mais, l'État jouait un rôle important en tant qu'investisseur en se substituant au secteur privé par la création des sociétés publiques (ou parapubliques). Il s'agit donc d'une époque dorée pour le pays qui venait d'accéder à l'indépendance.

Cependant, cette ère de prospérité a été négativement impactée par les détournements de deniers publics massifs et l'enrichissement illicite des dignitaires du pouvoir. Durant cette période, les entreprises publiques ont été gérées de manière opaque et sans aucun sens de la redevabilité. Les sociétés publiques mises en place en vue de résorber les disparités régionales et favoriser le développement des régions qui les abritaient n'ont pas produit les effets escomptés. Le « père de la nation » est généreux avec les barons du régime et ferme les yeux et les oreilles sur la gabegie orchestrée par les dirigeants des programmes de développement régionaux : l'ARSO[3] en 1969 pour désenclaver la zone sud-ouest, les FRAR[4] mis en place à partir de 1971 pour doter les zones rurales du pays en infrastructures sociales et économiques (pompes hydrauliques, ponts, barrages, lycées, maternités…), la CIDT[5]pour gérer et encadrer la production cotonnière depuis le stade du labour des parcelles jusqu'au stade de la commercialisation de la récolte, la SODERIZ[6] pour la production et la commercialisation du riz, la SODEFEL[7] pour les produits vivriers, la SODESUCRE[8] pour les complexes sucriers, etc. Il serait judicieux, à ce niveau de notre propos,

---

[2] Idem, P.50

[3] L'Autorité pour l'aménagement de la région du Sud-Ouest (ARSO) est un programme d'aménagement du territoire et de développement régional réalisé de 1969 à 1980 au sud-ouest

[4] Fonds Régionaux d'Aménagement Ruraux

[5] Compagnie ivoirienne pour le développement du textile

[6] Société d'État pour le développement de la riziculture en Côte d'Ivoire

[7] Société d'État pour le développement des fruits et légumes

[8] Société d'État pour le développement des plantations de canne à sucre

de revenir sur la théorie d'agence et du salaire d'efficience que nous évoquions précédemment.

La théorie d'agence est fondée sur une opposition entre deux agents : d'une part, le détenteur des moyens de production, appelé de manière générale, « le principal », et d'autre part, l'agent qui exploite les moyens de production du premier à sa demande. Une telle opposition, établie dans le but de maximiser le profit du principal, permet à l'agent d'en tirer en échange des bénéfices[9]. Toutefois, malgré le consentement mutuel, il y a une opposition des intérêts car, le principal ambitionne rentabiliser son capital pendant que l'agent veut tirer davantage de bénéfices de son action. Une telle situation implique d'entamer une part de la rentabilité du capital. D'un point de vue général, le principal met en place un système qui pousse l'agent à réaliser l'action tout en dévoilant la totalité des informations. Pendant ce temps, l'agent veut garder le pouvoir décisionnel qu'il peut tirer de ses informations. De ce qui précède, peuvent survenir des risques d'asymétrie d'information, de non-respect de l'ensemble des règles et accords passés. Ainsi, dans le contrat de délégation[10]à l'origine de la corruption, le principal représenté par l'État ou l'administration délègue à l'agent l'exécution d'une tâche. Plusieurs éléments sont nécessaires pour que ce contrat de délégation permette l'émergence de la corruption. Premièrement, l'exécution de cette tâche doit affecter le « revenu des clients », entreprises ou citoyens, de telle sorte qu'ils soient amenés à vouloir influer sur le comportement de l'agent public. Cela, dans le but, par exemple, d'obtenir un traitement de faveur, d'accélérer les procédures

---

[9] Dans le cas d'espèce, nous faisons référence au salaire et autres avantages y liés

[10] La corruption s'analyse comme l'imbrication de deux contrats : un contrat de délégation conclu entre le principal et l'agent et un contrat de corruption établi entre l'agent et le corrupteur (Jacquemet, 2006, Emmanuelle LAVALLÉE, Mireille RAZAFINDRAKOTO, François ROUBAUD « CE QUI ENGENDRE LA CORRUPTION : UNE ANALYSE MICROÉCONOMIQUE SUR DONNÉES AFRICAINES », dans Revue d'économie du développement 2010/3 (Vol.18), P.9, Éditions DE BOECK SUPÉRIEUR

administratives, ou encore de contourner les lois et réglementations. Deuxièmement, la tâche du fonctionnaire et les règles qu'il doit respecter ne doivent pas être clairement définies. En d'autres termes, il faut que l'agent public dispose d'un pouvoir discrétionnaire. Ce dernier peut avoir plusieurs origines comme, par exemple, l'absence de règle encadrant les fonctions de l'agent, le fait que ses décisions soient fondées sur une information subjective ou privée de l'agent ou encore que les règles encadrant ses fonctions ne soient pas cohérentes ou permettent différents délais de décision. Enfin, il faut que les instruments d'incitation dont le principal dispose, tels que la rémunération de l'agent et son contrôle, ne permettent pas de réconcilier les intérêts divergents du principal et de l'agent. À titre d'exemple, s'il n'est pas possible de mettre en œuvre un schéma de rémunération contingent ou un salaire d'efficience égal à l'espérance de gains associée à la corruption, susceptible d'empêcher la corruption[11].

Le contrat de corruption, quant à lui, est établi entre le corrupteur et l'agent. Il s'agit d'un accord illégal portant sur le détournement du pouvoir discrétionnaire confié à l'agent et la répartition des gains espérés[12]. Cette dernière dépend du pouvoir de marchandage de chacun. En suivant la tradition initiée par Becker (1968), l'agent et le corrupteur s'engageront dans une relation corruptive dès lors que la valeur de l'illégalité domine celle de l'honnêteté. Pour l'agent, la valeur de l'honnêteté dépend du salaire qu'il reçoit du principal, de son aversion pour l'illégalité, du pot-de-vin qu'il va recevoir, mais également de la probabilité d'être mis à pied ou sanctionné. Pour le corrupteur, la décision d'établir une

[11] Les raisons de cette impossibilité sont diverses. Elle peut être due à l'inexistence de mesure de performance de l'action de l'agent public ou au coût monétaire ou politique qu'elle représente. En effet, il peut être difficile pour un pays en développement d'augmenter le salaire de ses fonctionnaires à la fois parce que la contrainte budgétaire est forte, mais aussi parce qu'il peut être politiquement coûteux de verser aux agents publics un salaire beaucoup plus élevé que celui en vigueur dans le privé.

[12] Il peut s'agir ici du pot-de-vin pour le fonctionnaire.

relation corruptive dépend du gain qu'il en attend, du montant du pot-de-vin et du coût d'initiation de la relation. Ce dernier regroupe les coûts moraux subis par le corrupteur, mais également l'ensemble des coûts monétaires engagés pour permettre cette rencontre. De tout ce qui précède, il ressort une nécessité accrue pour le principal, d'accentuer les contrôles et les sanctions afin de contraindre l'agent à servir ses intérêts. En confiant la gestion des sociétés d'État à l'époque à certains dirigeants, les autorités d'alors auraient dû intégrer toutes ces contingences afin d'éviter que ces derniers, pour la plupart des membres influents du parti au pouvoir, ne soient tentés d'abuser de leurs prérogatives. Il serait judicieux de mentionner que ces dirigeants pourraient revêtir le qualificatif de « personnes politiquement exposées nationales »[13]. Hélas, à cette période, la gestion des risques de corruption d'agents publics n'était pas encore à l'ordre du jour. Les conséquences se sont avérées catastrophiques.

En 1972 déjà, suite au message à la nation du Chef de l'État pour le nouvel an, une série de mesures d'austérité furent prises par le bureau politique et diffusées le 5 janvier 1972 par le quotidien Fraternité-matin[14]. Le bureau politique mettait ainsi fin à certains avantages et droits des fonctionnaires, qui étaient devenus selon le texte de l'instance suprême du parti, une source d'abus et de revenus illicites, favorisant les détournements de deniers publics par des voies légales. À titre illustratif, il était avéré que certains fonctionnaires disposaient de feuilles de mission ou de feuilles de route en blanc et se

[13] Personnes physiques qui exercent ou ont exercé d'importantes fonctions publiques dans le pays, par exemple, les chefs d'État et de gouvernement, les politiciens de haut rang, les hauts responsables au sein des pouvoirs publics, les magistrats et militaires de haut rang, les dirigeants d'entreprises publiques et les hauts responsables de partis politiques. Il faut noter que selon le Groupe d'Actions Financière (GAFI), une vigilance accrue s'impose à leur égard en raison de leur influence qui constitue un risque énorme de s'adonner à des pratiques de corruption, LIGNES DIRECTRICES DU GAFI, « PERSONNES POLITIQUEMENT EXPOSÉES (recommandations 12 et 22) », juin 2013, GAFI/OCDE

[14] Cf. Fraternité-Matin du 5 janvier 1972, pp. 1 et 10

faisaient payer bon an, mal an, la moyenne de 15 à 20 jours de mission par mois, indépendamment de leur solde, sans qu'aucun déplacement ait été effectué.

En janvier 1973, il eut l'affaire KAMANO[15] à laquelle la presse ivoirienne donna le maximum de publicité et réclama que la justice fasse son travail. Pour rappel, monsieur KAMANO était un haut cadre chargé de la Direction Générale de la Caisse Nationale de Prévoyance Sociale (CNPS) et une personnalité politique bien en vue en Côte d'Ivoire en sa qualité de membre du Conseil Économique et Social. Il était accusé, avec plusieurs de ses collaborateurs, de détournements de deniers publics au préjudice de la CNPS.

Deux ans plus tard, soit en janvier 1975, un scandale relatif à des pourboires dans la police vint confirmer qu'il y avait un sérieux problème de probité des agents publics et que la cicatrice apparente cachait une plaie bien plus profonde. Dans cette veine, l'on se remémore l'affaire Aka Francis[16], du nom de cet inspecteur de police, réputé à l'époque pour sa corruption. Il fut pris en flagrant délit grâce à des billets de banque « piégés » par le Secrétaire d'État à l'intérieur.

En 1977, l'affaire de la surfacturation des complexes sucriers[17] révèle l'ampleur des détournements au sommet de l'État. Six unités industrielles sont construites. Autour de ces complexes sucriers, de nombreuses plantations villageoises de canne à sucre s'installent. Malheureusement, le programme

---

[15] Cf. Fraternité-Matin des 15, 16, 17 et 19 février, 15, 16 et 17 mars 1973

[16] Cf. Fraternité-Matin du 13 février 1975, P.3

[17] L'histoire des complexes sucriers commence en 1974. À cette date, le Président Houphouët-Boigny effectue des tournées dans le nord de la Côte d'Ivoire. Il constate des inégalités de développement entre les régions du nord et celles du sud : revenu annuel par tête d'habitant au-dessous du quart du revenu moyen national, fort taux d'analphabétisme. Après sa visite dans le nord, le président ivoirien décide d'y faire construire dix complexes sucriers afin d'endiguer l'exode des jeunes. Outre l'emploi des jeunes, deux objectifs majeurs sont assignés à la Sodesucre : Satisfaire la demande intérieure en sucre et faire de la Côte d'Ivoire un grand exportateur de cette denrée. Michel KOFFI-DJÉMÉ « L'AFRIQUE FRANCOPHONE PEUT-ELLE SE LIBÉRER DE SES CHAINES ? », Collection Autant écrire, éditions l'harmattan, 2022, P 138

sucrier est loin de répondre aux attentes. Non seulement, le coût des complexes aurait été multiplié par deux[18]mais plus grave, la Sodesucre est minée par la gestion des dirigeants. En effet, les normes de production n'obéissent pas à des lois rigides. Les cadres surpayés du complexe utilisent pour leur propre compte, des travailleurs saisonniers de la société dans des plantations privées qu'ils se sont créés à proximité des complexes et font payer les salaires des ouvriers par le complexe sucrier. Enfin, le sucre produit n'est pas commercialisé rationnellement et il arrive que l'on cesse la production faute d'aire de stockage. En définitive, la production de ces complexes est en dessous des prévisions[19]. Cette situation est révélatrice de l'absence de toute politique anticorruption préventive et de prise de conscience de l'importance des questions comme l'éthique professionnelle, les conflits d'intérêts. Dans cette période, petite corruption[20] et grande corruption[21]meublent le paysage ivoirien. Mais l'ampleur du scandale contraint le Président à sévir[22].

Dès 1978, la chute brutale des cours mondiaux du café et du cacao entraîne un sérieux ralentissement de l'économie ivoirienne. Tous les efforts mis en œuvre par le Président restent infructueux[23]. Face à cette conjoncture, les paysans se tournent vers la caisse de stabilisation créée dès les

---

[18] Plus de 250 milliards de francs CFA engloutis dans l'opération, idem, P.139

[19] 150 000 tonnes au lieu de 300 000. Pis, le prix de revient du sucre produit en Côte d'Ivoire est trois fois plus élevé que le prix à l'international.

[20] Selon la Banque Mondiale, elle représente la corruption bureaucratique dans l'administration publique

[21] Selon la Banque Mondiale, elle traduit une corruption à haut niveau où les décideurs politiques créant et appliquant les lois utilisent leur position officielle pour promouvoir leur bien-être, leur statut ou leur pouvoir personnel

[22] Une loi anticorruption est adoptée le 23 juin 1977 et un mois plus tard, soit le 20 juillet, des ministres sont limogés. Cependant, ils seront affectés à d'autres postes où circule l'argent.

[23] En 1979, Houphouët-Boigny gèle les exportations dans l'espoir de forcer les cours mondiaux à augmenter. Mais, il est seul. Sans le soutien du reste des producteurs africains, la Côte d'Ivoire enregistre, entre 1980 et 1982, plus de 700 milliards de francs CFA de perte. Il se rendra en 1983, à Londres, pour négocier un accord sur le café et le cacao avec les négociants et les industriels, mais sans succès.

indépendances et dont le rôle est de les protéger, grâce à un mécanisme de garantie, des variations des cours internationaux du café et du cacao. Hélas, la caisse n'a pas pu jouer son rôle car les bénéfices du cacao ont été dilapidés et les caisses vidées. Cette situation ne freine pas les pillards qui récidivent encore.

En effet, une autre affaire secoue le régime en 1983 : il s'agit de l'affaire LOGEMAD (logement administratif). Cette affaire révèle que cet organisme d'État chargé de reverser aux propriétaires des logements occupés par des fonctionnaires, les loyers des maisons baillés, profite essentiellement aux responsables politiques. Concrètement, ces responsables politiques fixent des prix exorbitants aux baux administratifs alors qu'ils sont propriétaires de ces logements baillés à l'État. Le préjudice subi par l'État s'élève à des centaines de millions de francs CFA et la Côte d'Ivoire se retrouve en situation d'insolvabilité. La mauvaise gestion des sociétés d'État, les salaires et avantages astronomiques des dirigeants des entreprises publiques, les détournements de deniers publics, finissent par étouffer financièrement l'État et user le président de la République. De ce qui précède, transparaît aisément l'impact négatif de la corruption sur l'économie et aussi sur la gouvernance. L'affaire LOGEMAD a fait l'objet d'un procès qui a marqué les ivoiriens[24]. En effet, les responsables de cette société seront le veau expiatoire de dirigeants qui n'ont en réalité jamais eu le sens du bien commun. Et pourtant, il y avait des raisons de juger beaucoup d'autres. Mais le « père de la Nation » avait assuré « ses enfants » qu'on ne regarde pas dans la bouche des grilleurs d'arachide[25]. Nous le constatons, la période du « miracle ivoirien » est entachée par de

---

[24] Le juge président du tribunal d'Abidjan, Robert COULOUD, avait infligé la peine maximale de vingt ans aux prévenus impliqués. Consultable dans lebanco.net « C'EST ARRIVÉ UN 26 MARS…EMMANUEL DIOULO EST EN FUITE », publié le vendredi 26 mars 2021 par REAFHB, consulté le 18/04/2024

[25] Noé Moise KOSSONOU « NON ! CA DOIT CHANGER », les éditions CERAP, 2021, P.110

nombreux actes de corruption à savoir : La corruption d'agents publics nationaux, l'abus de fonction, le détournement et la soustraction de deniers et titres publics, l'avantage illégitime, l'enrichissement illicite et surtout le conflit d'intérêts pour ne citer que ces quelques infractions constitutives d'atteinte au devoir de probité[26]. Il convient d'appréhender la probité comme un devoir dont le manquement est pénalement sanctionné.

Le droit pénal ivoirien punit les manquements au devoir de probité qui sont généralement le fait de personnes exerçant des fonctions publiques. Ces incriminations se distinguent les unes des autres par leurs éléments constitutifs, leurs modalités d'accomplissement ou leurs finalités. Les atteintes à la probité doivent être réprimées sans complaisance car elles touchent à la puissance publique. Une répression accentuée devrait avoir pour effet de sauvegarder les intérêts fondamentaux de la Nation, de prévenir les conflits d'intérêts, de moraliser la vie publique et de rappeler à l'ordre les personnes exerçant une fonction publique et soumises à l'exigence d'exemplarité.

Ainsi, l'allégorie des « grilleurs d'arachide » illustre la corruption des personnalités politiques de l'époque. Ensuite, elle s'est répandue comme un virus à travers les différents régimes qui se sont succédés et à travers la société ivoirienne dans son ensemble. Cette figure de style est puissante en ce sens qu'elle suggère plusieurs aspects associés à la corruption. Premièrement, les ressources publiques sont assimilées à des arachides, grillées par ceux qui sont au pouvoir et détournées ou transformées pour leur profit. En outre, les « grilleurs d'arachide » semblent mener une activité banale et acceptable en apparence, mais ils dissimulent le fait qu'ils profitent de

[26] Les atteintes à la probité sont une formule usuelle qui évite d'énumérer les infractions de corruption telles que présentes dans la loi française SAPIN II. Cette formule est couramment utilisée par l'Agence Française Anticorruption. Aussi, devons-nous relever que les atteintes à la probité peuvent être appréhendées comme actes de corruption et infractions assimilées selon l'ordonnance n° 2013-660 du 20 septembre 2013 relative à la prévention et à la lutte contre la corruption et les infractions assimilées.

ressources qui ne leur appartiennent pas. Cela reflète bien comment certains responsables politiques peuvent masquer leurs abus sous des actions apparemment légitimes. Il faut relever qu'autant griller des arachides est une activité courante, l'allégorie pourrait montrer que la corruption, à un certain moment, était vue comme un comportement normalisé ou accepté, même si elle nuisait profondément au bien-être collectif. La signification de cette situation est que les dirigeants corrompus peuvent se permettre de prendre ce qui appartient au peuple et le modifier ou en disposer à des fins personnelles. Cela résonne comme un blanc-seing accordé à ceux qui, à l'époque du parti unique, avaient en charge la gestion de la chose publique. Mieux, elle traduit un paradoxe au regard de l'adoption de la loi anticorruption du 23 juin 1977 et de toutes les autres mesures[27] prises pour sanctionner les auteurs des scandales financiers de l'ère du miracle ivoirien. En d'autres termes, elle traduirait un manque de sincérité dans « l'engagement de l'instance dirigeante »[28] de l'époque.

[27] Nous pouvons rappeler qu'il y a eu une vaste campagne anticorruption menée au sein de la police nationale de janvier à mars 1975. Cinq policiers furent arrêtés ainsi que des commerçants et des chauffeurs de taxi pour corruption active de fonctionnaire. Cf. Fraternité-Matin, 15 février 1975, M. Ouassenan, Secrétaire d'État à l'Intérieur, dans une conférence de presse : « GUERRE À LA CORRUPTION DANS LA POLICE », P.4 ; Ivoire-Dimanche, 9 mars 1975, M. Koblan HUBERSON, Directeur Général de la sûreté Nationale : « PROTÉGER LES DROITS DES CITOYENS », P.4

[28] Il s'agit du premier pilier d'un dispositif anticorruption. Il suppose de la part des dirigeants d'avoir un comportement exemplaire, en paroles comme en actes, en matière d'intégrité et de probité ; de promouvoir le dispositif anticorruption par une communication personnelle ; de mettre en œuvre des moyens suffisants pour permettre d'atteindre l'effectivité et l'efficacité du dispositif ; d'être responsable du correct pilotage de ce dispositif ; de s'y conformer pour la prise des décisions qui lui reviennent en propre ; de s'assurer que des sanctions adaptées et proportionnées soient prononcées en cas de comportement contraire au code de conduite ou susceptible d'être qualifié d'atteinte à la probité. Cf. « LES RECOMMANDATIONS DE L'AFA », recommandations de l'Agence Française Anticorruption destinées à aider les personnes morales de droit public et de droit privé à prévenir et à détecter les faits de corruption, de trafic d'influence, de concussion, de prise illégale d'intérêts, de détournement de fonds publics et de favoritisme ; Version du 4 décembre 2020, P.4

L'engagement de l'instance dirigeante traduit la volonté de l'entité publique de se doter d'un dispositif anticorruption. Il se matérialise aussi par une politique de tolérance zéro. Enfin, la sincérité de cet engagement se traduit par l'exemplarité des dirigeants. Il serait incohérent de requérir des administrés ou des citoyens, ce que les dirigeants eux-mêmes ne font pas. C'est pourquoi, les dirigeants ne doivent pas ruser dans le déploiement du dispositif anticorruption.

L'allégorie est une figure de style qui consiste à représenter une notion abstraite au moyen d'éléments réels, concrets. Cette représentation peut se faire grâce à une histoire, une métaphore ou une image. L'allégorie permet au lecteur ou à la lectrice, grâce à sa symbolique, de réfléchir à un concept abstrait, comme une valeur, une émotion ou un sentiment. À travers cette image, l'auteur de cette figure de style prétendrait qu'il n'est pas possible de gérer les deniers sans se servir soi-même. Cette assertion rejoint une autre selon laquelle « tout comme il est impossible de ne pas goûter le miel ou le poison que l'on trouve au bout de sa langue, il est impossible à quiconque gérant des fonds publics de ne pas goûter au moins un peu à la richesse du roi »[29]. S'il est vrai qu'il y a une grosse tentation pour les personnes qui gèrent les deniers publics d'en jouir illicitement, les pouvoirs publics, par leurs actions, doivent les en dissuader. En réalité, « le grilleur d'arachide » ne doit jamais perdre de vue deux réalités : Premièrement, sa mission est de griller les arachides et non de les consommer. Deuxièmement, les arachides qui lui ont été confiées sont la propriété d'une tierce personne. Mieux, dans notre cas d'espèce, les deniers publics appartiennent au peuple dans son ensemble et nul ne devrait avoir la prétention d'en disposer à des fins personnelles en raison de prérogatives publiques à lui

[29] Mouloud MADOUN, David AUTISSIER, Jean-Marie PERETTI « ARTASHASTRA : PÉDAGOGIE ET PRATIQUE DU CHANGEMENT, LA GESTION CONSISTE À ÉQUILIBRER LES FORCES EN PRÉSENCE », Transformer sans rompre ni exclure : Étonnante actualité de l'Inde ancienne ; Académie des Sciences de Management de Paris, EMS Éditions, 2019, 204 P.

confiées. La définition de la corruption produite par la Banque mondiale trouve tout son sens lorsqu'elle parle de détournement de responsabilité d'un service public à des fins privées. L'enrichissement personnel illicite effectué au détriment de l'intérêt général est aisément perceptible.[30]

Sous un autre angle, cette figure de style pourrait aussi traduire un euphémisme, utilisé pour atténuer une idée qui pourrait choquer ou blesser. Il est généralement utilisé pour parler de sujets tabous ou jugés immoraux. L'usage de cette image pour parler du fléau de corruption qui sévissait déjà à cette époque nous laisse perplexes quant au mauvais précédent qui venait d'être créé. Au surplus, elle met en exergue ce que le Forum économique mondial qualifie de « relent culturel » de la corruption.[31] Le fait d'affirmer qu'on ne regarde pas dans la bouche de celui qui grille l'arachide pour parler de corruption met en évidence le facteur socio-culturel de la corruption.

1. Le poids du contexte socio-culturel

La corruption, plus particulièrement celle qui est pratiquée par des agents publics dans nos pays africains, est une conséquence du mode de vie de la société dans laquelle se déroule leur activité professionnelle. La société africaine n'a pas adopté l'ensemble du mode de vie occidental, ni répudié la totalité de son passé. Force est de constater que la coutume

---

[30] Selon l'article 56 de l'ordonnance n° 2013-660 du 20 septembre 2013 relative à la prévention et à la lutte contre la corruption et les infractions assimilées, « est puni, d'un emprisonnement d'un à cinq ans et d'une amende équivalente au triple de la valeur des biens illicitement acquis, tout agent public qui ne peut raisonnablement justifier une augmentation substantielle de son patrimoine par rapport à ses revenus légitimes. Il appartient à la personne poursuivie d'enrichissement illicite de prouver l'origine licite de son patrimoine ». Nous le constatons, le coût de la corruption peut être très élevé pour celui qui s'en rendrait coupable.

[31] Des actes appréhendés comme actes de corruption dans un pays donné ne le sont pas forcément dans un autre.

s'impose à chaque citoyen africain dans sa vie quotidienne[32]. Ainsi, les agents publics africains voire ivoiriens sont très souvent enfermés dans une trame coutumière. Il faut le relever, même la loi n'arrive pas à les exorciser. Dans les lignes suivantes, nous mettrons en évidence trois composantes fondamentales, à savoir la conception de la famille africaine, les superstitions et les croyances, le système matrimonial et la famille par alliance.

1.1. La conception de la famille africaine

Hyacinthe SARASSORO, dans son ouvrage intitulé *La corruption des fonctionnaires en Afrique, étude de droit pénal comparé*, [33]cite M. René Dumont qui s'étonne que « député ou fonctionnaire », l'africain « arrivé » se dise obligé de prendre en charge sa famille élargie, sinon ses amis et son village. Cette réflexion traduit l'opposition entre deux conceptions de la famille. Dans la mentalité occidentale, un oncle, un cousin, un collatéral ne font pas partie de la cellule familiale.[34] Dans la mentalité africaine, la famille englobe toutes les personnes descendant d'un auteur commun, unies par un lien de parenté, par la communauté de sang.[35]Cette

---

[32] Cf. Christian HASSENFRATZ, « LE PHÉNOMÈNE CRIMINEL DANS UN PAYS EN VOIE DE DÉVELOPPEMENT. » L'EXEMPLE DE LA CÔTE D'IVOIRE », Thèse, Paris 1974

[33] Hyacinthe SARASSORO, « LA CORRUPTION DES FONCTIONNAIRES EN AFRIQUE : Étude de droit pénal comparé », Economica, 49, rue Héricart, 75015 Paris 1980, P.19

[34] Le père, la mère, les enfants mineurs, voilà la famille au sens propre du terme, c'est la famille-foyer, la « *domus* » par opposition à la « *gens* », le ménage par opposition au lignage. Cf. Hyacinthe SARASSORO, « LA CORRUPTION DES FONCTIONNAIRES EN AFRIQUE : Étude de droit pénal comparé », Economica, 49, rue Héricart, 75015 Paris 1980, P.19

[35] Cette acception de la famille large de la famille a existé en droit européen : qu'on se rappelle la « *gens* » patriarcale de l'ancien droit romain ou le lignage de l'ancien droit coutumier français. Aujourd'hui, cette façon de voir la famille n'a aucun intérêt historique dans les pays occidentaux : « c'est une famille, comme le dit J. Carbonnier tournée vers le passé (pendue à son arbre généalogique). Cf. J CARBONNIER, droit civil, 7ème édition, P.U.F., Paris 1967

appréhension de la famille est encore d'actualité en Afrique et on peut même dire qu'elle a de beaux jours devant elle. Elle est à la base de ce qu'on appelle la « tradition d'hospitalité africaine ». Lorsqu'elle s'étend à la communauté de sang et de langue, elle devient source de tribalisme, de parasitisme, et par suite, de manque d'intégrité.

Lorsque nous parlons de communauté de sang et parasitisme, nous mettons en évidence le fait que quel que soit son éloignement, le degré de parenté oblige l'Africain qui en a les moyens à assurer la subsistance de celui qui est dans le besoin. Autrefois, la « gens patriarcale », c'est-à-dire les individus de la même lignée se regroupaient autour d'un chef commun (patriarche). Celui-ci pourvoyait aux besoins de tous : nourriture, habillement, mariage, funérailles et en contrepartie tous lui devaient obéissance, et participaient à la culture de ses champs qui étaient, de ce fait, la propriété de la collectivité. Aujourd'hui, avec le développement du salariat et des villes mais aussi à la faveur de l'exode rural[36], les fonctionnaires deviennent les premières victimes de ce système de parasitisme.

Les fonctionnaires ont la réputation d'avoir une situation stable et sont considérés comme gagnant beaucoup d'argent. Aux yeux de leur communauté d'origine, ils sont dignes de considération et de respect et peuvent faire beaucoup de choses : un coup de fil ou un mot de sa part pourrait suffire pour faire embaucher parents et amis. Face à cette pression sociale, les plus fragiles feront tout pour préserver l'image et l'opinion que ces personnes se font d'eux. En plus, la coutume

---

[36] Il traduit la forte migration des jeunes de la campagne vers la ville. Il faut relever qu'une fois à la ville, ceux-ci sentent le besoin de s'accrocher à quelqu'un qui les y a précédés et avec lequel ils auraient entendu qu'ils avaient quelque vague lien de sang. Ce dernier, devenu patriarche de facto, est mis à contribution pour trouver du travail à tout nouveau venu du village, et, en attendant, il devra lui fournir le coucher, la nourriture et même le prix des cigarettes et du cinéma. Dans cette perspective, une personne à situation salariale tant soit peu stable, dans le secteur privé ou dans le secteur public, sera amenée à héberger et à entretenir plus d'une dizaine de personnes de cette catégorie (frères, sœurs, neveux, nièces, cousins, cousines, etc.)

interdit de refouler un parent, si éloigné soit-il. Si le fonctionnaire passe outre cette interdiction, ce serait à ses risques et périls car non seulement, sa réputation serait souillée dans son village natal, mais la sorcellerie, l'envoûtement, l'empoisonnement pourraient se mettre de la partie pour abréger ses jours[37].

Ainsi, le fonctionnaire africain ou ivoirien se retrouve à la tête d'une colonie de parents qui sont en fait de véritables parasites. Pour les loger, il doit prendre un logement dont le loyer dépasse ses moyens financiers ; pour les nourrir, il contractera, auprès de collègues mieux nantis, des emprunts. Une fois son maigre salaire ainsi hypothéqué, et s'il n'a pas de caractère, il peut commettre des malversations pour faire face à des charges écrasantes.

Abordant le tribalisme, relevons qu'en Afrique, il se caractérise par la communauté de langue ou de dialecte. Selon les sociologues, le groupe ethnique est constitué par l'ensemble des individus d'une même région parlant la même langue et se reconnaissant entre eux par le même mode de vie et les mêmes mœurs.[38]Le découpage politique hérité de la période coloniale fait que dans un État comme la Côte d'Ivoire, on retrouve plus de soixante-dix ethnies ou tribus. Cette multiplicité des ethnies est parfois porteuse de germes d'improbité d'agents publics. L'agent public est ainsi amené à faire des lois et règlements une application non seulement intéressée, comme dans les cas de corruption, de concussion et de trafic d'influence, mais partisane. En d'autres termes, il sera tenté de favoriser les personnes de son ethnie et de brimer celles des autres. Les gens du village de l'agent public le

---

[37] G. GOUDOT « LES DONNÉES D'UNE POLITIQUE CRIMINELLE DANS LES PAYS EN VOIE DE DÉVELOPPEMENT », Archives de politique criminelle, 1, Ed. A. Pedonne, Paris, 1975, P.121

[38] Nous aurons par exemple les baoulés ou les bétés en Côte d'Ivoire, les Ashanti ou les Ga au Ghana, les Djéli ou les Sénoufos au Mali. Cf. Hyacinthe SARASSORO, « LA CORRUPTION DES FONCTIONNAIRES EN AFRIQUE : Étude de droit pénal comparé », Economica, 49, rue Héricart, 75015 Paris 1980, P.21

harcèlent, le suivent au bureau, à domicile, partout, en quête de travail ou d'une faveur quelconque.

Pour s'en débarrasser, il leur procurera des emplois sans tenir compte de leurs aptitudes. Ainsi, on peut noter que certains postes seront pourvus en fonction des relations et non des compétences des candidats. Avoir un parent ou un compatriote bien placé, c'est être assuré d'une position de faveur, d'une immunité face à certains actes parfois répréhensibles. En réalité, tout ceci s'inscrit dans un contexte socio-culturel qui est aussi lié aux croyances.

1.2. Les superstitions et les croyances

L'Africain est naturellement croyant. Nous dirons même qu'il est trop croyant, sinon crédule et superstitieux. Il croit aux fétiches, au pouvoir surnaturel du féticheur, du sorcier. Il est aussi très religieux. Il est donc courant de voir certains agents publics en charge de la gestion des deniers publics puiser dans les caisses pour satisfaire des autorités religieuses. Cela est d'autant plus vrai que certains estiment que s'ils commettent une infraction grave pour laquelle ils risquent une peine privative de liberté ou une forte amende, ils pourront se référer à « l'homme de DIEU », au « marabout », au charlatan ou au féticheur pour que ce dernier, par des prières, des incantations ou des rites, envoûte les autorités de poursuite, afin que l'affaire soit étouffée comme par enchantement.

Sur le plan des superstitions, il faut relever le rôle des cérémonies coutumières dans nos pays. Chaque événement, heureux ou malheureux, donne lieu, sous nos cieux, à des cérémonies marquées par des manifestations extérieures. Qu'il s'agisse du baptême d'un enfant, du mariage du premier fils ou de la première fille, des funérailles d'un ascendant ou d'une action de grâce après une maladie ou un accident grave, chaque manifestation vise à placer l'événement sous la bénédiction des dieux. Le signe extérieur qui puisse emporter la satisfaction de la divinité, c'est le bon souvenir que les voisins et les invités garderont de la fête. Dès lors, de gros frais vont être engendrés. Aussi, ces cérémonies deviennent-elles l'occasion de dépenses faramineuses, reléguant au second plan le côté spirituel de la manifestation. Une sorte de rivalité entre les individus va donc s'instaurer, entraînant certains à s'en sortir en ayant recours aux fonds publics. Mais les croyances et la superstition ne sont pas les seules causes culturelles qui peuvent pousser un agent public à violer le devoir de probité. Il faut également mentionner les conditions de formation du lien matrimonial et la prise en charge obligatoire de la famille par alliance.

1.3. Le système matrimonial et la famille par alliance[39]

En Afrique fondamentalement, et la Côte d'Ivoire n'échappe pas à la règle, tous les frais de la fondation d'un foyer conjugal incombent entièrement à l'homme. À des exceptions près concernant les dépenses relatives aux cérémonies de mariage proprement dites, il doit préalablement régler la dot. En Afrique, la dot revêt un caractère particulier. De prime abord, elle vient du côté du jeune homme car c'est lui, s'il est majeur, qui doit la fournir. À défaut, en cas de minorité, par exemple, ses parents ou toute autre personne ayant autorité sur lui. Ensuite, la dot n'a pas vocation à aider le jeune couple à s'installer, mais à enrichir les parents de la jeune fille. Elle est devenue, « le prix de vente » et le « prix d'achat » de la jeune fille. Or, tout ce qui se vend est susceptible de surenchère ou de spéculation.

---

[39] Cf. Marc DUMETZ, « LE DROIT DU MARIAGE EN CÔTE D'IVOIRE », préface de J.B BLAISE, L.G.D.J, Paris, 1975, n° 67 à 75, pp. 55 à 64 ; J. COSTA, « LA NOUVELLE FAMILLE AFRICAINE DANS LES DROITS DE L'INDÉPENDANCE », année sociologique, Vol. 22, 1971, pp. 153 à 180 ; G.A. KOUASSIGAN, quelle est ma loi ? Tradition et modernité dans le droit privé de la famille en Afrique francophone, préface de Pierre Bourel, Paris, Pedone, 1974, 312 p.

On comprendrait aisément qu'un agent public soit tenté de puiser dans les caisses ou de mettre les usagers du service public à contribution en vue de se procurer une somme importante qui lui permettra d'entrer en possession de la femme qu'il veut épouser. Au regard de tous ces abus, on a abouti, dans plusieurs États africains, à la suppression de la dot[40]. Une fois le mariage consommé, il faut noter que les tracas ne s'arrêtent pas car en Afrique, lorsqu'on épouse une femme, on épouse toute la famille de celle-ci[41]. Un agent public monogame puisque la polygamie n'est pas légalisée en Côte d'Ivoire, doit entretenir un minimum de cinq familles (sa famille maternelle, sa famille paternelle, la famille paternelle et la famille maternelle de sa femme et son foyer conjugal). Le traitement du plus haut fonctionnaire ivoirien ne suffirait pas à entretenir tout ce monde. Parfois, pour y arriver, le fonctionnaire moyen ne pourra que « se débrouiller » pour autant qu'il soit vrai que, comme on le dit parfois vulgairement, « se débrouiller n'est pas voler », surtout quand la victime est l'État. En effet, ne dit-on pas aussi que « voler l'État n'est pas voler »[42] ?

Sous un autre angle, Il en va de même pour l'appréhension que l'on pourrait avoir des « cadeaux ».[43]Donner des cadeaux fait partie des actes de la vie quotidienne, le plus souvent, au nom d'un remerciement pour service rendu. En Côte d'Ivoire, c'est une tradition qui se pratique au grand jour sans que cela ne soit forcément mal perçu. Elle tire son essence des valeurs

---

[40] L'article 20 de la loi n° 381 du 7 octobre 1964 la supprime définitivement du code civil ivoirien. Néanmoins, la dot est pratiquée encore de nos jours au regard des us et coutumes. Elle n'a cependant aucune valeur juridique.

[41] La famille est comprise ici au sens large.

[42] Yves BRILLON, « ÉVOLUTION DE LA CRIMINALITÉ EN CÔTE D'IVOIRE » in psychologie africaine, 1974

[43] L'article 57 de l'ordonnance n° 2013-660 du 20 septembre 2013 relative à la prévention et à la lutte contre la corruption et les infractions assimilées punit d'un emprisonnement d'un à cinq ans et d'une amende de 1 000 000 à 5 000 000 de francs, tout agent public qui accepte d'un tiers un cadeau ou tout avantage indu, dans l'exercice ou à l'occasion de sa fonction, de sa mission ou de son mandat. Le donateur est puni des mêmes peines visées à l'alinéa précédent.

ivoiriennes et africaines qui voudraient que l'on manifeste de la reconnaissance envers son bienfaiteur. Ainsi, il est récurrent de voir des personnes proposer des présents à un agent public qui a bien fait son travail. Ce fait est certes banal au départ, mais le caractère routinier fait penser qu'il s'agit plus d'une gratification attendue que d'une offrande exceptionnelle. À terme, ce geste anodin peut devenir une exigence. Mieux, certains agents publics iront jusqu'à assimiler cela à un avantage lié à leur position[44]. Par conséquent, la remise d'un billet ou d'un présent en échange d'une prestation dans un cadre strictement professionnel tend à devenir un comportement habituel. Aussi, un agent public ne tardera-t-il pas à rappeler à un usager qu'il ne lui a rien donné en échange de son service. Avec le temps, le citoyen honnête qui devrait servir l'État avec fierté, honneur et probité devient un agent corrompu qui n'éprouve aucune honte à monnayer ses services.[45]Cette forme de corruption relevant d'un geste anodin est la mère des autres formes de corruption. Elle semble légitimer l'attitude du fonctionnaire à qui on donnait et qui finalement a pris l'habitude de s'attendre à quelque chose avant d'agir (O. De Sardan, 2007). Au regard de tout ce qui précède, il est aisé de constater que certaines atteintes à la probité n'ont pas été forcément réprimées comme cela aurait dû se faire.

Depuis lors, les scandales financiers se sont succédés. Nous avons encore en mémoire l'affaire des 18 milliards de francs CFA de l'Union Européenne[46] sous le président Henri Konan

[44] Des cas de trafic d'influence et d'abus de fonction pourraient y trouver leur origine. Ces actes sont pénalement punissables. Cf. art. 31, 32 de l'ordonnance n° 2013-660 du 20 septembre 2013 relative à la prévention et à la lutte contre la corruption et les infractions assimilées

[45] Il s'agit bien du service public.

[46] Selon un audit de l'Union Européenne réalisé au premier semestre de 1999, près de 180 millions de Francs Français, soit 18 milliards de Francs CFA, versés pour appuyer les dépenses de santé, avaient été détournés. Cet audit avait d'ailleurs révélé des tricheries dans les appels d'offres, des factures grossièrement gonflées, jusqu'à facturer un pèse-bébé à 12 900 Francs CFA. Dreyfus POLICHINELLE, « Côte

BÉDIÉ. Aussi, citerons-nous l'affaire probo-koala[47] et le déversement des déchets toxiques sous le président Laurent GBAGBO, sans compter l'affaire de l'usine « Fulton »[48] aux États-Unis d'Amérique. Enfin, le scandale de l'Agence de Gestion Foncière (AGEF), dont le Directeur Général, Coulibaly LAMINE[49], a été inculpé et placé sous mandat de dépôt à la Maison d'Arrêt et de Correction d'Abidjan (MACA) le lundi 14 juin 2021 pour des faits d'escroquerie portant sur la somme de 998 172 572 francs CFA, enrichissement illicite et blanchiment de capitaux. Il rejoignait ainsi, Karim OUATTARA, chef de service, poursuivi pour un milliard de francs CFA de détournements[50]. Il ressort donc que

---

d'Ivoire : Affaire 18 milliards de l'UE, Guikahué clarifie tout ! », 2 novembre 2023, https://www.afrique-sur7.ci, consulté le 20/04/2024

[47] Probo-Koala, un vieux tanker battant pavillon panaméen, accoste au port d'Abidjan, en Côte d'Ivoire, samedi 19 août 2006. En fait, ses cuves sont remplies de déchets liquides toxiques qui seront déversés à la nuit tombée dans la décharge publique de la ville et sur une dizaine d'autres sites. Avec la complicité de ministres et de fonctionnaires corrompus, une société ivoirienne a été chargée par des intermédiaires de Trafigura d'effectuer cette sale besogne. Ce navire a semé la mort à Abidjan et provoqué une catastrophe écologique. Joan TILOUINE, « PROBO-KOALA » : DRAME ÉCOLOGIQUE ET BONNES AFFAIRES, https://www.lemonde.fr, publié le 19 août 2016, consulté le 20/04/2024

[48] « OÙ SONT PASSÉS LES MILLIARDS DU CACAO ? », Jeune Afrique, https://www.jeuneafrique.com, publié le 22 octobre 2007, consulté le 20/04/2024. Fulton, c'est le nom d'une ville de l'État de New York qui abrite une usine de chocolat (New York Chocolate Confection Company) que le Fonds ivoirien de régulation et de contrôle du café-cacao (FRC) a achetée en mars 2004. Des révélations de la presse parlent d'une opération de blanchiment et de transfert de quelques 100 milliards de Francs CFA (152 millions d'euros) vers les comptes d'une société écran aux USA. L'achat de cette usine, qui a englouti de grosses sommes d'argent sans produire jusqu'ici la moindre tablette de chocolat, a suscité l'émoi.

[49] Il écopera finalement d'une peine privative de liberté de 35 mois, de 5 000 000 000 de FCFA d'amende et de la confiscation de ses biens meubles et immeubles au profit de l'État de Côte d'Ivoire.

[50] Sous la houlette du Premier ministre Patrick ACHI, le gouvernement ivoirien avait lancé un audit qui a fait état de malversations financières au sein de plusieurs sociétés à participation publique. Jouant la carte de la fermeté, le président Alassane OUATTARA avait donné de « fermes instructions » afin que personne ne soit épargné dans cette opération. Dreyfus POLICHINELLE, « Audit des sociétés d'État : Cinq employés de l'AGEF licenciés », 2 novembre 2023, https://www.afrique-sur7.ci consulté le 20/04/2024

depuis l'époque des scandales sous le « miracle ivoirien », il y a une propension sous chaque régime à « profiter de son moment ». L'allégorie du grilleur d'arachide trouverait tout son sens dans le fait que les responsables d'administrations publiques chargés de mission d'intérêt général sont régulièrement tentés de « se servir ». Effectivement, quand « on ne regarde pas dans la bouche du grilleur d'arachides », il est évident qu'il soit tenté de manger la moitié d'un sac ou encore de le vider sans que cela n'émeuve personne.

Patrick KEULEERS, alors Directeur du groupe pour la gouvernance démocratique et la consolidation de la Paix des Nations-Unies, avait prévenu : « Lorsqu'on détourne l'argent public à des fins privées, on consacre moins de ressources à la construction d'hôpitaux, d'écoles, des routes ou d'usines d'épuration d'eau. À cause de la corruption, des médicaments douteux ou des contrefaçons inondent le marché et des déchets toxiques se déversent dans les décharges ou les océans. Ce sont alors les plus vulnérables qui en souffrent le plus »[51]. Les situations évoquées précédemment illustrent bien cette affirmation relative aux conséquences néfastes de la corruption. Malheureusement, le coût de la corruption est essentiellement supporté par les plus pauvres et c'est en cela que la corruption présente un visage hideux. La corruption affecte chacun d'entre nous et peut mener à moins de prospérité, moins de respect des droits humains, moins de services de santé, de sécurité, d'éducation, d'accès à l'eau potable et à moins d'emplois. L'usage de figures d'analogie ou d'atténuation pour aborder la question de la corruption, alors que des situations concrètes d'improbité de responsables publics surgissaient, n'a pas été judicieux. Depuis lors, ce

---

[51] Patrick KEULEERS, « Rompre la chaîne de la corruption : notre responsabilité à tous »,
https://www.undp.org/content/undp/fr/home/ourperspective/ourperspectivearticles/2014/12/09/romper-la-cadena-de-corrupci-n-es-una-responsabilidad-colectiva-patrick-keuleers-html , Noé Moise KOSSONOU « NON ! CA DOIT CHANGER », les éditions CERAP, 2021, P.110

fléau, à l'image d'une pandémie, s'est considérablement répandu en Côte d'Ivoire. Le paysage de la corruption en Côte d'Ivoire nous en dira davantage.

CHAPITRE 2 :

Le panorama de la corruption en Côte d'Ivoire

« La corruption en Côte d'Ivoire n'est pas une curiosité exotique. C'est une tumeur maligne qui, des plus hautes sphères de l'État jusqu'aux fonctionnaires de quatrième zone, pourrit tout le pays ».[1] La corruption est un mal qui ne cesse de se propager et constitue aujourd'hui un véritable frein au développement, surtout dans le tiers-monde (Klitgaard, Maclean-Abaroa et Lyndsay, 2002). Elle nuit gravement à l'économie et à la société dans son ensemble. De nombreux pays dans le monde souffrent d'une corruption endémique qui entrave leur développement économique, entame la démocratie, compromet la justice sociale et l'État de droit. Ses effets altèrent la bonne gouvernance, la saine gestion des deniers publics et le jeu de la concurrence au niveau des marchés. Dans les cas extrêmes, elle sape la confiance des citoyens dans les institutions et les processus démocratiques. La Côte d'Ivoire, à l'instar des autres pays en voie de développement, n'est pas épargnée par le fléau. Le pays fait face à une corruption récurrente et a souvent été taxé par les institutions de Breton Woods[2], d'État mal gouverné en raison

[1] Pascal KROP, « LE GÉNOCIDE FRANCO-AFRICAIN, FAUT-IL JUGER LES MITTERAND ? », Ed. Jean-Claude LATTÈS, Octobre 1994

[2] La Banque Mondiale (BM) et le Fonds Monétaire International (FMI)

des mauvaises notes qu'il a toujours obtenues en la matière. Dès 2013, le Secrétariat National à la Bonne Gouvernance et au Renforcement des Capacités (SNGRC) a réalisé un sondage dont les résultats ont conforté l'idée d'une corruption généralisée.[3]

Selon les indicateurs de gouvernance de la Banque Mondiale (2011), la note de la Côte d'Ivoire s'est littéralement dégradée entre 2002 et 2005. Elle est passée de 27 à 9 sur un barème de 0(très corrompu) à 100 (très intègre), certainement à cause des violences et de l'instabilité politique qui ont secoué le pays à la suite du coup d'État manqué de 2002 (Freedom House, 2012). En 2011, la Côte d'Ivoire se trouve toujours dans les profondeurs du classement des indicateurs avec une note de 12. Cette tendance se confirme dans l'indice de perception de la corruption 2013 de Transparency International qui classe la Côte d'Ivoire au rang de 136ème sur 177 pays et territoires estimés, avec un score de 27.

Au niveau de l'indice Ibrahim de la Gouvernance Africaine (IIAG) 2014, la Côte d'Ivoire occupe la 40e place sur 52 pays étudiés avec une note de 44,3/100. Il convient de mentionner que cet indice, qui mesure et suit annuellement les performances de gouvernance dans 54 pays africains, sur la période 2010 à 2019, a quand même montré que la Côte d'Ivoire a globalement fait des progrès en matière de bonne gouvernance. En effet, selon le rapport de l'IIAG 2020, la Côte d'Ivoire est passée du 44ème rang en 2010 (avec un score de 38 sur 100) au 18ème rang en 2020 (avec un classement de 53,9 sur 100), soit une évolution globale de +26 dans le

[3] Au terme du sondage, il ressort que 85 % des Ivoiriens jugent que la corruption est généralisée et que les secteurs de la sécurité, la gestion des finances publiques, l'éducation, la justice et les services municipaux sont les plus touchés. Par ailleurs, 50 % des Ivoiriens disent être témoins d'actes de corruption dans les services publics et la santé. Rebecca C. BEDE « LES DETERMINANTS DE L'AMÉLIORATION DE L'INDICE CONTRÔLE DE CORRUPTION EN VUE DE L'ÉLIGIBILITÉ DE LA CÔTE D'IVOIRE AU MCC », Mémoire de fin de cycle, Master Éthique et Gouvernance, CERAP, année académique 2014-2015

classement.[4]Néanmoins, de l'analyse détaillée, il ressort la nécessité pour l'État de poursuivre les efforts d'amélioration de la gouvernance à plusieurs niveaux où les scores sont en-dessous de la moyenne[5]. L'indicateur « Lutte contre la corruption » de l'indice Mo Ibrahim de la Gouvernance en Afrique regroupe cinq (05) sous-indicateurs à savoir :

- Dispositifs anti-corruption ;
- Absence de corruption au sein des institutions d'État ;
- Absence de corruption au sein du secteur public ;
- Procédures de passation des marchés publics ;
- Absence de corruption au sein du secteur privé.

Il convient de relever des évolutions notables sur la période 2017-2021, en dépit desquelles des améliorations s'imposent. En effet, le sous-indicateur relatif aux « dispositifs anti-corruption » a connu une progression importante, passant d'un score de 47,6 en 2017 à 56 en 2018 avant de chuter à un score de 42,9 en 2021. Les sous-indicateurs « Absence de corruption au sein des institutions d'État » avec un score de 36,7 en 2021 contre 47,3 en 2017 et « Absence de corruption au sein du secteur public » avec un score de 41,2 en 2021 contre 46,3 en 2017, sont en régression sur la période concernée. Ces chiffres sont révélateurs de la prévalence de la corruption au sein de l'administration publique en dépit des réformes entreprises par la Côte d'Ivoire. Par ailleurs, le sous-indicateur « absence de corruption dans le secteur privé », a connu une légère progression sur la période 2017-2021, passant d'un score de 48,2 en 2017 à 50,1 en 2021. Ainsi, d'importants défis restent à relever, notamment l'appui à la

---

[4] Cf. Haute Autorité de la Bonne Gouvernance, « STRATÉGIE NATIONALE DE LUTTE CONTRE LA CORRUPTION (2024-2028) », Version adoptée par le Conseil de la HABG le 11/04/2023 et actualisée le 05/06/2024, P.26

[5] Sont concernés : L'État de droit et la justice, la redevabilité et la transparence, la lutte contre la corruption, la santé, l'éducation, la protection sociale, l'administration publique, l'environnement des affaires, le développement des infrastructures, le développement du secteur rural, les droits humains, l'inclusion et l'égalité, le genre. Cf. idem

mise en conformité des entreprises des secteurs public et privé au regard des normes internationales en matière de lutte contre la corruption et l'application des normes comptables. Enfin, le sous-indicateur « Intégrité des procédures des marchés publics » a également connu une régression importante de son score, passant de 59,2 en 2017 à 40,4 en 2021. Cette régression pourrait s'expliquer par la faible digitalisation des procédures de passation des marchés au cours de la période indiquée. L'indice Mo Ibrahim de la Gouvernance en Afrique évalue la qualité de la gouvernance dans les pays africains selon quatre grandes catégories : Sécurité et État de droit, participation, droits et inclusion, fondations des opportunités économiques et développement humain. Au sein de ces piliers, la redevabilité et la transparence revêtent une dimension essentielle pour apprécier la capacité des gouvernements à rendre compte de leur gestion publique et à garantir l'accès à l'information. Pour être plus précis, l'aspect « redevabilité » évalue la mesure dans laquelle les institutions publiques, les acteurs politiques et économiques sont tenus responsables de leurs décisions et de leurs actes vis-à-vis des citoyens. L'évaluation de la redevabilité repose sur l'existence et l'efficacité des institutions de contrôle, l'accès à l'information publique, la réactivité des gouvernements face aux abus de pouvoir et le fonctionnement des organes anticorruption. Quant à la transparence, elle traduit un facteur transversal qui touche à la visibilité, la clarté et l'accessibilité des décisions publiques. Elle est mesurée par la publication régulière et accessible des données gouvernementales, l'existence de plateformes de données ouvertes, la transparence des processus électoraux et budgétaires, la transparence dans la gestion des ressources naturelles et des contrats publics. À terme, un faible niveau de redevabilité et de transparence impacte négativement la confiance dans l'État, accroît les risques de corruption et compromet les efforts de développement. À l'inverse, leur renforcement favorise une culture d'intégrité, de performance publique et de participation citoyenne. Plus un pays obtient un score élevé dans cette sous-catégorie, plus il est considéré comme garantissant une gouvernance transparente, participative et orientée vers la responsabilité publique.

La Banque mondiale (2009) estime que 75 % des entreprises interrogées considèrent que la corruption est une menace pour leurs activités et qu'elle entrave fortement la bonne conduite des affaires. Dans cette tranche, 40 % se disent prêts à procéder par des actes de corruption (dons de présents, par exemple, aux agents publics) pour obtenir un service. Le Groupe intergouvernemental d'Action contre le Blanchiment d'Argent en Afrique de l'Ouest (GIABA), dans un rapport en 2010, précise que pendant les dix années de crise profonde qu'a connue la Côte d'Ivoire, des fonctionnaires ont eu recours à des actes de corruption pour se procurer de l'argent. Par conséquent, il est devenu courant de voir les populations payer des coûts supplémentaires lors des procédures administratives. Cela dénote de la forte présence de la corruption à tous les paliers de l'administration et de la fonction publique selon le département d'État américain (2012). De nombreux travaux de recherche indiquent que les pots-de-vin sont monnaie courante pour accélérer les processus d'établissement d'actes administratifs. Ces études révèlent que les Ivoiriens ont fini par adopter la corruption comme une norme à force de la côtoyer au quotidien (M. Coulibaly, 2013). Cette culture d'improbité généralisée va même impacter le domaine des marchés publics. Pour de nombreux observateurs, les marchés publics ivoiriens font partie des secteurs les plus enclins à la corruption (Département d'État américain, 2011). Une enquête diligentée par la Banque mondiale nous apprend que 30 % des entreprises interrogées sont favorables à verser des pots-de-vin pour obtenir un marché public. Nous retenons que la corruption est un mal qui gangrène tous les secteurs d'activités en Côte d'Ivoire.

Néanmoins, force est de constater que face à cette situation alarmante, l'État de Côte d'Ivoire a entrepris une série de réformes portant sur la prévention et la lutte contre la corruption. Nous aurons l'occasion de les aborder dans la seconde partie de notre ouvrage. Pour l'heure, appréhender le panorama de la corruption appelle de notre part, la mise en évidence de la perception de la corruption dans notre pays. Aussi, serait-il judicieux de relever l'expérience qu'ont les citoyens de ce fléau.

En 2015, une enquête sur l'État de la corruption à Abidjan[6] a été menée par l'Institut National de la Statistique. Elle a porté sur trois populations cibles, à savoir l'administration publique, les entreprises privées et la société civile. Dans l'ensemble, les acteurs nationaux sont unanimes sur le fait qu'à cette époque, la situation de la corruption s'est soit améliorée ou est restée inchangée. Près de la moitié des dirigeants de la société civile (44 %) reconnaissent que le niveau national de la corruption s'est amélioré depuis 2013. Les autorités administratives notent une amélioration de la situation de corruption : (12 %) estiment que l'amélioration est nette et (59 %) l'estiment légère. L'avis des chefs d'entreprise est partagé entre une légère amélioration (39 %) et une situation inchangée (37 %). Tant bien même que (12 %) des chefs d'entreprise notent que l'amélioration est nette. Nous le constatons, la perception que ces différents acteurs ont du niveau national de la corruption est mitigée et leur appréciation de l'évolution du niveau de la corruption repose

[6] La présente évaluation de la corruption intégrant les administrations, les entreprises et la société civile s'est limitée aux acteurs de la ville d'Abidjan pour deux principales raisons, notamment les contraintes budgétaires et de délai, mais aussi parce que les principaux acteurs cibles sont dans la capitale économique (Abidjan). Aussi, elle ne prend pas en compte les ménages en raison d'une évaluation datant de 2014. Ministère du Plan et du Développement, Institut National de la Statistique « ENQUÊTE SUR L'ÉTAT DE LA CORRUPTION À ABIDJAN (ECA 2015) », Mars 2016

principalement sur leurs expériences professionnelles ou personnelles.[7]

Par ailleurs, il est intéressant de constater que l'ensemble des acteurs affirme que le niveau de la corruption est toujours grave. Les autorités administratives reconnaissent que le niveau de la corruption est grave (64 %). Les chefs d'entreprise se plaignent du degré de la corruption dans le secteur public et estiment que cela apparaît comme un obstacle sérieux au développement de leurs activités. Les chefs d'entreprise estiment que la corruption en Côte d'Ivoire se situe à un niveau de gravité élevé (47 %) voire très élevé (39 %). Quant aux acteurs de la société civile, ils affirment que la corruption en Côte d'Ivoire est à un niveau très grave (44 %) et grave (47 %).

Dans la même veine, l'enquête a permis de recueillir des informations relatives aux institutions publiques les plus touchées par la corruption et à la réaction des agents publics face à la corruption. Ainsi, concernant la perception de la corruption au sein des trois pouvoirs de l'État, les acteurs trouvent le pouvoir judiciaire[8] comme étant le plus corrompu et le pouvoir législatif [9]comme étant le moins corrompu.

---

[7] Les autorités administratives fondent principalement leur opinion sur leurs expériences professionnelles et personnelles (44 %) et les informations issues des médias nationaux et internationaux (33 %) pour juger du niveau de la corruption dans la société ivoirienne. De même, les chefs d'entreprise (54 %) apprécient l'évolution du niveau de la corruption à travers leurs expériences professionnelles et personnelles (54 %) et les faits relatés par les médias (24 %). Quant aux dirigeants de la société civile, ils privilégient les faits vécus : (48 %) se fondent sur leurs expériences et (22 %) sur les échanges entre partenaires. Ibidem

[8] Plus de la moitié des autorités administratives (53 %) trouvent le pouvoir judiciaire corrompu et plus du tiers d'entre eux le trouvent beaucoup corrompu. Les chefs d'entreprise dénoncent le niveau de corruption du pouvoir judiciaire. Plus de la moitié d'entre eux (53 %) le jugent beaucoup corrompu et près d'un tiers y trouvent de la corruption (28 %). Quant aux dirigeants de la société civile, ils émettent un jugement un peu plus sévère que celui des chefs d'entreprise. En effet, près de quatre dirigeants de la société civile sur cinq (78 %) estiment que le pouvoir judiciaire est beaucoup corrompu.

[9] Les autorités administratives trouvent que le pouvoir législatif n'est pas vraiment corrompu (59 %) ou n'est pas du tout corrompu (23 %). Les chefs d'entreprise ne

L'avis des autorités administratives et des chefs d'entreprise est partagé relativement à la corruption du pouvoir exécutif. La situation de ce pouvoir est intermédiaire entre les deux : (22 %) ne le trouvent pas corrompu, (34 %) pas vraiment corrompu, (30 %) le trouvent très corrompu et (14 %) le trouvent beaucoup corrompu. Aussi, près de deux dirigeants de la société civile sur cinq (39 %) estiment-ils que le pouvoir exécutif est, également, beaucoup corrompu. À l'issue de ces enquêtes, le pouvoir judiciaire a été unanimement désigné comme la structure publique la plus corrompue[10]. La seconde structure publique la plus corrompue est la police. La troisième place est partagée par le gouvernement et les hôpitaux publics. L'expérience de la corruption dans le rapport produit par l'Institut National de la statistique retient notre attention car elle traite des expériences de corruption vécues par les acteurs cibles. Ces expériences sont traduites par des formes de corruption assez fréquentes, les paiements de facilitation ou les cadeaux faits à un agent public en échange d'un service ou d'une faveur, les programmes sectoriels de lutte contre la corruption dans les structures publiques et enfin les déclarations de patrimoines faites par les autorités

---

trouvent pas vraiment (44 %) de corruption au sein du pouvoir législatif. Pour finir, près d'un sur deux dirigeants de la société civile (48 %) ne trouvent pas le pouvoir législatif vraiment corrompu.

[10] Les autorités administratives classent le pouvoir judiciaire en première position des administrations les plus corrompues (score 46.2). Le pouvoir judiciaire devance largement les autres administrations au classement. La seconde administration la plus corrompue est la police nationale (score 15.6) et la troisième est le gouvernement (score 10.6). Les hôpitaux publics (score 9.4) et les impôts (score 6.2) occupent respectivement la quatrième et la cinquième place. Ce sont ces cinq administrations qui sont également les plus corrompues selon les chefs d'entreprise. La première place est encore occupée par la justice (score 39.9), la seconde par la police (score 17.4) mais, la troisième place revient selon les chefs d'entreprise aux impôts (score 11.9) devant les hôpitaux publics (score 9.2). Le gouvernement est classé cinquième avec un score de 7,3. Quant aux dirigeants de la société civile, ils ont identifié quatre structures publiques les plus corrompues. Tout d'abord, la justice (score 42.6) en premier, le gouvernement (score 12.6) en second, les hôpitaux publics (score 11.7) en troisième et la police (score 8.7) en quatrième position.

publiques. N'omettons pas que la corruption favorise une autre pratique qu'est le blanchiment de capitaux et le financement du terrorisme.

1. Des paiements de facilitation aux cadeaux : une pratique très courante de corruption

La corruption se présente sous diverses formes dans la société ivoirienne actuelle. Les principaux actes indexés par la population ivoirienne demeurent les paiements pour obtention de faveur, les abus de pouvoirs, le racket, les pots-de-vin, etc. En ce qui concerne les entreprises, le paiement pour faveur et l'abus de pouvoir sont les cas les plus courants. Quant aux dirigeants de la société civile, les pratiques de corruption vécues dans la période précédant l'enquête sont principalement les paiements pour un service (34,8 %) ou les pots-de-vin (30,4 %).

L'enquête a demandé aux chefs d'entreprise et aux dirigeants de la société civile, chaque fois qu'ils sollicitent les services de l'administration, la fréquence avec laquelle des actes de corruption survenaient, soit de l'initiative de l'agent public, soit de leur initiative. Les autorités administratives, ont quant à elles été interrogées pour les mêmes circonstances sur les initiatives des usagers, pas sur les initiatives de leurs agents. Ainsi, les usagers estiment que la pratique à laquelle ils sont confrontés de la part des agents publics est la demande indirecte et quelquefois directe de paiement pour obtenir le service ou une faveur. Quant aux autorités administratives, elles estiment que les usagers usent le plus souvent de leurs relations personnelles pour obtenir des faveurs.

Il en ressort donc que dans la pratique, tant l'agent public que l'usager peuvent être initiateurs du scénario de corruption. Si dans certains cas, l'agent public demande directement ou indirectement une contrepartie, dans d'autres cas, l'usager propose délibérément un cadeau ou de l'argent ou utilise ses relations personnelles à l'effet de bénéficier d'un traitement de faveur.

Cette étude s'est également intéressée à la réaction des différents responsables face à une proposition de cadeau de la part d'un partenaire, d'un fournisseur, etc. Les dirigeants déclarent refuser toute offre de cadeau de la part de leur fournisseur ou partenaire. Ils justifient ce choix par le fait que cela constitue un acte de corruption ou que cela est contraire à l'éthique[11] et la déontologie.[12]C'est le cas des autorités administratives et des dirigeants de la société civile. Dans la même veine, l'un des actes de corruption dénoncé par une grande partie de la population et des médias nationaux et internationaux est la pratique de paiements indus aux agents de l'Administration ou les dons de cadeaux pour bénéficier des faveurs de ces derniers, très souvent dans le non-respect des procédures légales en vigueur.

Interrogées sur ces pratiques, les autorités administratives semblent les minimiser car, moins de 10 % d'entre elles affirment être informées des paiements indus dans leur structure et moins de 5 % le sont concernant les cadeaux. Elles affirment en outre que cette pratique est réalisée par très peu d'agents au détriment de la grande majorité des fonctionnaires. Cette appréhension des autorités administratives peut se comprendre aisément. En effet, elle traduit la raison pour laquelle l'endiguement de la corruption est une entreprise difficile étant donné que les délits correspondants sont fréquemment commis en cachette, sans

---

[11] La quasi-totalité des chefs d'entreprises (93 %) affirment décliner l'offre de cadeaux. Ils refusent principalement pour des raisons d'éthique et de déontologie (34 %), pour éviter de se faire corrompre (32 %) et par soucis de préserver leur indépendance vis-à-vis des partenaires et fournisseurs (12 %)

[12] Il est important de relever que les cadeaux et invitations sont porteurs de risque d'atteinte à la probité. Ainsi, celui qui offre le cadeau peut être poursuivi pour corruption ou trafic d'influence actifs. Les cadeaux sont interdits par l'article 57 de l'ordonnance n° 2013-660 du 20 septembre 2013 et aussi par l'article 13 du Code d'éthique et de déontologie des agents du Trésor Public

qu'il y ait de victime personnelle qui puisse porter plainte.[13] C'est en cela d'ailleurs que la corruption est un monstre froid. Elle revêt des déguisements infinis, comme le dit Frank HERBERT[14].

2. La vulnérabilité du secteur des marchés publics aux risques de corruption

Les marchés publics attisent les convoitises des acteurs économiques en raison du volume des transactions et des intérêts en jeu. Divers facteurs y facilitent les pratiques de corruption, dont : la complexité des procédures, les interactions étroites et continues entre les agents de la fonction publique et les entreprises soumissionnaires ainsi que la multitude de parties prenantes. D'après l'Organisation de coopération et de développement économiques (OCDE), plus de la moitié des cas de corruption transnationale visent l'obtention de marchés publics.[15] Les domaines les plus touchés sont les industries minières, de la construction, du transport, du stockage, de l'information et de la communication.

Les conséquences de la corruption dans les marchés publics sont catastrophiques, notamment pour le développement socio-économique d'un pays. Elle réduit la confiance des investisseurs étrangers et acteurs économiques nationaux dans le système. Elle inspire également la défiance des citoyens vis-à-vis de la capacité des autorités publiques à endiguer ce fléau. Elle conduit :

---

[13] « CORRUPTION ET DÉLITS APPARENTÉS DANS LES TRANSACTIONS COMMERCIALES INTERNATIONALES », Revue internationale de droit pénal, 2003/1 (vol.74), éditions ÉRÈS, P.563

[14] La Maison des Mères (1985), Thu-zen tleilaxu

[15] OCDE (2014), « RAPPORT DE L'OCDE SUR LA CORRUPTION TRANSNATIONALE », http://www.oecdilibrary.org/fr/governance/rapport-de-l-ocde-sur-lacorruption-transnationale_9789264226623-fr cité dans OCDE (2016), « PRÉVENTION DE LA CORRUPTION DANS LES MARCHÉS PUBLICS », prevention-corruption-marches-publics.pdf (oecd.org)

- Au gaspillage des ressources publiques programmées par des dépenses irrationnelles et non efficientes conduisant aux ratés des résultats planifiés ;
- À l'achat de produits non indiqués ou la réalisation des travaux de mauvaise qualité provoquant parfois des catastrophes et accidents multiformes ;
- Au dédoublement des dépenses publiques suite à la reprise ou à la réparation des travaux mal exécutés ;
- Au retard ou à l'annulation de plusieurs grands projets d'infrastructures éducatives, sanitaires, agricoles et de développement en général ;
- Au recul des investissements locaux et étrangers ;
- Au discrédit sur la moralité et l'éthique du système des achats publics, avec la perte de confiance entre opérateurs économiques et autorités contractantes.

La corruption dans le secteur des marchés publics se manifeste par l'utilisation abusive d'un pouvoir dans les procédures de la commande publique à des fins privées pour favoriser un candidat, un soumissionnaire, un attributaire ou un titulaire. Divers types d'actes de corruption peuvent exploiter les vulnérabilités susmentionnées, tels que les détournements de fonds, l'influence indue dans l'évaluation des besoins, la corruption d'agents de la fonction publique impliqués dans le processus d'attribution, mais aussi la fraude dans l'évaluation des soumissions, les factures ou les obligations contractuelles. Il convient également de noter le poids des conflits d'intérêts[16] qui peuvent affecter la prise de décision et donc fausser l'attribution des ressources publiques.

[16] Le conflit d'intérêts traduit le fait pour un agent public qui, sachant que ses intérêts privés sont en concurrence avec l'intérêt public et sont susceptibles d'influencer l'exercice normal de ses fonctions, n'en fait pas la déclaration à son supérieur hiérarchique, conformément à l'article 15 de l'ordonnance n° 2013-660 du 20 septembre 2013 qui dispose que l'État prend des mesures appropriées pour

En Côte d'Ivoire, le code des marchés publics, porté par l'ordonnance n° 2019-679 du 24 juillet 2019, régit le fonctionnement du secteur. Il énonce les règles applicables dans l'édiction des marchés, la procédure de publication et de passation, ou encore les normes en matière d'exécution desdits marchés. D'autres textes sont venus spécifier le régime de sanction administrative des irrégularités, dont le Décret n°2018-594 du 27 juin 2018 portant création, organisation et fonctionnement de l'Autorité Nationale de Régulation des Marchés Publics (ANRMP) et le Décret n° 2021-874 du 15 décembre 2021 portant modalités d'application des sanctions des violations de la réglementation des marchés publics. Notons que l'ANRMP donne son avis sur la passation des marchés publics dans les administrations pour garantir leur régularité et leur conformité avec le code des marchés publics en vigueur en Côte d'Ivoire. Par ailleurs, toutes les irrégularités pouvant survenir au niveau des marchés publics peuvent constituer des infractions passibles de poursuites pénales. Les instruments du droit pénal demeurent applicables à la matière, dont les infractions sont inscrites au code pénal et à l'ordonnance n° 2013-660 du 20 septembre 2013 relative à la prévention et à la lutte contre la corruption et les infractions assimilées.

En 2015, l'enquête conduite par l'Institut National de la Statistique a évalué auprès des acteurs (administration et entreprise) la pratique dans la mise en œuvre des procédures de passation des marchés publics. D'une part, l'ensemble des autorités administratives déclare respecter les procédures légales édictées par le code des marchés publics et de l'autre, moins de la moitié des chefs d'entreprise ont constaté le respect de ces règles. De même, les autorités

promouvoir la transparence et la responsabilité dans la gestion des finances publiques.

Cette infraction expose son auteur à une peine privative de liberté de un à cinq ans et d'une amende de 1 000 000 à 5 000 000 de francs.

administratives estiment que le processus d'adjudication des marchés publics qu'ils conduisent est transparent et participatif, sans traitement de faveur ni tentative de corruption. Les chefs d'entreprise relèvent que ce n'est pas toujours le cas. En effet, seulement un tiers des chefs d'entreprise estiment que le processus d'adjudication des marchés publics est transparent (28 %) et participatif (33 %).

En outre, pour obtenir le marché, environ un quart déclare être amené à faire des paiements (26 %) et un tiers se sent obligé de faire jouer ses relations (33 %). De plus, deux chefs d'entreprise sur cinq (40 %) estiment que le processus des marchés publics est plus favorable aux multinationales. Concernant l'impact des réformes des marchés publics, les avis des chefs d'entreprise sont partagés : 14 % des chefs estiment que cela a eu un impact, 18 % pensent qu'elles n'ont eu aucun impact et 68 % n'ont pas d'avis. Au regard de ces discordances traduisant des intérêts divergents quant à la dénonciation des pratiques de corruption prévalant à cette période, il est apparu nécessaire de connaître et d'évaluer le dispositif opérationnel de lutte contre ce fléau dans chacune des Administrations interrogées. Les autorités administratives ont donc répondu à une série de questions liées à la lutte qu'elles mènent en interne contre la corruption.

Il en ressort que près de neuf administrations sur dix (88 %) affirment avoir engagé la lutte contre la corruption au sein de leur service. Cependant, l'enquête révèle que la majorité de ces administrations (56 %) ne disposent pas de structures de lutte contre la corruption ou de procédures de dénonciation des cas de corruption. Il se pose alors la question de l'effectivité[17] des actions menées au-delà du satisfécit de l'autorité elle-même.

---

[17] Cette situation est très présente dans le secteur de la santé. En effet, une enquête menée par le Conseil National des Droits de l'Homme (2022) a révélé une pratique

3. La déclaration de patrimoine des autorités publiques

Il a été donné de constater, au cours de ladite enquête[18] que les assujettis[19] à l'obligation de déclaration de patrimoine ne le font pas véritablement. Sur l'ensemble des autorités administratives interviewées, il est ressorti que dans 20 % des cas, aucune autorité n'a encore fait sa déclaration, pendant que dans 32 % d'autres cas, certains s'y sont soumis mais pas tous. Toutes ces statistiques révèlent l'impact économique, sociétal et même sur la démocratie que la corruption a dans l'environnement ivoirien. Néanmoins, il convient de garder en esprit que de véritables efforts sont consentis par le

de corruption dans la santé. Selon les responsables de santé enquêtés, certains ont affirmé qu'elle n'existe pas du tout (60 %), pendant que la proportion de personnes affirmant qu'elle existe « juste un peu » est sensiblement identique à ceux qui affirment qu'elle existe « beaucoup », soit (20 %). Les pratiques les plus courantes de corruption sont : le trafic d'influence (38,71 %), le détournement et soustraction de deniers publics (32,26 %) et l'abus de fonction (12,9 %). Aussi, cette enquête a-t-elle révélé que l'implication des acteurs dans la pratique de la corruption provient de la structure (Agent de la structure 40 %), Amis et connaissances (Agent d'une autre administration publique 20 %) et les personnes extérieures exerçant au sein de la structure sanitaire (Vigile de la structure 40 %). Tous ces acteurs précités facilitent ou collaborent avec le personnel de santé dans la pratique de la corruption. « IMPACT DE LA CORRUPTION SUR LA JOUISSANCE DU DROIT À LA SANTÉ DES POPULATIONS DES RÉGIONS SANITAIRES D'ABIDJAN, DE BOUAKE ET DE KORHOGO », Conseil National des Droits de l'Homme, Mars 2022, httsp://www.caidp.ci

[18] Cf. Ministère du Plan et du Développement, Institut National de la Statistique « ENQUÊTE SUR L'ÉTAT DE LA CORRUPTION À ABIDJAN (ECA 2015) », Mars 2016

[19] Selon l'article 5 de l'ordonnance n° 2013-660 du 20 septembre 2013, sont assujettis à l'obligation de déclaration de patrimoine, les agents publics ci-après : Le Président de la République ; les présidents des institutions de la République et les personnalités ayant rang de président d'institution ; les membres du Gouvernement et les personnalités ayant rang de ministre ou de secrétaire d'État ; les personnalités élues ; les gouverneurs et vice-gouverneurs de districts ; les membres de la Haute Autorité de la Bonne Gouvernance ainsi que le secrétaire général de ladite autorité ; ou toute autre personne agissant pour le compte de l'État et utilisant, dans le cadre de ses fonctions, les moyens financiers de l'État. Malheureusement, au moment où se déroule l'enquête, la déclaration de patrimoine n'est toujours pas véritablement appliquée alors qu'elle représente un excellent levier dans le cadre de la prévention de la corruption.

gouvernement afin d'éradiquer le fléau. Pour ce faire, des activités du secteur public ont été menées. Ainsi, dans le cadre de la prévention et de la lutte contre la corruption en Côte d'Ivoire, les différentes structures du dispositif institutionnel ont réalisé plusieurs activités au cours de la période 2020-2021. Ces activités ont porté sur la promotion de la transparence à travers la déclaration de patrimoine, le renforcement de la transparence dans l'application du code des marchés publics, la gestion des conflits d'intérêts.

Dans le cadre de la déclaration de patrimoine, les activités de sensibilisation des assujettis ont alterné avec celles des enregistrements des déclarations de patrimoine. Au titre de la sensibilisation des assujettis, la Haute Autorité pour la Bonne Gouvernance (HABG) a organisé plusieurs sessions en vue d'améliorer le taux de déclaration de patrimoine.[20]Toutes ces sessions ont permis de présenter la situation déclarative des assujettis de leur administration et de solliciter leur appui pour la déclaration de patrimoine de ceux qui ne sont pas à jour de cette exigence constitutionnelle.[21] Tous ces efforts ont abouti

[20] La HABG a conduit une mission à la Chambre Nationale des Rois et Chefs Traditionnels (CNRCT) du 20 au 21 octobre 2021 à Yamoussoukro. À l'issue de cette mission, de nouvelles fonctions ont été identifiées pour être ajoutées à la liste des fonctions assujetties à la déclaration de patrimoine. Ce sont les membres de l'Assemblée des Rois et Chefs Traditionnels, les Membres du Directoire, le Directeur de Cabinet du Président et les Directeurs. En outre, des séances de sensibilisation à l'endroit des autorités de certaines administrations ont eu lieu, notamment avec le Directeur de Cabinet du Ministère de la Santé (20 janvier 2021), le Directeur Général du portefeuille de l'État (30 juin 2021), et le Secrétaire Général de l'Assemblée nationale (12 janvier 2021). Par ailleurs, une séance de travail relative à la déclaration de patrimoine des élus locaux s'est tenue le 03 novembre 2021 dans les locaux de la HABG avec la Direction Générale de la Décentralisation et du Développement Local (DGDDL). À l'issue de cette séance, un mode opératoire de collaboration avec la HABG a été convenu pour mieux prendre en compte la déclaration de patrimoine des élus. Ainsi, la DGDDL a transmis à la HABG les listes actualisées des Présidents et Vice-Présidents des Conseils Régionaux ainsi que des Maires et leurs Adjoints de la mandature 2018-2023. Haute Autorité Pour la Bonne Gouvernance « RAPPORT D'ÉVALUATION 2020-2021 DES ACTIVITÉS LIÉES À LA PRÉVENTION ET À LA LUTTE CONTRE LA CORRUPTION », P.26-27

[21] Article 41 de la loi n° 2016-886 du 8 novembre 2016 portant Constitution de la République de Côte d'Ivoire.

à l'enregistrement des déclarations de patrimoine de prise de fonction ou de début de mandat[22], de cessation de fonction ou de fin de mandat[23]et de mise à jour[24].

Concernant le renforcement de la transparence dans l'application du code des marchés publics et la gestion des conflits d'intérêts, l'ANRMP a réalisé divers audits indépendants de la passation, de l'exécution et du contrôle de la commande publique. Aussi, a-t-elle réalisé des études d'incidence des marchés publics sur l'économie nationale et sur la satisfaction relativement à ses actions. Des missions d'audit menées[25] entre 2020 et 2021 et portant sur quatre cents marchés publics pour la gestion 2019 d'un montant global de 71 881 620 162 Francs CFA, il ressort que 69,50 % des marchés sont conformes aux procédures du code des marchés

---

[22] Le taux de déclaration de patrimoine de prise de fonction ou de début de mandat enregistré au 31 décembre 2021 s'élève à 78,75 % contre 79,28 % à fin décembre 2020. Cette légère régression constatée est due à l'identification de nouveaux assujettis issus des élections législatives du 06 mars 2021, de la formation du nouveau gouvernement le 06 avril 2021 et la création de douze (12) nouveaux districts autonomes le 09 juin 2021. En effet, le nombre des assujettis a augmenté pendant que le nombre de déclarants n'a pas suivi cette augmentation. Haute Autorité Pour la Bonne Gouvernance « RAPPORT D'ÉVALUATION 2020-2021 DES ACTIVITÉS LIÉES A LA PRÉVENTION ET À LA LUTTE CONTRE LA CORRUPTION », P.27. Toutefois, ces chiffres représentent une amélioration considérable comparativement aux statistiques issues de l'enquête menée en 2015 par l'Institut National de la Statistique soit une évolution positive durant les cinq (05) années.

[23] Le taux de déclarations de patrimoine de cessation de fonction ou de fin de mandat enregistré au 31 décembre 2021 s'établit à 33,13 % contre 29,23 % à fin décembre 2020. Le faible taux des déclarations de cessation de fonction est essentiellement dû aux difficultés d'identification des personnalités en fin de fonction du fait de l'absence d'un mécanisme fluide de mise à jour des listes d'assujettis dans les différentes administrations et à la non-application des sanctions prévues à cet effet. Haute Autorité Pour la Bonne Gouvernance « RAPPORT D'ÉVALUATION 2020-2021 DES ACTIVITÉS LIÉES A LA PRÉVENTION ET À LA LUTTE CONTRE LA CORRUPTION », P.30.

[24] Sur 5722 concernés, quarante-sept (47) déclarants ont mis à jour leur patrimoine depuis 2015 dont aucun en 2020 et dix-sept (17) en 2021. Il est important de préciser que la déclaration de mise à jour du patrimoine n'est pas obligatoire au regard du texte en vigueur qui lui confère un caractère facultatif.

[25] L'ARNMP a confié dans un souci de transparence et d'indépendance, la conduite des audits au Groupement de cabinets CE2C/CMC et au Groupement de cabinets GT Inter Consulting/2K2 Consulting

publics et 30,50 % ne le sont pas. Ces procédures irrégulières s'évaluent à 11 300 699 869 Francs CFA. Dans la même veine, les marchés de gré à gré ont été audités au titre de la gestion 2014 à 2017. Cette autre mission[26] a porté sur un échantillon de deux cents marchés passés par des départements ministériels pour une valeur de 616 071 965 290 francs CFA. Des résultats, il découle que plus de la moitié (55 %) des marchés audités n'ont pas respecté les procédures de passation. Ces procédures irrégulières représentent cent onze marchés, soit 292 225 917 501 Francs CFA.[27]

Selon les résultats de l'enquête faite par « Afrobarometer » en 2019, une bonne partie des Ivoiriens (35 % en moyenne d'entre eux) estime que la plupart, si ce n'est tous les agents de l'État, s'adonnent aux pratiques de corruption. Les policiers et les gendarmes sont classés en tête de liste, suivis des magistrats, des agents des impôts, et des Hautes Autorités de l'exécutif. Concernant les services publics, les Ivoiriens observent que sur la période 2015-2019, le niveau de la corruption s'est accru dans les secteurs comme les forces de sécurité, les services collectifs, les services de l'état civil et les écoles publiques, dans une moindre mesure. Les Ivoiriens notent cependant moins de corruption au niveau des hôpitaux et des centres de santé sur la même période.

4. L'amplification du phénomène de blanchiment des capitaux et de financement du terrorisme

La corruption a également exacerbé un phénomène qui est celui du blanchiment des capitaux et du financement du terrorisme. De prime abord, nous tenons à mettre en évidence que le blanchiment pris dans ce contexte a historiquement une

[26] Elle a été conduite par le cabinet MB & ASSOCIÉS pour le lot n° 1 et le groupement CE2C/COFIMA pour le lot n° 2

[27] Rapports d'activités 2020 et 2021 de l'ARNMP

origine délictuelle ou criminelle.[28] Le blanchiment de capitaux d'origine illicite est une opération ardue dont l'auteur, en alerte permanente, cherche à accumuler des couvercles sur cette origine, à la revêtir d'un semblant de légalité et à ne pas laisser filtrer le nom de son propriétaire ou de son bénéficiaire véritable. À ce niveau, il serait judicieux de mentionner que l'ordonnance n° 2023-875 du 23 novembre 2023 relative à la lutte contre le blanchiment de capitaux, le financement du terrorisme et de la prolifération des armes de destruction massive bâtit une typologie de situations constitutives d'infraction de blanchiment de capitaux élargissant ainsi la définition de la notion, mais également le champ d'incriminations.[29]

Le blanchiment issu de la corruption et des infractions assimilées couterait à la Côte d'Ivoire environ 1300 milliards de FCFA (2,1 milliards de dollars) par an, soit 4 % de son PIB.[30] Selon l'Évaluation Nationale des Risques, les principales infractions sous-jacentes au blanchiment des capitaux en Côte d'Ivoire sont la corruption, les crimes environnementaux, le trafic de stupéfiants, la fraude fiscale et la cybercriminalité. Plusieurs de ces infractions, notamment la

---

[28] La terminologie varie d'un pays à un autre : blanchiment (en France et en Algérie), blanchissage (Suisse), blanchissement (Canada), lavage (Portugal), recyclage (Italie) etc.

L'expression « blanchiment » résulte d'une extrapolation de pratiques anciennes de la mafia italo-américaine. La première consistait à laver « *Laundering* » de faux billets de banque neufs pour les faire circuler, sans susciter d'interrogations.

La seconde pratique dérive de la démarche d'un clan mafieux, ayant acquis, en 1928 à Chicago, une chaîne de blanchisseries pour y recycler l'argent sale en l'entremêlant à de l'argent propre. Elle est apparue dans le jargon courant, en 1977, dans l'affaire du *Watergate*. Cf. Hocine BÉNISSAD, « BLANCHIMENT DE CAPITAUX : Aspects économiques et juridiques », ECONOMICA, 49 rue Héricart, 75015 Paris, 2014, P.1

[29] Cf. article 9 de l'ordonnance n° 2023-875 du 23 novembre 2023 relative à la lutte contre le blanchiment de capitaux, le financement du terrorisme et de la prolifération des armes de destruction massive.

[30] Cf. Haute Autorité de la Bonne Gouvernance, « STRATÉGIE NATIONALE DE LUTTE CONTRE LA CORRUPTION (2024-2028) », Version adoptée par le Conseil de la HABG le 11/04/2023 et actualisée le 05/06/2024, P.26

corruption, la criminalité environnementale, le trafic de stupéfiants et de médicaments, présentent une dimension internationale. Une part importante des produits de la corruption et des infractions assimilées est blanchie dans le secteur de l'immobilier, aussi bien sur le territoire national qu'à l'étranger.

Par ailleurs, l'Évaluation Mutuelle du dispositif de lutte contre le blanchiment de capitaux, le financement du terrorisme et la prolifération des armes de destruction massive révèle que :

- Le risque de financement du terrorisme demeure élevé et la menace terroriste croissante, notamment dans les régions frontalières du nord du pays ;
- La Côte d'Ivoire enregistre des flux transfrontaliers, commerciaux et financiers importants avec ses partenaires régionaux, mais également avec des centres financiers internationaux en Europe et en Asie. Elle joue un rôle de centre financier au niveau de la région de l'Union Économique et Monétaire Ouest Africaine (UEMOA), notamment par la prépondérance de son secteur bancaire et financier ;
- Ces flux financiers transfrontaliers provenant des pays tiers ou des juridictions de pays tiers sont susceptibles d'être blanchis dans l'économie nationale ;
- Les lacunes dans la compréhension des risques par les autorités et les autres parties prenantes, et les faiblesses dans la diffusion d'informations typologiques pèsent particulièrement sur l'efficacité des mesures mises en œuvre pour lutter contre le blanchiment de capitaux ;
- La porosité des frontières ainsi que l'importance de l'économie informelle sont autant de facteurs de vulnérabilité. En effet, une proportion importante des transactions est réalisée en espèces, parfois pour des montants importants y compris dans le secteur de l'immobilier particulièrement à

risque pour le blanchiment des produits de la corruption et des infractions assimilées ;

- Les flux d'espèces non contrôlés sont également susceptibles d'accroître la vulnérabilité du pays au blanchiment de capitaux et au financement du terrorisme ;
- La Cellule Nationale de Traitement des Informations Financières (CENTIF) et le Comité de Coordination LBC/FT sont confrontés à une insuffisance de ressources humaines, techniques, matérielles et financières qui limite leur capacité d'actions au niveau national.

Les chiffres sus évoqués et les répercussions de la corruption nous permettent de constater aisément qu'elle est susceptible d'entraver durablement la construction d'une nation plus intègre. Les divergences de point de vue des acteurs concernant son impact sur leurs activités ajoutent au fait qu'elle peut être source de déstabilisation et de déséquilibre social. Cela, sans compter le blanchiment de capitaux et le financement du terrorisme qu'elle exacerbe.

Néanmoins, il s'avère judicieux de mentionner l'absence de mise à jour des statistiques de l'institut national qui datent de 2015. En effet, cela traduit un véritable défi en matière de suivi et d'évaluation des politiques publiques. Cette stagnation statistique pose plusieurs problèmes majeurs. De prime abord, elle empêche de mesurer les progrès ou régressions récents, rendant difficile toute évaluation pertinente de l'impact des réformes entreprises après 2015. Ensuite, elle ouvre la voie à des interprétations arbitraires ou politiques des résultats en raison du manque d'objectivité lié à l'absence de données actualisées. Elle induit un affaiblissement de la redevabilité. Il est évident que sans indicateurs fiables et actuels, les citoyens, comme les institutions de contrôle, peinent à juger la performance des gouvernants. Enfin, elle limite les partenaires au développement qui manquent d'outils pour orienter leurs appuis. Au vu de tout ce qui précède, c'est à juste titre que l'État va déployer un ensemble de mécanismes visant à détecter, prévenir et réprimer la corruption.

DEUXIÈME PARTIE :

REGARD CRITIQUE SUR LE DISPOSITIF ANTICORRUPTION IVOIRIEN

CHAPITRE 1 :

L'usage de leviers normatifs et institutionnels

1. Les leviers normatifs

L'idée de leviers normatifs actionnés dans le cadre de l'implémentation du dispositif ivoirien de lutte anticorruption ramène au cadre juridique de prévention et de lutte contre la corruption et les infractions assimilées en Côte d'Ivoire. Ce cadre juridique englobe la majeure partie des dispositions légales et règlementaires contenues dans les différents textes juridiques, aussi bien en matière de prévention que de répression. Concrètement, ces dispositions peuvent être appréhendées tant à l'échelle internationale que régionale, mais également nationale.

1.1. Sur le plan international

La Côte d'Ivoire ratifie diverses conventions visant à renforcer la coopération internationale dans la lutte contre la corruption et à promouvoir des normes et des pratiques anticorruptions efficaces à l'échelle mondiale. Plus précisément, il convient de bien cerner les implications de la ratification[1].

La ratification est définie comme l'acte par lequel un État établit son consentement à être lié par un traité après l'avoir signé ou adhéré.[2] En d'autres termes, la ratification est le processus par lequel un État confirme officiellement son engagement envers un traité international après l'avoir signé ou adhéré à celui-ci. Une fois ratifié, le traité devient juridiquement contraignant pour cet État et doit être respecté conformément à ses dispositions.

Le 25 octobre 2012, la Côte d'Ivoire ratifie la convention des Nations Unies contre la corruption (CNUCC), signée le 09 décembre 2003 par 114 pays à Merida au Mexique. Il convient de mentionner que cette convention vise à promouvoir et à renforcer la prévention et la lutte contre la corruption à l'échelle mondiale. Elle établit des normes internationales pour la coopération juridique et la restitution des avoirs volés, ainsi que des mesures visant à renforcer l'intégrité dans le secteur public et privé.

Le 05 novembre 2018, elle ratifie également la convention de l'OCDE sur la lutte contre la corruption d'agents publics étrangers dans les transactions commerciales internationales.

---

[1] Ratifier une convention internationale signifie qu'un État accepte formellement les termes et les obligations de cette convention, ce qui le lie juridiquement aux dispositions de ladite convention. La ratification est souvent précédée de la signature de la convention, mais la signature seule ne lie pas encore l'État aux obligations de la convention. Une fois ratifiée, la convention devient contraignante pour l'État au niveau international, et celui-ci est tenu de respecter et de mettre en œuvre les dispositions de la convention conformément à son propre système juridique.

[2] Article 14 de la Convention de Vienne sur le droit des traités du 23 mai 1969 : « La ratification d'un traité, son acceptation, son approbation ou son accession ont pour effet d'engager l'État ou l'organisation internationale concerné au regard de ce traité sur le plan international.

Avant d'émettre leur consentement à être liés par un traité, les États ou les organisations internationales peuvent être tenus d'accomplir un acte interne de procédure. »

Cet article établit clairement les conséquences de la ratification d'un traité sur le plan international et précise que les États ou organisations internationales peuvent être tenus de suivre des procédures internes avant de ratifier un traité

Adoptée en 1997, cette convention établit des normes pour prévenir et réprimer la corruption d'agents publics étrangers dans les transactions commerciales internationales. Elle engage les États parties à adopter des lois et des mesures efficaces pour lutter contre ce type de corruption et à coopérer dans les enquêtes et les poursuites. Elle a, au surplus, ratifié le protocole de la convention de l'OCDE sur la lutte contre la corruption d'agents publics étrangers dans les transactions commerciales internationales.

1.2. Sur le plan régional

Le 14 février 2012, notre pays a ratifié la convention de l'Union africaine sur la prévention et la lutte contre la corruption adoptée le 11 juillet 2003 à Maputo au Mozambique. Cette convention régionale vise à promouvoir des normes et des pratiques anticorruption en Afrique. Elle engage les États membres à prendre des mesures efficaces pour prévenir et réprimer la corruption, ainsi qu'à coopérer dans la lutte contre ce fléau.

En outre, faudrait-il mentionner qu'en 2001, la Côte d'Ivoire a signé le protocole de la Communauté Économique des États de l'Afrique de l'Ouest (CEDEAO) sur la lutte contre la corruption, avant de le ratifier le 22 juin 2006. Ce protocole est un instrument juridique adopté par la CEDEAO pour renforcer la lutte contre la corruption dans la région ouest-africaine. Il vise à promouvoir la transparence, l'intégrité et la responsabilité dans la gestion des affaires publiques et privées, ainsi qu'à prévenir, détecter et réprimer la corruption sous toutes ses formes. Parmi ses principales dispositions, le protocole prévoit la création de mécanismes de prévention de la lutte contre la corruption, tels que des organes de lutte contre la corruption. Il instaure des mesures visant à renforcer la transparence dans les procédures administratives et judiciaires, ainsi que des dispositions relatives à la coopération internationale dans la lutte contre la corruption.

En ratifiant et en mettant en œuvre ce protocole, les États membres de la CEDEAO démontrent leur engagement commun à lutter contre la corruption et à promouvoir une gouvernance transparente et responsable dans la région ouest-africaine.

De tout ce qui précède, un fait est assez marquant. Il s'agit de la durée qui s'est écoulée très souvent entre la signature des différents instruments et la ratification par la Côte d'Ivoire. Cette latence, qui pourrait traduire un faible intérêt pour la question « anticorruption » à une certaine époque, s'est relativement transformée positivement. Il serait judicieux de mettre en exergue le regain d'intérêt manifesté par les autorités ivoiriennes et matérialisé par une intense activité de ratification d'instruments internationaux de lutte anticorruption dès 2012.

À terme, la ratification de ces conventions internationales par la Côte d'Ivoire, implique naturellement plusieurs engagements et obligations ainsi qu'il suit :

Premièrement, l'adoption de mesures législatives et réglementaires, puisque le pays doit mettre en place dorénavant des lois et des règlements conformes aux dispositions des conventions.

Deuxièmement, l'application des conventions, car le pays s'est engagé à appliquer les dispositions des conventions sur son territoire et à prendre des mesures concrètes pour prévenir et réprimer la corruption conformément aux normes internationales et régionales.

Troisièmement, la coopération internationale au regard de l'engagement à coopérer avec d'autres États parties aux conventions dans la lutte contre la corruption, notamment en matière d'extradition, d'entraide judiciaire et de restitution des avoirs volés.

Enfin, en soumettant des rapports périodiques sur les mesures prises pour mettre en œuvre les conventions et sur les progrès réalisés dans la lutte contre la corruption.

La Côte d'Ivoire a montré son engagement envers les objectifs et les principes de ces conventions et protocoles, ainsi que sa volonté de travailler avec la communauté internationale pour lutter contre la corruption. C'est à juste titre d'ailleurs que ces conventions ont été transposées dans la législation nationale.

1.3. Sur le plan national

La législation ivoirienne en matière de prévention et de lutte contre la corruption et les infractions assimilées en Côte d'Ivoire a considérablement évolué. Dès 1977, la loi n° 77-427 du 29 juin portant répression de la corruption marquait le début de la volonté politique de l'État de Côte d'Ivoire de lutter contre la corruption. Pour les autorités ivoiriennes, l'adoption de lois anticorruption présente plusieurs avantages et intérêts.

De prime abord, elles contribuent à promouvoir la transparence dans la gestion des affaires publiques et privées. En effet, elles exigent des institutions et des individus qu'ils rendent des comptes et qu'ils agissent de manière ouverte et responsable. Ensuite, ces lois anticorruptions contribuent à renforcer la confiance du public dans les institutions gouvernementales, les entreprises et la société dans son ensemble. Cela, pouvant favoriser un climat de confiance propice à l'investissement et au développement économique.

Au surplus, les lois anticorruptions peuvent permettre à la Côte d'Ivoire de protéger ses ressources et les utiliser de manière plus efficace pour le bien-être de ses citoyens. Il y a là un moyen de lutter contre le gaspillage des ressources publiques qui nuit au développement économique et social. Enfin, en adoptant des lois anticorruptions, la Côte d'Ivoire se conforme aux normes internationales en matière de lutte contre la corruption, ce qui peut renforcer sa réputation sur la scène internationale et favoriser la coopération avec d'autres pays dans ce domaine.

Au regard des raisons sus évoquées, les autorités ivoiriennes ont jugé utile de constitutionnaliser[3]la question de la lutte contre la corruption. La traduction de la volonté de combattre le phénomène dans la loi fondamentale démontre bien que la question est une priorité au plus haut niveau de la République. C'est pourquoi, la constitution révisée de 2016 consacre plusieurs articles à la promotion de l'intégrité et la transparence dans la vie publique, le service public, l'intérêt général, la lutte contre la corruption et la fraude fiscale ; ce qui constitue une avancée.[4]Dans cette perspective, plusieurs lois et textes d'application spécifiques en matière de lutte contre la corruption ont été adoptés. Ils ont contribué à améliorer le dispositif juridique. Ainsi, on pourrait citer notamment :

– L'ordonnance n° 2013-660 du 20 septembre 2013 relative à la prévention et à la lutte contre la corruption et les infractions assimilées, qui consacre l'implication de tous les acteurs de la vie civile, administrative et politique à la prévention de la corruption et des infractions assimilées. Cette implication vise les principes de transparence, d'intégrité, de probité et de responsabilité ;

– L'ordonnance n° 2013-661 du 20 septembre 2013 fixant les attributions, la composition, l'organisation et le fonctionnement de la Haute Autorité pour la Bonne Gouvernance (HABG) ;

---

[3] La constitution est la loi fondamentale de l'État. Dans la hiérarchie des normes juridiques, elle représente le document juridique le plus important d'un pays, car elle sert de cadre légal pour l'organisation et le fonctionnement de l'État. Elle définit les principes, les institutions et les processus politiques qui gouvernent l'État. Elle établit la structure du gouvernement, les droits et les devoirs des citoyens, ainsi que les mécanismes de contrôle et d'équilibre du pouvoir. Elle peut également contenir des dispositions sur la répartition des compétences entre les différents niveaux de gouvernement, les libertés individuelles et les garanties juridiques.

Les articles 41, 47, 93, 101, 117, 125, 158 et 159 de la constitution du 08 novembre 2016 sont relatifs à la promotion de la bonne gouvernance et à la lutte contre la corruption.

[4] Haute Autorité Pour la Bonne Gouvernance « RAPPORT D'ÉVALUATION 2020-2021 DES ACTIVITÉS LIÉES À LA PRÉVENTION ET À LA LUTTE CONTRE LA CORRUPTION », P.18

– La loi n° 2013-867 du 23 décembre 2013 relative à l'accès à l'information d'intérêt public ;

– La loi organique n° 2014-337 du 05 juin 2014 portant code de transparence dans la gestion des finances publiques ;

– La loi n° 2016-992 du 14 novembre 2016 relative à la lutte contre le blanchiment de capitaux et le financement du terrorisme ;

– La loi n° 2018-570 du 13 juin 2018 relative à la protection des témoins, victimes, dénonciateurs, experts et autres personnes concernées ;

– La loi n° 2018-573 du 13 juin 2018 portant régime juridique du gel des avoirs illicites ;

– La loi n° 2019-574 du 26 juin 2019 portant code pénal modifiée par la loi n° 2021-893 du 21 décembre 2021 ;

– La loi n° 2022-193 du 11 mars 2022 portant création, organisation et fonctionnement du Pôle Pénal Économique et Financier ;

– L'ordonnance n° 2019-679 du 24 juillet 2019 portant code des marchés publics ;

– L'ordonnance n° 2023-875 du 23 novembre 2023 relative à la lutte contre le blanchiment de capitaux, le financement du terrorisme et la prolifération des armes de destruction massive ;

Le décret n° 2022-349 du 1er juin 2022 déterminant les attributions, l'organisation et le fonctionnement de l'Agence de Gestion et de Recouvrement des Avoirs Criminels ;

Le décret n° 2018-478 du 16 mai 2018 relatif à l'Agence Judiciaire du Trésor abrogeant le décret n° 2014-220 du 16 avril 2014 déterminant les attributions, l'organisation et le fonctionnement de l'organe chargé du recouvrement et de la gestion des avoirs illicites ;

Le décret n° 2017-740 du 16 novembre 2017 déterminant les mesures de prévention et de règlement des conflits d'intérêts.

Cette législation anticorruption en Côte d'Ivoire montre que le corpus juridique en matière de prévention et de lutte contre la corruption couvre la totalité de la chaîne anticorruption.[5]

À titre illustratif, la loi n° 2013-875 du 23 décembre 2013, ratifiant l'ordonnance n° 2013-660 du 20 septembre 2013 relative à la prévention de la lutte contre la corruption et les infractions assimilées, telle que modifiée par l'ordonnance n° 2013-805 du 22 novembre 2013, apporte des innovations tant au niveau de la prévention, de l'incrimination et de la répression, de la coopération et du recouvrement des avoirs.

La prévention : En vue de prévenir la corruption, l'ordonnance sus-citée prévoit une clause sur la déclaration de patrimoine des agents publics et les modalités de sa mise en œuvre. Elle indique les personnes assujetties, la périodicité de la déclaration, la publication de la liste des personnes ayant fait leur déclaration. L'obligation de déclaration de patrimoine de certains agents publics est affirmée (Titre III - Chapitre premier - Section I). Aussi, contient-elle des dispositions relatives au code de conduite des agents publics (article 12 et 13), des mesures sur la transparence et la responsabilité (article 16), le financement des partis politiques et des campagnes électorales (article 17) ainsi que l'accès à l'information du public et la participation de la société civile et des médias (Chapitre II).

L'incrimination et la répression : Dans cette nouvelle ordonnance, la notion d'« agent public » est définie. Ainsi, les risques de corruption d'agents publics nationaux et internationaux ou de fonctionnaires internationaux sont traités. L'incrimination et la répression prennent en compte, au-delà des actes de corruption, les infractions dites

---

[5] Il s'agit de la coordination (politique publique, suivi-évaluation) ; la prévention (éducation, sensibilisation, plaidoyer) ; la détection (investigation, contrôle) ; la répression (poursuite, jugement, sanction) ; la coopération (assistance technique, entraide judiciaire, extradition, financement de la lutte contre la corruption) et le recouvrement (gel, saisie et recouvrement des avoirs).

assimilées. Il s'agit du conflit d'intérêts[6], de la prise illégale d'intérêt[7], du refus de déclaration de patrimoine ou fausse déclaration de patrimoine ou divulgation d'informations[8], de l'enrichissement illicite[9], des cadeaux[10], du financement illégal des partis politiques et des campagnes électorales[11], du

---

[6] Il traduit le fait pour tout agent public qui, sachant que ses intérêts privés sont en concurrence avec l'intérêt public et sont susceptibles d'influencer l'exercice normal de ses fonctions, n'en fait pas la déclaration à son supérieur hiérarchique, conformément à l'article 15 de l'ordonnance n° 2013-660 du 20 septembre 2013 relative à la prévention et à la lutte contre la corruption et les infractions assimilées. Selon l'article 52, cette infraction est punie d'un emprisonnement d'un à cinq ans et d'une amende de 1 000 000 à 5 000 000 de francs.

[7] Selon l'ordonnance sus indiquée, elle traduit le fait pour tout agent public qui, soit directement ou indirectement ou par acte simulé, reçoit, prend ou conserve quelque intérêt que ce soit dans les actes, adjudications, soumissions, entreprises dont il a, au temps de l'acte, en tout ou partie, la charge d'assurer l'administration, le contrôle ou la surveillance, ou qui, ayant mission d'ordonner le paiement ou de faire la liquidation d'une affaire, y a un intérêt quelconque. Selon l'article 53, cette infraction est punie d'un emprisonnement d'un à cinq ans et d'une amende de 1 000 000 à 5 000 000 de francs.

[8] Prévu à l'article 54, le refus de déclarer son patrimoine ou la fausse déclaration de patrimoine expose le concerné à une amende égale à six mois de rémunération perçue ou à percevoir soit dans l'emploi ou la fonction occupé(e) ou à occuper, soit dans le mandat exercé ou à exercer. La décision de condamnation est publiée conformément à l'article 76 du code pénal.

Quant à la divulgation d'informations, elle traduit le fait pour toute personne de divulguer ou publier, de quelque manière que ce soit, tout ou partie des déclarations ou des observations reçues par l'organe chargé de recueillir les déclarations de patrimoine. Elle est punie d'un emprisonnement d'un mois à un an et d'une amende de 1 000 000 de francs.

[9] Il traduit le fait pour tout agent public de ne pas raisonnablement pouvoir justifier une augmentation substantielle de son patrimoine par rapport à ses revenus légitimes. Notons qu'il appartient à la personne poursuivie d'enrichissement illicite de prouver l'origine licite de son patrimoine. Selon l'article 56, elle est punie d'un emprisonnement d'un à cinq ans et d'une amende équivalente au triple de la valeur des biens illicitement acquis.

[10] Il est interdit à tout agent public d'accepter d'un tiers un cadeau ou tout avantage indu, dans l'exercice ou à l'occasion de sa fonction, de sa mission ou de son mandat. Tout contrevenant s'expose à un emprisonnement d'un à cinq ans et d'une amende de 1 000 000 à 5 000 000 de francs. Aussi, le donateur est-il puni des mêmes peines.

[11] L'article 58 dispose à ce sujet qu'est puni d'un emprisonnement d'un à cinq ans et d'une amende de 10 000 000 à 50 000 000 de francs, quiconque se livre à toute pratique ou opération occulte, destinée au financement des partis politiques, ou à permettre à un candidat, un parti politique, un groupement politique ou un

harcèlement moral[12], du recel[13]. Aussi, faut-il noter que les personnes morales, à l'exception de l'État, peuvent voir leur responsabilité engagée.

La coopération entre agences anticorruption au niveau national et international : Au niveau national, une coopération renforcée entre les autorités publiques et les agents publics, de leur propre initiative, ou sur demande de la Haute Autorité pour la Bonne Gouvernance et/ou des autorités chargées des enquêtes et des poursuites est dorénavant rendue possible. Ainsi, les secrets professionnels et bancaires ne peuvent être invoqués pour faire obstacle aux enquêtes et aux poursuites.

Au niveau international, l'entraide la plus large possible est accordée aux États parties aux différentes conventions de lutte contre la corruption, sous réserve de réciprocité, en matière d'enquêtes et de poursuites judiciaires et de recouvrement des avoirs relativement aux actes de corruption (Titre V- Chapitre premier).

Dès lors, la coopération rend possible les demandes d'extradition et d'entraide judiciaire[14] telles que prévues par les conventions internationales et la loi n° 2005-554 du

---

regroupement de partis politiques de trouver des ressources en dehors du cadre fixé par la loi.

[12] Le fait pour toute personne, par ordres, contraintes ou pressions indues, d'abuser de l'autorité que lui confère sa fonction ou son emploi pour obtenir des faveurs, de quelque nature que ce soit, pour lui-même ou pour un tiers, en échange d'avantages, de privilèges, de dons ou de promesses de toutes sortes, au détriment de l'État, d'une collectivité territoriale ou d'une entreprise privée. Selon l'article 59, il est puni d'un emprisonnement d'un à cinq ans et d'une amende de 1 000 000 à 5 000 000 de francs.

[13] L'article 60 dispose qu'est puni d'un emprisonnement d'un à cinq ans et d'une amende de 1 000 000 à 5 000 000 de francs, quiconque, sciemment, recèle en tout ou partie une chose enlevée, détournée ou obtenue à l'aide d'une des infractions prévues par la présente ordonnance.

[14] L'entraide judiciaire qui est accordée peut être demandée aux fins de recueillir des témoignages ou des dépositions ; de signifier des actes judiciaires ; d'effectuer des perquisitions et des saisies, ainsi que des gels ; d'examiner des objets et de visiter des lieux ; de fournir des informations, des pièces à conviction et des estimations d'experts ; d'identifier, de geler et de localiser le produit du crime ; de recouvrer des avoirs, etc.

2 décembre 2005 relative à la lutte contre le blanchiment de capitaux.

Le recouvrement des avoirs : Prononcer des peines de prison ou amendes ne suffit pas à endiguer la criminalité économique et financière. Les pouvoirs publics ont également pour mission d'empêcher les auteurs de jouir du fruit de leurs activités illégales. C'est dans cette perspective que s'inscrit le recouvrement des avoirs criminels. Pour répondre aux exigences internationales et régionales en la matière, la Côte d'Ivoire a prévu à l'article 93 de la présente ordonnance que les décisions judiciaires rendues par des juridictions étrangères ordonnant la confiscation de biens acquis au moyen de l'un des actes de corruption ou d'infractions assimilées ou des moyens utilisés pour leur commission, sont exécutoires sur tout le territoire de la République, conformément aux règles et procédures d'exécution en vigueur.

Dans cette perspective, l'article 94 prévoit déjà la création d'un organe chargé du recouvrement et de la gestion des avoirs illicites. Ledit organe[15] dont les attributions, l'organisation et le fonctionnement seront finalement fixés par décret n° 2022-349 du 1er juin 2022, établit des liens institutionnels avec tous les organismes nationaux de lutte contre la corruption et le service national de renseignements financiers.

Il ressort que l'activation de leviers normatifs par les autorités ivoiriennes présente plusieurs avantages. Tout d'abord, cela envoie un message clair selon lequel la corruption n'est pas tolérée et que ceux qui en sont responsables seront tenus de rendre compte de leurs actes devant la justice. Ensuite, ces lois permettent, nous le constatons, d'établir des mécanismes de surveillance et de répression, ce qui pourrait dissuader les individus de se livrer à des actes de corruption. De plus, ces lois peuvent renforcer la confiance du public dans le gouvernement et l'économie, ce qui est essentiel pour favoriser la croissance et le

[15] Agence de Gestion et de Recouvrement des Avoirs Criminels (AGRAC)

développement. Enfin, elles peuvent contribuer à promouvoir la transparence, la responsabilité et l'équité dans la société ivoirienne.

Cependant, bien que l'édiction des lois anticorruption soit importante, cela ne suffit pas pour éliminer complètement ce fléau. Il est également crucial d'avoir des institutions efficaces chargées de faire respecter ces lois, ainsi que des mécanismes de contrôle et de surveillance pour s'assurer de leur mise en œuvre. Dès lors, l'activation des leviers institutionnels par les autorités ivoiriennes s'est avérée nécessaire.

2. Les leviers institutionnels

Dans un dispositif de lutte anticorruption, les mesures institutionnelles que nous avons à dessein requalifiées de leviers institutionnels en Côte d'Ivoire, visent à renforcer les capacités des institutions chargées de lutter contre la corruption et à garantir leur efficacité. Elles s'entendent également des institutions elles-mêmes. Cela peut inclure la création d'organismes spécialisés tels que des agences anticorruptions dotés de pouvoirs d'enquête et de poursuite, ainsi que des organes de contrôle comme des commissions d'éthique ou des organismes de surveillance indépendants. Il est également important de mettre en place des mécanismes de transparence et de reddition de comptes au sein des institutions gouvernementales. Enfin, il est indispensable de garantir l'indépendance du système judiciaire et de fournir une formation adéquate aux juges et aux procureurs chargés de traiter les affaires de corruption.

En réalité, tous ces leviers institutionnels que nous passerons en revue ont pour finalité d'avoir un impact significatif sur la lutte contre la corruption et aussi sur le développement global du pays. Si ces mesures sont efficaces, elles doivent aboutir à l'essor durable de la Côte d'Ivoire, faisant d'elle une nation prospère, stable et respectueuse de l'État de droit.

En Côte d'Ivoire, la politique de prévention et de lutte contre la corruption est coordonnée par la Haute Autorité pour la Bonne Gouvernance avec la contribution de plusieurs autres institutions et structures qui interviennent à divers niveaux, qu'il s'agisse de la détection, de la prévention ou de la répression des actes de corruption.

2.1. Le parlement

Depuis l'instauration de la troisième République en 2016, le parlement est composé de l'Assemblée nationale et du Sénat[16]. Il exerce le pouvoir législatif. Le parlement vote la loi et consent l'impôt. Il contrôle l'action du Gouvernement et évalue les politiques publiques. Chaque année, le parlement se réunit de plein droit en session ordinaire. L'Assemblée nationale et le Sénat se réunissent en congrès[17] à la demande du Président de la République.

Les mécanismes parlementaires peuvent jouer un rôle crucial dans la lutte contre la corruption en assurant une surveillance et une responsabilité accrues. Cela peut inclure la

[16] Les députés à l'Assemblée nationale sont élus au suffrage direct pour cinq ans. Le sénat assure la représentation des collectivités territoriales et des Ivoiriens établis hors de Côte d'Ivoire. Les sénateurs sont élus, pour deux tiers, au suffrage universel indirect. Un tiers des sénateurs est désigné par le Président de la République parmi les Ivoiriens reconnus pour leurs expertises et leurs compétences avérées dans les domaines politique, administratif, économique, scientifique, culturel, sportif, professionnel et social. Le mandat des sénateurs est de cinq ans. Haute Autorité Pour la Bonne Gouvernance « RAPPORT D'ÉVALUATION 2020-2021 DES ACTIVITÉS LIÉES À LA PRÉVENTION ET À LA LUTTE CONTRE LA CORRUPTION », P.13

[17] Le Président de l'Assemblée nationale préside le congrès. Il est assisté du Président du Sénat, qui en est le Vice-Président. Le bureau de séance est celui de l'Assemblée nationale.

mise en place de commissions spéciales, l'examen des lois anticorruption[18] et la supervision des dépenses publiques[19].

Au titre des commissions spéciales, nous avons en Côte d'Ivoire, des commissions parlementaires permanentes et des commissions parlementaires temporaires.

2.1.1. Les commissions parlementaires permanentes

Les parlementaires contrôlent les actions du gouvernement à travers des commissions parlementaires permanentes. En effet, selon la Constitution ivoirienne de 2020, en son article 116, les membres du gouvernement ont accès aux commissions du parlement. Ils sont entendus à la demande des commissions. Ils peuvent se faire assister par des commissaires du gouvernement.

Pendant la durée de la session ordinaire, une séance par mois est réservée, en priorité, aux questions des membres de chaque chambre du Parlement et aux réponses du Président de la République. Pour ce faire, le Président de la République peut déléguer au Chef du gouvernement et aux ministres le pouvoir de répondre aux questions des membres du Parlement. En la circonstance, le Parlement peut prendre une résolution pour faire des recommandations au gouvernement.[20]Au sein du Sénat, les commissions

---

[18] Toutes les lois passées en revue, lorsque nous abordions l'usage des leviers normatifs, sont l'émanation du Parlement dans l'exercice de son rôle de législateur.

[19] Selon l'article n° 111 de la Constitution ivoirienne de 2016, le Parlement vote le projet de loi de finances dans les conditions déterminées par la loi organique. L'article 112 dispose qu'il est saisi du projet de loi de finances avant la fin de la session ordinaire. Le projet de loi de finances devant prévoir les recettes nécessaires à la couverture des dépenses, le Parlement vote le budget en équilibre.

[20] Article 117 de la Constitution ivoirienne de 2020

Les moyens d'information du Parlement à l'égard de l'action gouvernementale sont la question orale, la question écrite, la commission d'enquête et la mission d'évaluation.

Pendant la durée de la session ordinaire, une séance par mois est réservée en priorité aux questions des membres de chaque chambre du Parlement et aux réponses du Président de la République.

permanentes sont bien spécifiées par le règlement de cette chambre. Selon l'article 17 du règlement du Sénat, dès le début de chaque législature, après la formation du bureau définitif, le Sénat constitue, pour l'étude des affaires qui lui sont soumises, six commissions permanentes ainsi qu'il suit :

Premièrement, la Commission des Affaires Générales, Institutionnelles et des Collectivités Territoriales (CAGICT). Elle a en charge les questions d'administration territoriale, de décentralisation, d'organisation judiciaire, de législation civile, administrative et pénale, de lois constitutionnelles, organiques et électorales, d'identification, de naturalisation, de contrôle constitutionnel, de règlement, d'immunités, de promotion de la démocratie, de droits de la personne humaine et du genre.

Deuxièmement, la Commission des Affaires Économiques et Financières (CAEF). Elle a en charge les questions de lois de finances, d'affaires économiques, de plan, de domaines, de mines, de travaux publics, de transport, de poste, d'aéronautique, d'agriculture, d'élevage, de pêche, de tourisme, d'artisanat, d'énergie, d'industrie, de commerce, de foncier rural et de bonne gouvernance.

Nous avons également, la Commission des Affaires Sociales et Culturelles (CASC) qui s'occupe des questions de culture, d'éducation, de jeunesse, de sports, de loisirs, de santé publique, de population, de travail, d'affaires sociales, de statuts professionnels, de consommation et de fonction publique.

La Commission des Relations Extérieures et des Ivoiriens établis Hors de Côte d'Ivoire (CREIHCI) est en charge des relations interparlementaires, de coopération civile internationale, des affaires étrangères, des conférences internationales et de la coopération militaire internationale.

Le Président de la République peut déléguer au Chef du gouvernement et aux ministres le pouvoir de répondre aux questions des membres du Parlement.

En la circonstance, le Parlement peut prendre une résolution pour faire des recommandations au gouvernement.

Quant à la Commission de la Sécurité et de la Défense (CSD), elle est attributaire des questions de défense nationale, de police, d'immigration, de protection civile et de prévention des conflits internes.

Enfin, la Commission de la Recherche, de la Science, de la Technologie et de l'Environnement a en charge toutes les questions de recherche scientifique, d'eaux, de chasse, d'habitat, d'urbanisme, de monuments, de sites historiques, de sites touristiques, de pollution, de télécommunication, de biotechnologie, d'équilibre écologique, de feux et d'incendies des forêts, de désertification, d'érosion marine, de technologies de l'information et de la communication, de communication audiovisuelle et de multimédia ainsi que d'environnement.

En général, ces commissions permanentes sont chargées d'examiner les projets et propositions de textes entrant dans leur compétence, ainsi que des pièces et documents s'y rapportant. Elles sont également chargées de mettre en œuvre, dans leur domaine de compétence, le contrôle de l'action gouvernementale et l'évaluation des politiques publiques.[21]Outre ses attributions sus énumérées, la CAEF est chargée de suivre et de contrôler l'exécution des lois de finances et de procéder à l'évaluation de toute question relative aux finances publiques.[22] Les commissions parlementaires permanentes jouent donc un rôle déterminant dans le contrôle de l'action gouvernementale en Côte d'Ivoire. Leur principal intérêt est de garantir la transparence, la responsabilité et la bonne gouvernance en examinant les politiques et les actions du gouvernement. Cela permet de s'assurer que le gouvernement agit dans l'intérêt public, de détecter aussi les éventuels abus de pouvoir ou de corruption, et de proposer des améliorations législatives si nécessaire. Par ailleurs, cela renforce la séparation des pouvoirs et contribue

[21] Article 21 alinéa 1 du Règlement du Sénat
[22] Article 21 alinéa 5 du Règlement du Sénat

à l'équilibre démocratique en donnant aux représentants du peuple un mécanisme pour surveiller et influencer les décisions gouvernementales.

2.1.2. Les commissions parlementaires temporaires

Les commissions parlementaires temporaires sont souvent créées au sein des chambres du parlement pour lutter contre la corruption. Elles sont formées pour des tâches spécifiques et limitées dans le temps. Leur intérêt réside dans leur capacité à se concentrer sur des questions urgentes ou complexes qui nécessitent une attention particulière. Elles peuvent être créées pour enquêter sur des questions spécifiques, élaborer des politiques sur des sujets précis ou examiner des événements ponctuels. C'est à juste titre que l'on pourrait citer les commissions d'enquête et les missions d'évaluation.

Les commissions d'enquêtes peuvent jouer un rôle crucial dans la lutte contre la corruption. Elles sont souvent chargées d'enquêter sur des allégations de corruption ou de mauvaise gestion, ce qui pourrait inclure l'examen des contrats publics, des transactions financières suspectes ou des comportements inappropriés de fonctionnaires. En examinant ces questions de manière approfondie et indépendante, ces commissions peuvent identifier les causes profondes de la corruption, proposer des réformes législatives et institutionnelles pour renforcer la transparence et la responsabilité, et recommander des actions concrètes pour punir les responsables et récupérer les fonds détournés. En ce sens, elles peuvent être un outil efficace dans la lutte contre la corruption en Côte d'Ivoire. Toutefois, bien que la constitution ivoirienne ait prévu[23] des commissions d'enquêtes pour enquêter sur des faits bien déterminés, il faut relever que les actions de ces commissions sont rares, voire rarissimes.

Les missions d'évaluation ont pour rôle d'examiner et d'évaluer l'efficacité des politiques publiques, des

[23] Article 117 de la Constitution ivoirienne de 2016

programmes gouvernementaux ou des initiatives spécifiques. Elles sont généralement chargées d'analyser l'impact, les résultats et les performances des actions gouvernementales par rapport à leurs objectifs initiaux. Leur but est d'identifier les forces et les faiblesses des politiques en place, de fournir des recommandations pour les améliorer et d'aider à orienter les futures décisions politiques. Au surplus, elles contribuent à accroître la reddition des comptes envers les citoyens en fournissant des rapports transparents et accessibles sur les performances gouvernementales. Elles peuvent également promouvoir une meilleure utilisation des ressources publiques en identifiant les inefficacités et en recommandant des mesures pour optimiser l'allocation des fonds.

Dans cette perspective, notons que l'Assemblée nationale s'est dotée d'un plan stratégique qui est décliné chaque année en programme de travail. Ainsi, en plus des activités législatives, l'accent est mis sur le contrôle de l'action gouvernementale et l'évaluation des politiques publiques. Concrètement, les réformes engagées au sein du Parlement ivoirien ont démontré la nécessité d'évaluer le processus législatif, en général, mais aussi les activités menées dans le cadre du plan stratégique. Bien entendu, le Parlement est partie intégrante des instruments de mesure de redevabilité dans l'État. Il a pour mission de juger les performances des institutions étatiques et d'évaluer les impacts de leurs actions sur la population.

Il est donc indispensable que le Parlement soit lui-même évalué, pour juger de l'effectivité de la réalisation de ses missions et surtout de constater l'impact que son action peut avoir sur la gouvernance. Il en va de même de la perception des populations sur l'action publique. Dès lors, l'Assemblée nationale de Côte d'Ivoire réalise chaque année des rapports d'activité qui permettent de rendre compte des activités réalisées par ses organes propres et par l'administration parlementaire. En somme, il existe des commissions temporaires chargées de contrôler l'action gouvernementale et aussi l'action des parlementaires.

2.2. La Cour des Comptes

La Cour des comptes est instituée par la Loi n° 2018-979 du 27 décembre 2018 déterminant les attributions, la composition, l'organisation et le fonctionnement de la Cour des Comptes. Elle est l'institution suprême de contrôle des finances publiques. Elle contrôle la gestion des comptes des services de l'État, des Établissements Publics Nationaux (EPN), des collectivités territoriales, des autorités administratives indépendantes, et de tout organisme bénéficiant du concours financier de l'État ou d'une autre personne morale de droit public ainsi que de tout organisme bénéficiant du concours financier des entreprises publiques et de leurs filiales.

Avant la loi suscitée, la Cour des Comptes a été créée par la Constitution du 1er août 2000. La constitution du 08 novembre 2016 lui confère le double statut de juridiction suprême de contrôle des finances publiques et d'institution de la République. En outre, la Cour des Comptes juge les comptes des comptables publics[24] et reçoit la déclaration authentique de patrimoine du Président de la République, du Vice-président et des membres de la Haute Autorité de la Bonne Gouvernance lors de leur entrée en fonction et à la fin de celle-ci. Tous les corps de contrôle sont tenus de lui transmettre leurs rapports.

---

[24] L'article 63 de l'ordonnance 2018-979 du 27 décembre 2018 déterminant les attributions, la composition, l'organisation et le fonctionnement de la Cour des Comptes dispose que tous les comptables publics des collectivités territoriales, des établissements publics nationaux et des organismes publics sont astreints à produire annuellement, à la Cour des comptes, un compte de gestion ou un compte financier, appuyés des pièces justificatives, dans le délai imparti et au plus tard le 30 juin de l'année suivant la clôture de l'exercice concerné. Les comptes en état d'examen sont transmis à la Cour des comptes.

À la fin de chaque gestion, la Cour des Comptes produit un rapport public annuel dans lequel elle expose ses observations les plus pertinentes, accompagnées des réponses des services et organismes concernés, et en tire les enseignements. Ce rapport est adressé au Président de la République et présenté au parlement, ainsi qu'au Conseil Économique, Social, Environnemental et Culturel. La Cour des comptes joue un rôle crucial dans la lutte contre la corruption en raison de ses missions spécifiques. En effet, elle s'efforce de renforcer la transparence et la responsabilité dans la gestion des finances publiques.

De prime abord, la Cour des Comptes ivoirienne est chargée d'auditer les comptes publics.[25]Elle est chargée de contrôler les comptes de l'État, des collectivités territoriales et des établissements publics. Elle s'assure que les fonds publics sont utilisés conformément aux lois et règlements en vigueur[26]. En réalisant des audits de contrôle, la Cour des Comptes peut identifier des irrégularités, des fraudes ou des abus de pouvoir. Elle contribue ainsi à la prévention de la corruption en détectant les pratiques illégales ou non conformes. Ensuite, les rapports qui font l'objet de publication par la Cour des Comptes sont accessibles au public. Ces rapports contiennent des recommandations pour améliorer la gestion des finances publiques et corriger les dysfonctionnements identifiés. Cela favorise la transparence

---

[25] Conformément à l'article 62 de la loi organique 2018-979 du 27 décembre 2018 déterminant les attributions, la composition, l'organisation et le fonctionnement de la Cour des Comptes, elle vérifie les comptes des comptables publics de l'État, des collectivités territoriales, des établissements publics nationaux ainsi que ceux des entreprises dont l'État a exclusivement ou conjointement souscrit au capital, lorsque ces organismes sont dotés d'un comptable public.

[26]L'article 74 de la loi organique 2018-979 du 27 décembre 2018 déterminant les attributions, la composition, l'organisation et le fonctionnement de la Cour des Comptes dispose que lorsque la Cour des comptes constate des irrégularités mettant en cause la responsabilité du comptable, elle enjoint à ce dernier d'apporter la preuve de leur rectification ou de produire des justifications complémentaires. Les charges relevées contre le comptable sont portées à sa connaissance par un arrêt provisoire. Cet arrêt peut comporter communication de pièces, à charge de réintégration.

et permet aux citoyens de prendre connaissance de la gestion des ressources publiques. Par ailleurs, en cas de découverte de faits susceptibles de constituer des infractions pénales, la Cour des Comptes peut transmettre les dossiers aux autorités judiciaires compétentes. Cela facilite les enquêtes et les poursuites judiciaires[27] contre les responsables de corruption. Aussi, la Cour des Comptes organise-t-elle des formations et des séminaires pour les agents publics afin de les sensibiliser aux bonnes pratiques de gestion et aux risques de corruption. Elle participe ainsi à la promotion de la culture de la redevabilité et de la transparence.

Il serait donc judicieux d'affirmer que la Cour des comptes, par ses actions et son rôle, constitue un levier institutionnel majeur pour lutter contre la corruption. Elle assure un contrôle rigoureux de l'utilisation des fonds publics, favorise la transparence et encourage la bonne gouvernance. Au surplus, elle a une influence réformatrice car ses recommandations peuvent mener à des réformes significatives dans les procédures de gestion et de contrôle des finances publiques. Par l'amélioration des systèmes et processus, elle aide à réduire les opportunités de corruption.

Au cours de l'exercice 2022, la Cour des comptes a réalisé des activités liées au contrôle juridictionnel et non juridictionnel. Ces contrôles lui ont permis d'examiner les comptes de gestion de comptables publics et de rendre des arrêts.[28]Elle a en outre émis des sanctions pour gestion de

---

[27] L'article 95 de la loi organique 2018-979 du 27 décembre 2018 déterminant les attributions, la composition, l'organisation et le fonctionnement de la Cour des Comptes dispose que les poursuites devant la Cour des Comptes ne font pas obstacle à l'exercice de l'action pénale. À l'alinéa 2, il est mentionné qu'en cas de poursuites pénales concomitantes, il est sursis aux poursuites devant la Cour des Comptes jusqu'à la fin de l'action pénale.

[28] Elle a examiné cinquante-quatre comptes, dont vingt-trois comptes des Collectivités Territoriales, vingt-deux comptes des Établissements Publics Nationaux et neuf comptes des Trésoreries Générales. À l'issue de ces contrôles, quarante-trois arrêts ont été rendus. Ainsi, des injonctions relatives à des irrégularités relevées dans les comptes produits ont été prononcées. Elles ont porté sur les

fait[29], sans compter des recommandations issues de l'audit de la performance de 128 programmes, hors comptes spéciaux du Trésor (CST), logés au sein de 32 départements ministériels et qui ont permis de relever certaines insuffisances constatées dans la gestion au niveau desdits ministères.

2.3. La Haute Autorité pour la Bonne Gouvernance

L'ordonnance n° 2013-660 du 20 septembre 2013 relative à la prévention et à la lutte contre la corruption et les infractions assimilées, en son article 4, institue un organe chargé de la prévention et de la répression des actes de corruption et des infractions assimilées, dénommé « Haute Autorité pour la Bonne Gouvernance ». La Haute Autorité pour la Bonne Gouvernance (HABG) a pour rôle d'élaborer et de mettre en œuvre la stratégie nationale de lutte contre la corruption, de coordonner, de superviser et d'assurer le suivi de la mise en œuvre des politiques de prévention et de lutte contre la corruption. Pour ce faire, l'ordonnance n° 2013-661 du 20 septembre 2013 viendra en préciser les attributions, la composition, l'organisation et le fonctionnement.

---

documents généraux, les pièces justificatives et les opérations comptables et financières. Cf. RAPPORT D'ÉVALUATION 2022-2023 DES ACTIVITÉS LIÉES À LA PRÉVENTION ET À LA LUTTE CONTRE LA CORRUPTION, Septembre 2024

[29] Aux termes de l'article 81 de la loi organique n° 2018-979 du 27 décembre 2018, « est comptable de fait toute personne qui, sans avoir la qualité de comptable public ou sans agir sous le contrôle et pour le compte d'un comptable public, s'ingère dans le recouvrement de recettes destinées à un organisme public doté d'un poste comptable ou dépendant d'un tel poste. Dans un tel cas, elle doit rendre compte au juge financier de l'emploi des fonds et valeurs qu'elle a irrégulièrement détenus ou maniés.

Est également comptable de fait, toute personne qui reçoit ou manie directement ou indirectement des fonds ou valeurs extraits irrégulièrement de la caisse d'un organisme public ou toute personne qui, sans avoir la qualité de comptable public, procède à des opérations portant sur des fonds ou valeurs n'appartenant pas aux organismes publics, mais que les comptables publics sont exclusivement chargés d'exécuter en vertu de la réglementation en vigueur ».

Au titre des attributions et missions de la HABG, outre les missions sus énumérées, elle évalue périodiquement les instruments et les mesures administratives afin de déterminer leur efficacité dans le domaine de la prévention et de la lutte contre la corruption. Elle identifie les causes structurelles de la corruption et des incriminations assimilées, et propose aux autorités compétentes des mesures susceptibles de les éliminer dans tous les services publics et parapublics. Sous un autre angle, elle émet des avis et conseils pour la prévention de la corruption[30] et recommande des mesures d'ordre législatif et réglementaire de prévention et de lutte contre la corruption.

La HABG contribue à moraliser la vie publique[31] et à consolider les principes de bonne gouvernance, ainsi que la culture du service public. Ainsi, elle peut recevoir les rapports d'inspections et d'audits des organes et structures de contrôle et de détection de l'État en matière de lutte contre la corruption. Elle reçoit les déclarations de patrimoine des assujettis[32] à la déclaration de patrimoine. Elle veille aussi au

---

[30] Ces avis, selon les termes de l'ordonnance n° 2013-661 du 20 septembre 2013, peuvent être adressés à toute personne physique ou morale ou à tout organisme public ou privé.

[31] Elle assiste les secteurs publics et privés dans l'élaboration des règles de déontologie, elle éduque et sensibilise la population sur les conséquences de la corruption, elle s'assure que toutes les institutions publiques disposent de manuels de procédures effectivement appliqués.
Par ailleurs, elle recueille et diffuse les informations dans le domaine de la corruption, vulgarise les textes relatifs à la lutte contre la corruption, mène des investigations sur les pratiques de corruption et en identifie les auteurs présumés et leurs complices afin d'initier des poursuites. Elle recueille, centralise et exploite les dénonciations et plaintes dont elle est saisie, et peut saisir le Procureur de la République près la juridiction compétente. Article 4 de l'ordonnance n° 2013-661 du 20 septembre 2013.

[32] Selon l'article 5 de l'ordonnance n° 2013-660 du 20 septembre 2013 relative à la prévention et à la lutte contre la corruption et les infractions assimilées, sont assujettis à l'obligation de déclaration de patrimoine, les agents publics ci-après :
– Le Président de la République ;
– Les Présidents des institutions de la République et les personnalités ayant rang de président d'institution ;
– Les membres du Gouvernement et les personnalités ayant rang de ministre ou de secrétaire d'État ;

renforcement de la coordination intersectorielle et au développement de la coopération avec les organes qui participent à la lutte contre la corruption, tant au niveau national qu'au niveau international. Selon le rapport Risque pays Côte d'Ivoire 2024 de l'agence de notation BLOOMFIELD INVESTMENT, au titre de l'année 2023, le nombre de déclarations de patrimoine de prise de fonction ou de début de mandat reçues par la HABG est ressorti à 1217, portant à 8213 le nombre de déclarations depuis 2015. Ainsi, le taux de déclaration de patrimoine de prise de fonction ou de début de mandat est de 83,03 % au 31 décembre 2023 contre 81,62 % à fin décembre 2022. Dans le cadre de ses missions, la HABG adresse au Président de la République un rapport annuel[33] d'évaluation des activités liées à la prévention et à la lutte contre la corruption.

En vue de lui permettre de mener à bien ses missions, l'ordonnance n° 2013-661 du 20 septembre 2013 en son article 7 a doté la HABG de neuf membres[34] qui sont :

– Un magistrat ;
– Un avocat ;
– Un enseignant-chercheur en droit ;
– Un officier de police judiciaire ;
– Un fonctionnaire, administrateur des services financiers ;
– Un criminologue ;
– Un cadre de banque ou établissement financier ;
– Un ingénieur informaticien.

– Les personnalités élues ;
– Les gouverneurs et vice-gouverneurs de districts ;
– Les membres de la Haute Autorité pour la Bonne Gouvernance ainsi que le Secrétaire Général de ladite autorité ;
– Ou toute autre personne agissant pour le compte de l'État et utilisant, dans le cadre de ses fonctions, les moyens financiers de l'État.

[33] Une copie de ce rapport est également adressée à l'Assemblée nationale, à la Cour des Comptes, au Conseil Constitutionnel, au Conseil Économique et Social et au Médiateur de la République.

[34] Le Président et les membres de la HABG sont nommés par décret pris en conseil des ministres, sur présentation du Premier Ministre, pour un mandat d'une durée de trois ans, renouvelable une fois.

Les articles 7 à 20 de l'ordonnance n° 2013-661 du 20 septembre 2013 organisent la composition de la HABG. Dans la même veine, la HABG comprend trois organes que sont : Le Président[35], le Conseil[36] et le Secrétariat Général.[37]En ce qui concerne son fonctionnement, la HABG procède par des réunions du conseil qui se tiennent aussi souvent que de besoin, en fonction des questions qui lui sont soumises ou qu'il entend examiner, sur convocation de son président ou à la demande de la moitié au moins de ses membres[38]. La HABG peut être saisie[39] des cas de corruption et d'infractions assimilées par voie de plainte ou de dénonciation adressée directement au président. Elle peut

---

[35] Il est nommé par décret pris en conseil des ministres, sur présentation du Premier Ministre, pour un mandat de trois ans, renouvelable une fois. Il a rang de président d'institution et prend fonction dès sa prestation de serment. L'exercice de sa fonction est réglementé par les articles 22 à 25 de l'ordonnance n° 2013-661 du 20 septembre 2013 fixant les attributions, la composition, l'organisation et le fonctionnement de la Haute Autorité pour la Bonne Gouvernance.

[36] Il est composé du Président et des autres membres de la HABG. Il est l'organe de décision chargé d'élaborer le règlement intérieur, de donner son avis sur les dossiers comportant des faits susceptibles de constituer des actes de corruption ou des infractions assimilées, d'approuver le programme d'action, de veiller à l'implication de chaque secteur d'activité dans la prévention et la lutte contre la corruption, d'approuver les rapports d'activités, de donner son avis sur les questions qui lui sont soumises par le président, d'approuver le budget, d'adopter le rapport annuel adressé au Président de la République. Article 26 de l'ordonnance n° 2013-661 du 20 septembre 2013 fixant les attributions, la composition, l'organisation et le fonctionnement de la Haute Autorité pour la Bonne Gouvernance.

[37] Le secrétariat général a pour mission d'assurer la gestion administrative et financière de la HABG. Il est dirigé par un secrétaire général nommé par décret pris en Conseil des ministres. Les articles 27 et 28 de de l'ordonnance n° 2013-661 du 20 septembre 2013 fixant les attributions, la composition, l'organisation et le fonctionnement de la Haute Autorité pour la Bonne Gouvernance précisent les attributions du secrétaire général tout en indiquant qu'un décret pris en Conseil des ministres fixerait l'organisation et le fonctionnement du secrétariat général.

[38] Article 29 de l'ordonnance n° 2013-661 du 20 septembre 2013 fixant les attributions, la composition, l'organisation et le fonctionnement de la Haute Autorité pour la Bonne Gouvernance. Les articles 30, 31 et 32 déterminent les conditions d'organisation pratique desdites réunions.

[39] La saisine est régie par les articles 33 à 38 de l'ordonnance n° 2013-661 du 20 septembre 2013 fixant les attributions, la composition, l'organisation et le fonctionnement de la Haute Autorité pour la Bonne Gouvernance.

également se saisir d'office. À cet effet, une plateforme dénommée « SIGNALIS »[40] a été mise en place pour faciliter la dénonciation des actes de corruption et autres infractions assimilées. Les signalements[41] reçus sont analysés et traités par la HABG, qui peut ensuite mener des enquêtes ou transmettre les dossiers aux autorités compétentes pour des actions judiciaires ou administratives. Selon le secteur d'activité, ces signalements se répartissent avec une plus grande proportion au niveau du secteur défense/sécurité[42]. Cet outil favorise la transparence et la lutte contre la corruption en facilitant la participation citoyenne. La HABG peut également conclure des accords de coopération et échanger des informations sous réserve de réciprocité avec d'autres organes étrangers poursuivant le même but ou exerçant des compétences similaires. Toutefois, ces derniers doivent être soumis à des obligations analogues de secret professionnel.[43]

Par ailleurs, il y a un fait notable qu'il convient de relever. C'est la capacité pour la HABG de prendre des mesures conservatoires. En principe, la prérogative de prendre des mesures conservatoires est généralement dévolue aux

[40] Il s'agit d'une plateforme accessible en ligne mise en service en mai 2023 afin de permettre aux citoyens et aux agents publics de signaler anonymement ou de manière identifiée des actes de corruption, des infractions économiques et financières, ou des dysfonctionnements dans la gestion publique.

[41] La plateforme SPACIA, déployée dès avril 2022, a enregistré la même année 519 signalements pour un préjudice de 52,6 milliards de F CFA. Cf. BLOOMFIELD INVESTMENT : RISQUE PAYS CÔTE D'IVOIRE 2024, Des avancées notables dans la lutte contre la corruption, P.17

[42] 25,43 % pour le secteur défense/sécurité ; 12,91 % pour le secteur urbanisme/construction/habitat ; 9,63 % pour le secteur de l'éducation/formation ; 8,86 % pour le secteur du droit, de la protection et la justice et 6,17 % pour le secteur du transport/logistique. Par ailleurs, de janvier à mars 2023, 122 signalements, dont 64 cas de personnes présumées corrompues. Les secteurs les plus signalés sont les secteurs de la sécurité, du logement et de la construction. Cf. BLOOMFIELD INVESTMENT : RISQUE PAYS CÔTE D'IVOIRE 2024, Des avancées notables dans la lutte contre la corruption, P.17

[43] Article 39 de l'ordonnance n° 2013-661 du 20 septembre 2013 fixant les attributions, la composition, l'organisation et le fonctionnement de la Haute Autorité pour la Bonne Gouvernance. L'article 40 précise des cas dans lesquels l'assistance demandée par une autorité étrangère peut être refusée.

autorités judiciaires. Ce sont les juges et les tribunaux qui ont traditionnellement le pouvoir d'ordonner de telles mesures dans le cadre de procédures judiciaires pour garantir la préservation des preuves, la protection des droits des parties, ou la prévention de dommages irréparables. Cependant, dans le cadre spécifique de la lutte contre la corruption et de la bonne gouvernance, certaines institutions indépendantes comme la HABG peuvent également se voir accorder cette prérogative. Cette exception est faite pour permettre à ces organismes de réagir rapidement et efficacement face à des situations urgentes impliquant des actes de corruption. Cela leur permet d'éviter de recourir à des procédures ordinaires, souvent plus longues et complexes. Ainsi, l'article 41 de l'ordonnance n° 2013-661 du 20 septembre 2013 fixant les attributions, la composition, l'organisation et le fonctionnement de la Haute Autorité pour la Bonne Gouvernance, dispose qu'à titre exceptionnel, le président de la HABG peut, dans un délai qui ne peut excéder cinq (05) jours, et sur la base d'informations graves et concordantes, prendre toutes mesures conservatoires notamment :

– La saisie de tous documents professionnels ou photocopies de pièces justificatives, de supports et données informatiques ;

– Le gel des avoirs.

Ici, le caractère exceptionnel de l'exercice de cette prérogative est encadré par trois éléments, à savoir un délai, la gravité des informations reçues ainsi que leur concordance. Pour finir, la HABG peut recevoir, à sa demande, tous les rapports d'activités et d'audits des structures de contrôle et de supervision, et toutes autres informations communiquées par les autres structures, les organes de poursuites et les officiers de police judiciaire, nécessaires à l'accomplissement de ses missions. Cela s'inscrit dans le cadre des relations de la HABG avec les structures de contrôle et les autres acteurs. Il faut noter que la HABG peut demander aux administrations, institutions et organismes publics ou privés ou à toute personne physique ou morale de lui communiquer tout document ou information qu'elle juge utile pour la détection de faits de corruption.[44] Les structures ainsi saisies sont tenues de déférer à toutes injonctions ou instructions émanant de la HABG dans le cadre de la prévention et de la lutte contre la corruption. Tout refus pourrait être constitutif d'une infraction d'entrave à la justice.[45] À l'analyse, l'ordonnance n° 2013-661 du 20 septembre 2013 confère à la HABG de vastes prérogatives à l'effet de lui permettre, en tant qu'institution, de prendre toute sa place dans la coordination de la lutte contre la corruption et les infractions assimilées.

2.4. L'Inspection Générale d'État

Dès 2012, le décret n° 2012-312 du 13 avril 2012 portant attributions, organisation et fonctionnement de l'Inspection Générale d'État (IGE) fera de cette institution l'organe supérieur de contrôle, d'inspection et de promotion de la bonne gouvernance. Placée sous la haute autorité du Président de la République, l'IGE est chargée d'une mission de contrôle, d'inspection, du bon fonctionnement et de bonne gouvernance de l'ensemble des services publics, parapublics et des sociétés à participation financière publique.[46] En outre, elle a une

---

[44] Article 44 de l'ordonnance n° 2013-661 du 20 septembre 2013 fixant les attributions, la composition, l'organisation et le fonctionnement de la Haute Autorité pour la Bonne Gouvernance.

[45] Article 45, 46, 47 et 48 de l'ordonnance n° 2013-661 du 20 septembre 2013 fixant les attributions, la composition, l'organisation et le fonctionnement de la Haute Autorité pour la Bonne Gouvernance.

[46] Selon l'article 2 alinéa 2-1 du décret n° 2012-312 du 13 avril 2012, elle veille à l'application des lois, ordonnances, décrets, actes et instructions réglementaires, ainsi qu'à l'exécution des directives gouvernementales, régissant le fonctionnement administratif et financier des services publics. Elle apprécie la qualité du fonctionnement et de la gestion des services publics au regard des normes en vigueur et vérifie l'existence et la bonne tenue des instruments de gestion administrative et comptable. Enfin, elle procède ou fait procéder à la réalisation des audits opérationnels des services publics, et se tient informée de la mise en œuvre des recommandations formulées.

mission de contrôle financier et de gestion des administrations, services, établissements publics nationaux, sociétés d'État, sociétés à participation financière publique, collectivités locales, et tous les autres organismes gérant des fonds publics, en vue d'assurer un contrôle externe de leurs opérations financières.[47]L'IGE est investie d'une mission de vérification, de contrôle, d'inspection ou d'enquête et de toutes autres missions qui pourraient lui être confiées. Elle a également une mission générale d'études, de conseil et d'appui aux réformes et aux systèmes d'information.[48]Aussi, a-t-elle une mission de coordination et d'appui méthodologique aux structures publiques d'inspection et de contrôle. Ainsi, plusieurs entités sont soumises à son contrôle[49]. Selon l'article 3 du décret susvisé, ce sont :

– Les administrations centrales et les services extérieurs des Ministères ;

– Les établissements publics nationaux ;

– Les sociétés d'État et les sociétés à participation financière publique ;

---

[47] L'article 2 alinéa 2-2 dudit décret dispose qu'elle vérifie la production et la qualité des rapports annuels des contrôleurs financiers et des contrôleurs budgétaires, des commissaires aux comptes et des auditeurs, en ce qui concerne les communes, dans les délais requis. Au surplus, elle réalise ou fait réaliser les audits comptables et financiers qui s'avèrent nécessaires à la bonne exécution de cette mission, nonobstant les attributions des administrations concernées.

[48] L'article 2 alinéa 2-4 du décret n° 2012-312 du 13 avril 2012 dispose qu'à ce titre, elle participe à la conception et au suivi des opérations de réforme administrative et de modernisation de l'État et du secteur parapublic, et fournit un appui méthodologique et opérationnel à leur réalisation. Elle assure, dans certains cas, à la demande des autorités, l'animation, la coordination et l'impulsion des opérations de réforme. Elle formule toute proposition visant à améliorer la qualité et le fonctionnement des services de l'État et de tous les organismes du secteur parapublic. Elle veille au bon fonctionnement des systèmes d'information et à leur amélioration sur le plan administratif et financier. Enfin, elle s'assure de la présentation et de la qualité des informations destinées aux plus hautes autorités de l'État.

[49] Il convient de relever que sont soumis au contrôle administratif et financier de l'IGE, les services des institutions, la gestion administrative et financière des services de l'armée, la gestion financière des services judiciaires, la gestion des fonds et subventions publics, quel qu'en soit le bénéficiaire.

– Les personnes morales de droit privé bénéficiant du concours financier de l'État ;

– Les circonscriptions territoriales ;

– Les collectivités locales et leurs établissements publics ;

– Les postes de missions diplomatiques et consulaires.

Ce décret de 2012 a été abrogé par le décret n° 2018-653 du 1er août 2018 portant attributions, organisation et fonctionnement de l'Inspection Générale d'État. Ce nouveau décret, qui ne modifie pas fondamentalement les missions de l'IGE, met davantage l'accent sur les valeurs d'intégrité morale, de probité et de discipline. Cette évolution normative et institutionnelle traduit la volonté des gouvernants de renforcer les leviers institutionnels de lutte contre la corruption.

Dans le cadre de ses attributions, l'IGE a effectué en 2022, trente-neuf missions composées de deux audits dans les Établissements Publics Nationaux (EPN), vingt-cinq inspections dans les ministères, projets publics et ambassades, douze missions de suivi des recommandations dans les EPN, sociétés d'État et associations d'utilité publique. Il faut noter que ces missions se sont soldées par la production de rapports mettant en évidence des manquements au principe de redevabilité et de responsabilité, et également à des entorses dans la gestion des finances publiques.

En somme, l'IGE est un pilier de la lutte contre la corruption grâce à ses fonctions de contrôle, d'enquête, de prévention, de sanction et de sensibilisation, contribuant ainsi à renforcer l'intégrité et la bonne gouvernance dans l'administration publique.

2.5. L'Autorité Nationale de Régulation des Marchés Publics

L'Autorité Nationale de Régulation des Marchés Publics (ARNMP) est une Autorité Administrative Indépendante (AAI) dotée d'une personnalité morale et de l'autonomie financière. Elle est régie par l'ordonnance n° 2018-594 du 27 juin 2018 portant création, organisation et fonctionnement de l'Autorité Nationale de Régulation des Marchés Publics. Elle a pour missions de veiller à l'application des principes de bonne gouvernance, notamment par la mise en œuvre des moyens préventifs permettant de lutter contre la fraude et la corruption dans les marchés publics et les contrats de partenariats public-privé.

Elle est directement rattachée à la Présidence de la République[50]. L'ARNMP occupe un rôle essentiel dans le contentieux administratif puisqu'elle est chargée de :

– Régler les litiges et différends nés à l'occasion de la passation des marchés publics et des contrats de partenariats public-privé ;

– Procéder à des conciliations, le cas échéant, en matière d'exécution et de règlement des marchés publics et des contrats de partenariats public-privé ;

– Assurer le suivi des décisions portant sur le règlement des litiges qui lui sont soumis ;

– Prononcer des sanctions à l'encontre des acteurs privés de la commande publique, reconnus coupables de violations de la réglementation de la commande publique ;

– Proposer aux autorités compétentes des sanctions à l'encontre d'acteurs publics reconnus coupables de violations de la réglementation de la commande publique.

Tout candidat, soumissionnaire, attributaire ou titulaire d'un marché public ou d'une convention de délégation de service public qui s'estime injustement évincé d'une procédure soumise au Code des marchés publics peut saisir l'ARNMP. En contrepartie, toute personne peut saisir l'ARNMP en matière d'atteinte à la réglementation (irrégularités, cas d'atteintes à la probité et autres pratiques frauduleuses, etc.). Les décisions rendues sont exécutoires et

[50] Article 1 de l'ordonnance n° 2018-594 du 27 juin 2018 portant création, organisation et fonctionnement de l'Autorité Nationale de Régulation des Marchés Publics.

contraignantes, mais peuvent faire l'objet d'un recours devant la chambre administrative de la Cour suprême.

Au titre du décret n° 2021-874 du 15 décembre 2021, en son article 5, l'ARNMP est donc compétente pour prononcer des sanctions administratives pour les violations commises par les acteurs privés, y compris pour des inexactitudes délibérées, pratiques frauduleuses et de corruption. À ce titre, elle peut rejeter l'offre, confisquer la garantie, résilier le marché, l'annuler ou même exclure de façon temporaire ou définitive de toute participation aux procédures de marchés publics. Ainsi, entre 2014 et 2018, l'ARNMP a pu exclure 36 sociétés de la commande publique pour corruption.[51]

Dans le cadre des réformes du système de la commande publique, l'ANRMP a élaboré le Code de déontologie des acteurs de la commande publique et l'a soumis au Gouvernement. Ce code, qui a été adopté par le décret n° 2022-305 du 4 mai 2022 portant code de déontologie des acteurs de la commande publique, vise à renforcer l'intégrité et la responsabilité des acteurs de la commande publique. En outre, l'ARNMP, dans le but de standardiser les documents de passation des marchés publics, a procédé à la révision des dossiers-types d'appel d'offres en vue de prendre en compte les innovations du code des marchés publics de 2019.

En 2023, un projet de réforme du cadre institutionnel et réglementaire des partenariats public-privé en Côte d'Ivoire a été initié par l'ARNMP. Cette réforme vise à mettre notre pays en conformité avec la directive n° 01/2022/CM/UEMOA portant cadre juridique et institutionnel des Partenariats Public-Privé dans l'Union Économique et Monétaire Ouest-Africaine (UEMOA).

---

[51]« COTE D'IVOIRE : 36 SOCIÉTÉS EXCLUES DE LA COMMANDE PUBLIQUE DEPUIS 2014 POUR CORRUPTION » La Tribune Afrique (2018), en ligne : https://afrique.latribune.fr/afrique-de-l-ouest/cote-d-ivoire/2018-04-11/cote-d-ivoire-36-societes-exclues-de-la-commande-publique-depuis-2014-pour-corruption-774941.html

Pour parfaire tout cela, il a été question de renforcer les capacités des acteurs de la commande publique. C'est pourquoi en 2022, des séminaires de formation[52] et des séances de sensibilisation[53] ont été organisés à l'attention des acteurs des partenariats public-privé, des unités de coordination des Projets (UCP) et des collectivités territoriales. Pour l'année 2023, des séminaires de sensibilisation ont également été organisés à l'intention des acteurs des districts autonomes[54]et ont permis de sensibiliser quatre cent cinquante acteurs dont deux cent trente-trois de l'administration publique, cent soixante-quinze du secteur privé et quarante-deux de la société civile.

2.6. L'Inspection Générale et de l'Audit du Trésor Public

L'Inspection Générale et de l'Audit du Trésor Public (IGAT) est chargée de suivre l'application des textes législatifs et règlementaires régissant leur domaine. Ensuite, elle a pour rôle de contrôler les opérations des postes comptables et des services, de contrôler les systèmes financiers décentralisés et d'assurer une mission d'audit auprès de l'ensemble des services du Trésor Public. Elle initie, en outre, les procédures d'ouverture et de clôture des comptes des organismes publics et veille à l'accréditation des comptables publics sur lesdits comptes. Elle assure toute mission de contrôle auprès des

---

[52] Ces séminaires ont porté sur les dispositions juridiques, administratives, techniques et financières des contrats de partenariats Public-Privé, la gestion des opérations de passation et d'exécution des marchés ainsi que les procédures de passation et de régulation des marchés publics dans les collectivités territoriales.

[53] Elles ont été organisées à l'attention des cellules de Passation des Marchés Publics, Autorités Administratives Indépendantes (AAI), Agences d'exécution sur la thématique des innovations des décrets d'application du Code des marchés publics.

[54] Les districts autonomes du Zanzan (Bondoukou), des savanes (Korhogo), du Denguélé (Odienné), de la vallée du Bandama (Bouaké).

structures du Trésor Public à la demande du Directeur Général.[55]

En liaison avec l'Observatoire de l'Éthique et de la Déontologie du Trésor Public (OED-TP)[56], l'IGAT supervise la mise en œuvre du dispositif de lutte contre la corruption et la fraude et fournit des conseils au personnel relativement à la politique de lutte contre la fraude et la corruption. Elle s'assure que le dispositif de lutte contre la fraude et la corruption est conforme aux exigences de la politique de lutte contre la corruption et la fraude et rend compte de la performance dudit dispositif à la Direction Générale et à d'autres fonctions de conformité, le cas échéant.

Dans le cadre du système intégré de management qualité[57] du Trésor Public, l'IGAT assure le pilotage du processus relatif à la surveillance de la gouvernance. Le Trésor Public, il faut le mentionner, est une administration résolument orientée vers l'amélioration continue, faisant de la satisfaction des citoyens un défi perpétuel à relever. Dans cette perspective, la vision de la Direction Générale du Trésor et de la Comptabilité Publique pour la période 2024-2028 est : « Faire du Trésor Public, une Administration Excellente et Intègre au service du citoyen et des parties prenantes ». L'accent mis sur la notion d'intégrité est révélateur de la volonté des instances dirigeantes de cette administration financière de lutter résolument contre la corruption et la fraude, renforçant ainsi l'image de marque du Trésor Public.

---

[55] Article 24 du décret n° 2021-454 du 08 septembre 2021 portant organisation du ministère de l'économie et des finances

[56] La décision n° 00237/MEF/DGTCP/DEMO du 21 avril 2020 portant création, attribution, organisation et fonctionnement de l'Observatoire de l'Éthique et de la Déontologie du Trésor Public en est le fondement juridique. Il vise à instaurer une culture d'intégrité et de responsabilité, contribuant ainsi à la lutte contre la corruption et à l'amélioration de la gouvernance au sein de l'institution.

[57] Le Trésor Public est, depuis le 30 octobre 2017, une administration ayant la certification ISO 9001 VERSION 2015. Cette certification a marqué une étape importante dans l'amélioration de la qualité de ses services, renforçant ainsi sa crédibilité et son efficacité.

Le rapport 2023 de l'IGAT révèle que dans le cadre de ses missions relatives à l'implémentation de la politique de lutte contre la fraude et la corruption, l'IGAT a conduit des activités. Celles-ci ont porté sur l'assistance aux services pour l'intégration des risques de fraude et de corruption dans les référentiels de contrôle interne et l'organisation de la cérémonie officielle de lancement du dispositif de lutte contre la fraude et la corruption. Par ailleurs, elle a procédé à la mise à jour des référentiels de contrôle interne en y intégrant les risques de fraude et de corruption.

Dans la même année, l'IGAT a organisé des activités de sensibilisation sur le dispositif de lutte contre la fraude et la corruption et de l'évaluation de l'efficacité de ce dispositif. En effet, des sessions de formation sur le dispositif de lutte contre la fraude et la corruption ont été organisées pour les agents du Trésor, notamment la Direction de la Stratégie et du Développement Institutionnel (DSDI), la Direction de la Formation (DF), le Centre des Relations Clients (CRC) et la Direction de la Communication et des Relations Publiques (DCRP). Dans la même veine, la politique de lutte contre la fraude et la corruption a été présentée dans deux postes comptables (Trésorerie Générale de Sinfra et Paierie Générale de la Protection de l'Environnement).

En ce qui concerne l'évaluation de l'efficacité de ce dispositif, une mission d'audit a été menée. Les conclusions de l'audit ont révélé l'absence d'un organe spécialisé de suivi de la mise en œuvre dudit dispositif. Toute chose qui entrave la bonne coordination de la fonction conformité. Notons, pour finir, que s'agissant de la mission de surveillance des valeurs éthiques et déontologiques, l'OED-TP a organisé dix séances de sensibilisation pour les agents du Trésor Public, visant à promouvoir des comportements éthiques. Ces séances ont enregistré cinquante-quatre participants.

2.7. Le Pôle Pénal Économique et Financier

À la fin de l'année 2018, en prélude à la création d'un Pôle Pénal Économique et Financier (PPEF) en Côte d'Ivoire et à titre expérimental, le cinquième Cabinet d'instruction du Tribunal de Première Instance d'Abidjan a été érigé en cabinet spécialisé. Il est chargé de l'instruction des affaires liées au blanchiment de capitaux, au financement du terrorisme, à la corruption ainsi qu'aux infractions sous-jacentes. Deux ans plus tard, suite au succès de la phase expérimentale, la création du Pôle Pénal Économique et Financier a été rendue effective par décret n° 2020-124 du 29 janvier 2020 avec une extension de la compétence initialement attribuée au cinquième cabinet.

Le Pôle Pénal Économique et Financier ainsi créé se présente comme un organe judiciaire spécialisé doté d'une compétence nationale et dédié aux enquêtes, poursuites et instructions des infractions économiques et financières d'une gravité ou d'une complexité particulière. Il s'agit notamment du blanchiment de capitaux, de la corruption, du détournement de deniers publics, à la douane, à la fiscalité, aux changes, aux marchés financiers, aux banques et institutions financières, au financement des partis politiques, aux associations et aux élections.

Après deux années de fonctionnement et dans le souci d'améliorer les résultats déjà obtenus, l'État ivoirien a décidé de faire du PPEF une juridiction autonome spécifique par l'adoption de la loi n° 2022-193 du 11 mars 2022 portant création, organisation et fonctionnement de cette institution. Dorénavant, le PPEF devient une juridiction pénale de premier degré au même titre que le Tribunal de Première Instance d'Abidjan, spécialisée en matière de délinquance économique et financière, chargée de la poursuite, de l'instruction et du jugement des infractions en matière économique et financière. Il constitue un pilier incontournable dans le dispositif de lutte contre le blanchiment de capitaux et le financement du terrorisme, et est le fer de lance de la politique criminelle de l'État de Côte d'Ivoire en matière de lutte contre la criminalité économique et financière. Au titre de sa compétence territoriale, il faut noter qu'elle s'exerce sur l'ensemble du territoire de la République.[58] En ce qui relève de sa compétence matérielle, le PPEF connaît des infractions économiques et financières qui sont d'une gravité et d'une complexité particulière, ainsi que des infractions connexes. Ainsi, la compétence matérielle du PPEF se fonde sur deux (02) critères qui sont d'une part la nature économique et financière de l'infraction et d'autre part, la gravité et la complexité particulière de celle-ci.

L'article 5 de la loi n° 2022-193 du 11 mars 2022 établit une liste d'infractions constitutives d'infraction économique et financière. Ce sont le blanchiment de capitaux, le financement du terrorisme, la corruption et les infractions assimilées, les infractions douanières, fiscales et en matière de change, les infractions en matière de marchés financiers, de banques et d'institutions financières, le financement et la prolifération des armes de destruction massive, les infractions économiques et financières commises par le biais d'un système d'information et de communication et la criminalité environnementale. Toutefois, à la différence des infractions précitées pour lesquelles sa compétence est exclusive, il exerce une compétence concurrente avec d'autres juridictions pour l'infraction de financement du terrorisme. La gravité et la complexité particulière requises pour emporter la compétence du PPEF sont quant à elles appréciées au regard des éléments suivants :

– La pluralité des auteurs, complices ou victimes ;

– La commission de l'infraction dans le ressort géographique de plus d'un tribunal ;

– Le caractère transnational de l'infraction ;

[58] L'article 2 de la loi n° 2022-193 du 11 mars 2022 dispose qu'à la différence des autres juridictions de premier degré, le Pôle Pénal Économique et Financier exerce sa compétence sur l'ensemble du territoire de la République.

– Le flux financier excédant la somme de cent millions de francs CFA ;

– La gravité des conséquences de l'infraction ou l'importance des dommages qui en résultent.

Dès lors qu'un de leurs éléments constitutifs s'est réalisé sur le territoire de la Côte d'Ivoire, le trafic international de stupéfiants et la traite des personnes relèvent de la compétence du PPEF à l'instar de l'abus de confiance et l'escroquerie lorsque l'intérêt du litige excède la somme de 100 000 000 de francs CFA.

Le PPEF est composé d'un siège, d'un parquet, d'un greffe, de services administratifs et d'unités spécialisées de police et de gendarmerie.[59] En vue de lui permettre de jouer efficacement son rôle dans la lutte contre la criminalité économique et financière, les magistrats qui animent cette juridiction bénéficient régulièrement de formations de haut niveau sur diverses thématiques dans plusieurs pays du monde entier afin de mettre à jour leurs connaissances théoriques et pratiques. Dans cette perspective, il serait judicieux de mettre en lumière l'important apport des partenaires notamment EXPERTISE FRANCE, le GIZ, l'ONUDC, CRIMJUST dans le renforcement des capacités des magistrats. Tout cela contribue à faire du PPEF, un label de qualité dans l'Organisation judiciaire ivoirienne et c'est à juste titre qu'il est appréhendé aujourd'hui comme la réponse ivoirienne à la criminalité économique et financière. Jusqu'en juillet 2023, le Pôle a traité 683 dossiers[60] d'infractions économiques. Sur le

---

[59] Article 6, 7, 8, 9 de la loi n° 2022-193 du 11 mars 2022 portant création, compétence, organisation et fonctionnement du Pôle Pénal Économique et Financier.

[60] La répartition se fait ainsi qu'il suit : 356 dossiers clôturés ou jugés, tandis que 309 restent à instruire. Cf. BLOOMFIELD INVESTMENT : RISQUE PAYS CÔTE D'IVOIRE 2024, Des avancées notables dans la lutte contre la corruption, P.16

plan des actions judiciaires, plusieurs biens ont été confisqués[61] également.

2.8. L'Agence de Gestion et de Recouvrement des Avoirs Criminels

L'Agence de Gestion et de Recouvrement des Avoirs Criminels (AGRAC) est un établissement public de type particulier, doté de la personnalité juridique et de l'autonomie financière. Elle est placée sous la tutelle administrative et technique du Ministre chargé de la Justice et sous la tutelle économique et financière du Ministre chargé du Budget. Son siège est situé à Abidjan. Le décret n° 2022-349 du 1er juin 2022 en fixe les attributions, l'organisation et le fonctionnement.

Au titre de ses attributions, il convient de mentionner que selon l'article 4 du décret sus-indiqué, l'AGRAC a pour mission la gestion et le recouvrement des avoirs criminels gelés, saisis ou confisqués. À ce titre, elle est chargée :

– D'exécuter les décisions de gel, de saisie ou de confiscation des avoirs criminels dans le cadre de procédures pénales ou administratives ;

– De procéder au recouvrement des avoirs criminels gelés, saisis ou confisqués dans le cadre de procédures pénales ou administratives ;

– De gérer tous les biens, quelle que soit leur nature, gelés, saisis, confisqués ou faisant l'objet d'une mesure conservatoire au cours d'une procédure pénale ou administrative, qui lui sont confiés et qui nécessitent des actes d'administration ;

---

[61] Au titre des confiscations, nous pouvons citer 66 immeubles bâtis, 62 terrains nus, 44 véhicules de luxe, un navire, 43 bijoux et montres de valeur, ainsi que huit pirogues et six sociétés. Cf. BLOOMFIELD INVESTMENT : RISQUE PAYS CÔTE D'IVOIRE 2024, Des avancées notables dans la lutte contre la corruption, P.16

– D'exécuter les décisions de restitution de biens rendues dans le cadre de procédures pénales ou administratives ;

– De coopérer, sur le plan national, avec les organes de lutte contre la criminalité financière, la Cellule Nationale de Traitement des Informations Financières dite CENTIF, les autorités d'enquêtes et de poursuites pénales et toute autre autorité compétente ;

– D'émettre des demandes et d'exécuter en temps opportun, les demandes de pays étrangers aux fins d'identifier, de geler, de saisir ou de confisquer les biens blanchis, le produit du blanchiment de capitaux, d'infractions sous-jacentes et du financement du terrorisme, les instruments utilisés ou destinés à être utilisés dans le cadre de ces infractions, ou les biens d'une valeur correspondante ;

– De signer des accords avec ses homologues étrangers permettant de coordonner les actions de saisie et de confiscation avec d'autres pays et qui comportent des mécanismes permettant de gérer les biens gelés, saisis ou confisqués ;

– D'assurer la gestion centralisée de toutes les sommes saisies dans le cadre des procédures pénales en Côte d'Ivoire ;[62]

– De procéder à l'ensemble des ventes, avant jugement, de biens meubles saisis décidées par les magistrats conformément aux dispositions du Code de Procédure Pénale, lorsque ces biens meubles ne sont plus utiles à la manifestation de la vérité et qu'ils sont susceptibles de dépréciation ;

– De procéder à l'ensemble des publications, auprès des services de publicité foncière, pour les saisies et confiscations pénales immobilières conformément aux dispositions du

[62] Le 08 juillet 2023, l'AGRAC a procédé à la vente aux enchères de 20 véhicules automobiles et motocyclettes, 24 engins de travaux publics et 15 accessoires pour un montant total de 246,8 millions de F CFA. Cf. BLOOMFIELD INVESTMENT : RISQUE PAYS CÔTE D'IVOIRE 2024, Des avancées notables dans la lutte contre la corruption, P.16-17

Code de procédure pénale et auprès des tribunaux de commerce, pour les saisies de fonds de commerce ;

– De gérer, sur mandat de justice, tous les biens complexes qui lui sont confiés et qui nécessitent, pour leur conservation ou leur valorisation, des actes d'administration ;

– D'assurer la gestion des biens saisis, de procéder à leur vente et à la répartition de son produit en exécution de toute demande d'entraide internationale ou de coopération émanant d'une autorité judiciaire étrangère ;

– De veiller, le cas échéant, à l'information préalable des créanciers publics avant exécution de toute décision judiciaire de restitution et à l'indemnisation prioritaire des parties civiles sur les biens confisqués à la personne condamnée, afin d'assurer le paiement de leurs créances, notamment fiscales, douanières, sociales ou de dédommagement ;

– De mener toute action d'information ou de formation destinée à faire connaître son action et à promouvoir de bonnes pratiques en matière de saisies et de confiscations, tant auprès des partenaires nationaux qu'internationaux.

La création de l'AGRAC s'inscrit dans la volonté de frapper les criminels à « la poche » en vue de porter davantage atteinte à leur capacité de nuisance. Mieux, une telle agence permettrait de mieux saisir et gérer les biens acquis illégalement, dissuadant ainsi les pratiques de corruption et les activités criminelles. Prononcer des peines de prison ou amendes ne suffit pas à endiguer la délinquance économique et financière. Les pouvoirs publics ont également pour mission d'empêcher les auteurs de jouir du fruit de leurs activités illégales. En outre, il s'agit d'un moyen de montrer l'engagement de la Côte d'Ivoire à respecter les standards internationaux en matière de lutte contre le blanchiment de capitaux et le financement du terrorisme. Les infractions économiques et financières sont dommageables pour les populations, premières concernées par le détournement de fonds publics ou de fonds perceptibles par l'État. Selon la

Banque Mondiale (BM) et les Nations Unies (NU), la seule confiscation de 100 millions de dollars américains issus d'activités criminelles pourrait permettre de financer de nombreux projets améliorant le niveau de vie des populations vulnérables[63]. Ainsi, au regard de son rôle crucial, l'AGRAC est seule compétente pour aliéner ou détruire les biens dont elle est chargée d'assurer la gestion, dans les conditions prévues par les dispositions légales et règlementaires en vigueur, sans préjudice de l'affectation desdits biens. En vue d'une meilleure organisation, l'AGRAC est dotée d'un conseil de surveillance et d'une direction générale[64]. Quant à son fonctionnement, il est régi par le chapitre IV dudit décret. Tout ce qui précède fait de l'AGRAC un outil précieux dans le cadre de la lutte contre la corruption. La Côte d'Ivoire, en renforçant son arsenal institutionnel anticorruption, a fait bien de créer cette agence.

2.9. Le Tribunal Militaire d'Abidjan

En Côte d'Ivoire, le Tribunal militaire d'Abidjan (TMA) joue un rôle crucial dans la lutte contre la corruption, particulièrement en ce qui concerne les forces de défense et de sécurité. Les tribunaux militaires ont été créés par décret n° 74-490 du 3 octobre 1974, portant création de juridictions militaires, pour connaître des infractions relevant de la justice

---

[63] United Nations Office on Drugs and Crime and the World Bank Group, Stolen Asset Recovery (STAR) Initiative: Challenges, Opportunities, and Action Plan, The International Bank for Reconstruction and Development, June 2007, P.11, disponible en ligne:
https://www.unodc.org/pdf/Star_Report.pdf. Consulté le 03 juin 2024.
Parmi les exemples donnés, la Banque Mondiale estime qu'en Afrique chaque redistribution de cette somme pourrait permettre : la fourniture de 4 millions minimum de primo-vaccins (tétanos, diphtérie, coqueluche) entre 50 et 100 millions de traitement contre la malaria, ou encore la création d'accès à l'eau potable pour 250 000 foyers.

[64] Article 6 à 12 du décret n° 2022-349 du 1er juin 2022 déterminant les attributions, l'organisation et le fonctionnement de l'Agence de Gestion et de Recouvrement des Avoirs Criminels.

militaire. Par la même occasion, la loi n° 74-350 du 24 juillet 1974 institue un code de procédure militaire qui permet de sanctionner les infractions commises par les militaires et les personnels de la Police Nationale. Ces deux textes ont été complétés par l'ordonnance n° 2018-515 du 20 mai 2018 portant sanctions administratives applicables aux militaires, ainsi que la loi n° 2016-1109 du 08 décembre 2016 portant code de la fonction militaire.

Les tribunaux militaires sont des juridictions spécialisées. Ils ont la compétence exclusive de juger les infractions commises par les militaires, gendarmes et policiers. Cela inclut les actes de corruption, ce qui peut permettre de traiter ces affaires avec une expertise particulière concernant le contexte militaire. Au surplus, en poursuivant et en sanctionnant les actes de corruption, le Tribunal militaire d'Abidjan contribue à dissuader les membres des forces armées et de sécurité de s'engager dans de telles pratiques. Les décisions du Tribunal militaire servent à renforcer la discipline au sein des forces armées en montrant que les actes de corruption ne seront pas tolérés et sévèrement punis.

En 2022, une Commission Interne de Contrôle et de Déontologie (CICD) a été créée au sein du tribunal militaire. Elle a pour mission de recenser et de traiter tous les cas d'inconduites et de malversations mis à la charge des personnels du tribunal et de la maison d'arrêt militaire d'Abidjan. Dans cette veine, huit dossiers pour extorsion de fonds mettant en cause neuf prévenus ont été renvoyés devant la chambre de jugement. Sur ces neuf prévenus, huit ont été reconnus coupables des faits et condamnés à des peines d'emprisonnement allant de trois mois à dix mois ainsi qu'à des amendes dont le montant total s'élève à 2 100 000 francs CFA.

Le tribunal militaire d'Abidjan travaille souvent en collaboration avec d'autres institutions anticorruptions, telles que la HABG, la police nationale, pour enquêter et poursuivre les cas de corruption. Il peut également jouer un rôle dans la formation et la sensibilisation des membres des forces armées sur les dangers de la corruption. Notons aussi qu'en plus de son rôle judiciaire, le Tribunal militaire pourrait avoir un impact sur les forces armées en ce qui concerne les dangers et les conséquences de la corruption. Par conséquent, il jouerait un rôle important dans la formation et la sensibilisation de ceux-ci.

Dans cette perspective, des sessions de formation au profit des élèves des écoles de formations militaires et policières ainsi que des officiers de police judiciaire sont organisées. Elles ont permis de former et de sensibiliser 2250 agents, dont 1400 officiers de police judiciaire et 850 élèves des écoles de formation militaire. Ces formations ont porté sur des thématiques relatives à la judiciarisation de l'espace de bataille et des opérations. Un accent particulier a été mis sur l'éthique et la déontologie ainsi que sur les sanctions encourues en cas de prévarication.

Pour finir, retenons que l'efficacité du Tribunal militaire dans la lutte contre la corruption dépend en grande partie de son indépendance, de la qualité de ses enquêtes et de la rigueur de ses procédures judiciaires. À travers ses actions en matière de lutte contre la corruption, il renforce l'intégrité des forces de défense et de sécurité, ce qui est essentiel pour la stabilité et la sécurité du pays.

2.10. La Cellule Nationale de Traitement des Informations Financières

La Cellule Nationale de Traitement des Informations Financières (CENTIF), est la Cellule de Renseignement Financier (CRF) de la Côte d'Ivoire. C'est une CRF de type administratif, créée par le décret n° 2006-261 du 09 août 2006 qui établit son organisation et son fonctionnement, conformément à la loi n° 2005-554 du 02 décembre 2005, relative à la lutte contre le blanchiment de capitaux, qui a été abrogée par la loi n° 2016-992 du 14 novembre 2016 relative à la lutte contre le blanchiment de capitaux et le financement du terrorisme.

La Cellule a démarré ses activités en 2008. Ses attributions ont été étendues à la lutte contre le financement du terrorisme, par l'ordonnance n° 2009-367 du 12 novembre 2009. Placée sous l'autorité du ministre de l'Économie et des Finances, la CENTIF est un service administratif doté d'une autonomie financière, ainsi que d'un pouvoir de décision autonome dans les matières relevant de ses attributions. Elle est au cœur du dispositif national de lutte contre le blanchiment de capitaux et le financement du terrorisme. De par son positionnement, elle assure l'interface entre les professionnels assujettis[65] et les autorités de contrôle d'une part (volet préventif) et d'autre part, les autorités d'enquête et de poursuite (volet répressif).

Au titre de sa composition, il convient de relever que selon les dispositions de l'article 61 de la loi n° 2016-992 du 14 novembre 2016 relative à la lutte contre le blanchiment de capitaux et le financement du terrorisme, la CENTIF est composée de six membres issus des ministères de l'Économie et des Finances, de la Justice et de la Sécurité ainsi que de la BCEAO. En plus d'un personnel technique qui assure la mission d'appui auprès des membres, la CENTIF a recours, pour l'accomplissement de ses attributions, à des

---

[65] Selon l'article 3 de l'ordonnance n° 2023-875 du 23 novembre 2023 relative à la lutte contre le blanchiment de capitaux, le financement du terrorisme et de la prolifération des armes de destruction massive, il s'agit de toute personne physique ou morale qui, dans le cadre de sa profession, réalise, contrôle ou conseille des opérations entraînant des dépôts, des échanges, des placements, des conversions ou tous autres mouvements de capitaux ou de tous autres biens, induisant un risque ou constituant une infraction de blanchiment de capitaux, de financement du terrorisme ou de la prolifération. Sont concernés :

– Les institutions financières ;

– Les entreprises et professions non financières désignées ;

– Les prestataires de service d'actifs virtuels ;

– Toute autre personne physique ou morale désignée par une autorité de régulation ou de supervision du secteur financier de l'UEMOA.

L'article 4 de ladite ordonnance étend le statut de personnes assujetties aux organismes à but non lucratif.

correspondants désignés par des assujettis. Notons que dans le cadre de l'exercice de leurs fonctions, les membres, le personnel technique et les correspondants de la CENTIF, sont soumis à une obligation de confidentialité.

La prévention de l'utilisation des circuits économiques, financiers et bancaires à des fins de blanchiment de capitaux et de financement du terrorisme, ainsi que la promotion de la bonne gouvernance, sont les objectifs assignés à l'ensemble des CRF de l'Union Économique et Monétaire Ouest Africaine (UEMOA). À cette fin, les missions qui lui sont assignées sont d'ordre opérationnel et stratégique. D'un point de vue opérationnel, la CENTIF reçoit, analyse et traite les informations de nature à établir l'origine des transactions ou la nature des opérations faisant l'objet des déclarations de soupçons (DOS). Elle les transmet aux autorités de poursuite en cas de soupçons avérés. Au plan stratégique, la CENTIF émet des avis sur la mise en œuvre de la politique de l'État en matière de lutte contre le blanchiment de capitaux et le financement du terrorisme. Elle propose les réformes nécessaires au renforcement de l'efficacité de la lutte contre ces fléaux. Par ailleurs, elle assure la sensibilisation et la formation des assujettis, analyse l'évolution des techniques et des activités de blanchiment de capitaux et de financement du terrorisme, participe aux exercices de typologie, d'autoévaluation et d'évaluation mutuelle de la Côte d'Ivoire.

En vue de lui permettre d'accomplir efficacement ses missions, la CENTIF est dotée de pouvoirs élargis que la loi relative à la lutte contre le blanchiment de capitaux lui confère. Il s'agit d'un droit de communication[66] très étendu, lui

[66] La CENTIF peut demander que les pièces conservées, en application des dispositions de l'article 23, lui soient communiquées, quel que soit le support utilisé pour leur conservation, et dans les délais qu'elle fixe. Elle reçoit, à l'initiative des administrations de l'État, des collectivités territoriales, des établissements publics et de toute autre personne investie d'une mission de service public, toutes les informations nécessaires à l'accomplissement de sa mission ou les obtient de ceux-ci à sa demande. L'autorité judiciaire, les juridictions financières et les Officiers de

permettant d'avoir l'accès à toutes les informations nécessaires à la conduite de ses investigations. Dans cette perspective, le secret professionnel ne peut être opposé à ses requêtes. Aussi, dispose-t-elle d'un droit d'opposition à l'exécution d'une opération suspecte pour 48 heures.

À travers la détection des transactions suspectes, la CENTIF identifie les flux financiers illicites liés à la corruption. En outre, en collaborant avec les autorités judiciaires et les forces de l'ordre pour enquêter sur les infractions financières, elle contribue à la poursuite des actes de corruption. Au surplus, en analysant les données financières et en identifiant les schémas de transactions suspectes, la CENTIF aide à prévenir les activités de blanchiment de capitaux et de financement du terrorisme, qui sont souvent liés à des actes de corruption. Par ailleurs, n'omettons pas son rôle de sensibilisation des institutions financières et du public aux risques de blanchiment de capitaux et de corruption. Ainsi, elle parvient en obligeant les institutions financières à déclarer les transactions suspectes à renforcer la transparence dans le secteur financier, ce qui réduit les opportunités de corruption.

L'exploitation du rapport d'activité de la CENTIF au titre de l'année 2022 révèle qu'au cours de cette année, elle a réceptionné 614 déclarations d'opérations de soupçons émanant essentiellement des banques et établissements financiers (82,2 %), des institutions de microfinance (9,3 %), des compagnies d'assurance (6,2 %), des sociétés émettrices de monnaies électroniques (0,8 %), des professions juridiques indépendantes (0,7 %), une administration publique et un agrégateur de solution (0,3 %), chacun et une société de gestion (0,2 %).

---

police judiciaire peuvent rendre la CENTIF destinataire de toute information aux mêmes fins. Cf. Article 103 de l'ordonnance n° 2023-875 du 23 novembre 2023 relative à la lutte contre le blanchiment de capitaux, le financement du terrorisme et de la prolifération des armes de destruction massive.

Par ailleurs, il est utile de mentionner que ces déclarations d'opérations de soupçons sont réparties par type d'opérations[67] et de motifs[68]. Dans la même veine, la CENTIF a adressé 690 actes d'investigations aux structures déclarantes dont 570 réquisitions aux structures financières, 05 demandes d'informations aux administrations financières, 41 réquisitions aux correspondants nationaux, 31 demandes d'information aux Cellules de renseignements financiers étrangères et 43 réquisitions à d'autres assujettis. Après traitement de déclarations de soupçons, 20 rapports d'enquêtes transmis au Parquet ont porté sur un montant total de 58 225,4 millions de francs CFA.

Sous l'angle de la coopération, il convient de mentionner que la CENTIF a réceptionné et traité 86 demandes d'informations provenant des administrations publiques et de ses homologues étrangers. Ainsi, à l'échelle nationale, 69 demandes d'informations formulées par les administrations publiques ont été enregistrées, dont 41 ont été traitées, soit 59,4 %. Au niveau international, la CENTIF a enregistré 17 demandes d'information dont 4 des CENTIF de l'UEMOA. Elle en a traité 16. Aussi, a-t-elle élaboré le champ des échanges d'information avec les CRF étrangères et renforcé les capacités de son personnel à travers les ateliers.

En somme, elle est un pilier essentiel dans le dispositif de lutte contre la corruption en Côte d'Ivoire et c'est à juste titre que les autorités ivoiriennes ont permis sa création.

---

[67] Ces déclarations ont été générées à la suite de versements d'espèces, virements bancaires, transferts électroniques, remises de chèques ou effets.

[68] Il s'agit de cas d'extorsion, trafic de drogue, faux et usage de faux documents, corruption et détournements de fonds, fraude fiscale, financement du terrorisme, sommes ou opérations provenant d'un crime ou d'un délit, fraude, cybercriminalité, abus de biens sociaux.

2.11. L'Unité de Lutte Contre le Racket en Douane

La Direction Générale des Douanes intervient dans la lutte contre la corruption à travers l'Unité de Lutte Contre le Racket en Douane (ULRD). Cette unité créée par décision n° 42/MEF/DGE du 13 avril 2012 est la division des investigations qui est une structure dédiée à la recherche détaillée d'informations destinées à sauvegarder les intérêts de l'État par l'établissement des faits de fraude, de corruption ou de faute commise par un agent, un service ou toute autre personne exerçant pour le compte de l'administration des Douanes. L'ULRD a été mise en place pour combattre les pratiques de corruption et de racket qui affectent le secteur douanier. Cette unité a pour mission de surveiller, détecter et réprimer les actes de corruption, de racket et autres infractions commises par les agents des douanes ou par les usagers.

Les objectifs principaux de l'ULRD se déclinent ainsi en trois points principaux. Premièrement, la réduction de la corruption par la lutte contre les pratiques corruptives qui nuisent à l'efficacité des services douaniers. Deuxièmement, l'amélioration de la transparence à travers la promotion des pratiques transparentes et responsables dans les opérations douanières. Enfin, le renforcement de la confiance par la restauration de la confiance des opérateurs économiques et des citoyens dans le système douanier. Dans le souci d'atteindre ses objectifs, l'ULRD mène des opérations de surveillance et de contrôle afin de détecter les actes de racket. Elle sensibilise les agents des douanes et le public sur les conséquences du racket et de la corruption. Par ailleurs, elle peut appliquer des sanctions disciplinaires et pénales contre les agents impliqués dans des pratiques de racket. Des contrôles effectués en 2022 ont révélé des dysfonctionnements multiples et conduit à la formulation de recommandations en vue d'une amélioration. Ainsi, lesdites recommandations consistaient à :

– Sensibiliser les agents sur la lutte contre la corruption, le régime disciplinaire de la Direction Générale des Douanes

(DGD) et la promotion de la qualité de service rendu aux usagers ;

– Réceptionner et traiter 64 saisines, dont 36 en 2022 et 28 en 2023, portant, soit sur des plaintes des usagers pour la mauvaise qualité de service, soit sur des manquements des agents de douane aux règles d'éthique et de déontologie ;

– Former des inspecteurs sur les techniques d'investigation et de lutte contre la corruption ;

Tous ces efforts devraient aboutir à terme à une diminution notable des cas de racket et de corruption dans les services douaniers, une amélioration de l'efficacité des services douaniers et des recettes douanières et un meilleur climat des affaires.

2.12. La Brigade de Lutte contre la Corruption

Le dispositif institutionnel de lutte contre la corruption a été renforcé en 2012, dans le but d'améliorer le climat des affaires en Côte d'Ivoire, par la création au sein de l'Inspection Générale des Finances (IGF) d'une brigade spécialisée en la matière, dite « La Brigade de Lutte Contre la Corruption », en abrégée BLC.[69] Cette Brigade, selon les termes de l'arrêté, est une unité opérationnelle. Elle a pour mission de combattre la corruption au sein du Ministère auprès du Premier Ministre, chargé de l'Économie et des Finances, par la prévention, le traitement des plaintes et dénonciations, la détection des actes de fraude et de corruption. Pour ce faire, elle a recours à une approche interdisciplinaire intégrant le renseignement, les investigations et le contrôle portant sur les ressources financières dont la gestion incombe à titre principal au Ministère en charge de l'Économie et des Finances.

La BLC peut être saisie par toute personne ayant connaissance d'un cas présumé de corruption ou d'infractions assimilées impliquant les agents du Ministère de l'Économie

[69] La BLC a été créée par arrêté n° 038/MEF/IGF du 17 février 2012.

et des Finances. Elle peut initier des enquêtes sur simple information ou se saisir d'office. En son sein, se trouvent des Officiers de Police Judiciaire (OPJ) issus de la gendarmerie et de la police nationale, des douaniers, des agents du Trésor, des impôts et du Budget, qui mettent à disposition leur expertise et leur savoir-faire dans le strict respect du Code de Procédure Pénale et d'autres textes législatif et règlementaire portant sur la gestion des fonds publics.

D'une façon générale, la BLC exerce ses attributions en coopération avec les autres organismes publics de contrôle ou d'application de la loi, et cela conformément à l'article 9 de son arrêté de création. Au demeurant, cette nécessité s'impose à tous les acteurs de la lutte contre la corruption. En effet, quelle que soit la qualité intrinsèque du travail de ces acteurs, aucun d'eux pris isolément ne saurait obtenir de résultats efficients. Ainsi, la BLC intervient dans les domaines suivants :

– La sensibilisation des agents du ministère de l'Économie, des Finances et du Budget ainsi que tous les services, entreprises, personnes physiques et morales, destinataires ou utilisateurs des deniers publics ;

– L'information des fonctionnaires et agents de l'État sur les actes illégaux qui sont des actes de corruption ;

– La sensibilisation des futurs fonctionnaires et agents de l'État sur les conséquences des actes de corruption et les peines encourues ;

– La sensibilisation de la population pour éviter que celle-ci ne soit auteur ou complice d'actes de corruption ;

– La mise en évidence des dysfonctionnements constatés dans les services et la formulation de recommandations pour y remédier ;

– L'anticipation des actions de fraudes et de corruption par l'évaluation de la pertinence des procédures existantes et la formulation des recommandations idoines ;

– La mise en œuvre des poursuites administratives et/ou judiciaires recommandées par les enquêtes ;

– La vulgarisation du code d'éthique et de déontologie en matière de gestion des finances.

Pour venir à bout de la corruption, de la fraude et des infractions assimilées dans les administrations économiques, financières et toutes autres structures, privées, publiques ou parapubliques à participation financière de l'État, la BLC s'est dotée d'un mode opératoire en trois étapes que sont la prévention, le renseignement et les enquêtes.

➢ La section prévention

La prévention de la fraude et de la corruption par la BLC consiste en la sensibilisation des agents et fonctionnaires ayant à charge la gestion des deniers publics, afin que ceux-ci se prémunissent contre tout acte ou comportement contraire à la déontologie de l'administration publique. Cette sensibilisation passe, pour l'essentiel, par la mise en application d'une stratégie de communication institutionnelle en trois étapes :

Premièrement, la sensibilisation dans les établissements scolaires et universitaires. Cette étape vise le système éducation-formation et a pour objectif d'inculquer les réflexes de la probité aux futurs agents et fonctionnaires de l'État. Les actions de communication qui y sont associées sont, entre autres, la distribution de brochures et la participation aux activités culturelles et extra-scolaires. Deuxièmement, la sensibilisation dans les centres de formation et de recrutement des agents et fonctionnaires de l'État, par la dispensation de modules de cours sur les effets pervers de la corruption et la nécessité de la combattre.

Enfin, la sensibilisation des agents en activité, par des séminaires de formation, par la rédaction et l'implémentation de chartes d'éthique et de déontologie au sein de chaque département ministériel. En vue de vérifier l'efficacité et l'efficience des programmes de prévention et de sensibilisation auprès des services opérationnels et de management des agents et fonctionnaires de l'État, la BLC s'est dotée d'un service de renseignements.

➢ La section renseignement

En relation avec un réseau d'informateurs, par des études statistiques, par des recoupements d'informations sur les revenus moyens par catégories d'agents et leur train de vie, la section renseignements procède aux investigations requises, suite aux plaintes ou dénonciations. Elle est dotée d'un centre d'appels chargé de recueillir, traiter et transmettre les plaintes à la section enquête. Elle élabore également un rapport mensuel de synthèse des plaintes reçues et traitées.

Dans cette perspective, la BLC peut être saisie par téléphone au numéro vert[70], par mail[71], par courrier[72] ou par entretien direct avec le plaignant dans ses locaux.[73]

➢ La section enquête

Elle élabore et exécute les plans d'investigation, afin de réprimer pécuniairement les cas de fraudes et de corruptions, et infractions connexes. Elle suit, en liaison avec les services du Trésor Public, le processus de recouvrement des amendes et pénalités. Elle fait initier, en liaison avec l'Agent Judiciaire du Trésor (AJT) devenu Agent Judiciaire de l'État (AJE)[74], des poursuites administratives, civiles ou pénales qui s'imposent à l'encontre des auteurs de cas de corruption avérés et en assure le suivi.

Par ailleurs, elle s'assure de l'état d'exécution des poursuites administratives, civiles ou pénales. Elle élabore un rapport mensuel de synthèse des suites données aux différentes affaires transmises aux autorités de poursuites. Elle collabore activement, avec toutes les autres structures

---

[70] Le numéro vert de la BLC est le 800 00 380

[71] info@igf.finances.gouv.ci

[72] 04 BP 2876 Abidjan 04

[73] La BLC est située à Abidjan les Deux-Plateaux, à 200 mètres de l'École Nationale d'Administration et à 100 mètres de l'ONG Care Internationale.

[74] Le Décret n° 2021-454 du 08 septembre 2021 portant organisation du ministère de l'Économie et des Finances modifie l'Agence Judiciaire du Trésor en Agence Judiciaire de l'État

d'inspections sectorielles et de répression, à assainir l'environnement des affaires.

Durant l'année 2022, la Brigade de lutte contre la corruption a conduit des enquêtes portant sur des faits de fraude, de corruption et d'infractions assimilées. Ainsi, elle a procédé à l'ouverture de quinze dossiers d'enquêtes parmi lesquels, onze ont été finalisés et quatre restants étaient en cours de traitement au 31 décembre 2022. Quant à l'année 2023, elle a vu l'ouverture de vingt-trois dossiers d'enquêtes dont vingt-un dossiers finalisés ont abouti à des conclusions et deux en cours de traitement.

2.13. L'Agence Judiciaire de l'État

La transformation de l'Agence Judiciaire du Trésor en Agence Judiciaire de l'État s'inscrit dans une volonté de réformer et de moderniser l'administration publique en Côte d'Ivoire. L'objectif est de mieux répondre aux défis contemporains et de mieux servir les intérêts de la nation. Ce changement a permis d'étendre les compétences de l'agence au-delà des affaires financières strictes pour inclure toutes les questions juridiques impliquant l'État. Cela permet une meilleure gestion des litiges, des contrats et des affaires juridiques complexes.

En plus, il y a une centralisation de la défense des intérêts de l'État et un renforcement de l'efficacité administrative. De prime abord, la nouvelle structure centralise la défense des intérêts de l'État dans tous les domaines juridiques, améliorant l'efficacité et la cohérence de la stratégie de l'État. Au surplus, en regroupant les fonctions juridiques et en élargissant le mandat de l'agence, l'État vise à renforcer l'efficacité administrative et à réduire les duplications de travail entre différentes entités. Par ailleurs, la modernisation de l'agence répond à l'évolution du contexte juridique et économique du pays, en tenant compte des affaires de plus en plus complexes. De ce qui précède, l'État peut mieux surveiller et auditer les affaires juridiques, améliorant ainsi la transparence et la bonne gouvernance.

L'AJE[75] est un service rattaché au cabinet du ministère de l'économie et des finances. Elle possède plusieurs attributions au regard de l'article 4 du décret n° 2021-454 du 08 septembre 2021 portant organisation du ministère de l'économie et des finances. Ainsi, elle est chargée :

– D'assurer les missions de conseil et d'assistance en matière juridique et de contentieux de l'ensemble des services du Ministère ;

– De gérer les contentieux où l'État est partie ;

– D'assurer la sauvegarde des droits et intérêts de l'État ;

– D'exécuter les décisions de justice rendues au profit ou contre l'État par les juridictions de droit commun, arbitrales et les commissions compétentes ;

– De représenter les intérêts de l'État devant les juridictions de droit commun, arbitrales et les commissions au niveau national et à l'étranger ;

– D'élaborer et de suivre toute convention qui engagerait juridiquement et financièrement l'État, en liaison avec les services compétents du Ministère en charge du Budget et du Portefeuille de l'État ;

– D'effectuer, au plan juridique, le suivi des entreprises en difficulté et des liquidations judiciaires, en liaison avec les services compétents du Ministère en charge du Budget et du Portefeuille de l'État ;

– De suivre les liquidations des Établissements Publics Nationaux, des Sociétés d'État et des Établissements mixtes, en liaison avec les services compétents du Ministère en charge du Budget et du Portefeuille de l'État ;

– D'assister l'Inspection Générale et Audit du Trésor dans l'instruction des dossiers relatifs aux débets comptables ;

[75] Article 3 du décret n° 2021-454 du 08 septembre 2021 portant organisation du Ministère de l'Économie et des Finances

– D’effectuer les transactions dans les affaires où l’État est partie ;

– D’assurer sur l’ensemble du territoire de la République, le recouvrement et l’administration des avoirs illicites, notamment ceux prévus par l’ordonnance n° 2013-660 du 20 septembre 2013 relative à la prévention et à la lutte contre la corruption et les infractions assimilées ;

– De réaliser toute investigation à la demande du Ministre chargé des Finances et des autres structures de l’État.

Au cours de l’année 2022, l’AJE a instruit 17 dossiers liés à la prévention et à la lutte contre la corruption et les infractions assimilées. Le traitement de ces dossiers a abouti à 12 condamnations. Cinq dossiers sont pendants devant les autorités et juridictions compétentes.

En ce qui concerne le point relatif au recouvrement des avoirs illicites, il est judicieux de souligner qu’il n’est plus en vigueur. En effet, l’article 33 du décret n° 2022-349 du 1er juin 2022 déterminant les attributions, l’organisation et le fonctionnement de l’Agence de Gestion et de Recouvrement des Avoirs Criminels dispose que dès l’installation de l’AGRAC, les avoirs criminels gelés, saisis ou confisqués, détenus ou gérés par l’AJE ou toute autre structure dans le cadre de procédures pénales, lui sont transférés. Concrètement, l’AGRAC a mis fin aux fonctions de recouvrement de l’AJE en ce qui concerne les avoirs illicites.

L’AJE peut requérir toute personne physique ou morale, publique ou privée, dont le concours est nécessaire. Elle est dirigée par un Agent Judiciaire de l’État, nommé par décret pris en conseil des Ministres. En ce qui concerne son fonctionnement, l’AJE comprend cinq départements[76]dont celui en charge du recouvrement des avoirs illicites. Jusqu’à

---

[76] Le Département du Contentieux, le Département du Conseil et des Études Juridiques, le Département des Enquêtes et Investigations, le Département des Affaires Générales, le Département du Recouvrement des avoirs illicites. Cf. Article 4 du décret n° 2021-454 du 08 septembre 2021 portant organisation du Ministère de l’Économie et des Finances.

l'avènement de l'AGRAC, il était chargé de recouvrer et d'administrer tous les biens, quelle que soit leur nature, saisis, confisqués ou faisant l'objet d'une mesure conservatoire au cours d'une procédure pénale relative aux infractions liées à la corruption et aux infractions assimilées.

CHAPITRE 2 :

Analyse des cadres normatif et institutionnel de lutte anticorruption ivoirien : forces et faiblesses

1.Forces et faiblesses du cadre normatif

Les forces et les faiblesses du cadre normatif de lutte anticorruption se réfèrent aux aspects positifs et négatifs des lois, règlements mis en place pour prévenir, détecter et sanctionner la corruption.

1.1 Forces ou atouts du cadre normatif ivoirien

En Côte d'Ivoire, la lutte contre la corruption et les infractions assimilées bénéficie d'un cadre juridique avec des atouts qu'il convient de relever. Ce cadre juridique englobe la majeure partie des dispositions pertinentes contenues dans les différentes conventions, aussi bien en matière de prévention que de répression. Au surplus, il est utile de mentionner que ce cadre relatif à la prévention et à la lutte contre la corruption a été renforcé depuis 2012 en plusieurs points.[1]

[1] Le dispositif normatif ivoirien est constitué de textes traitant de questions diverses. Ce sont, la gestion des finances publiques, le contrôle interne et externe, la coordination des actions de prévention, de détection et de lutte, la lutte contre le blanchiment de capitaux et le financement du terrorisme, la participation de la société civile, la gestion et le recouvrement des avoirs illicites et la gouvernance des marchés publics. Ces textes ont contribué à améliorer la qualité de l'arsenal juridique.

1.1.1. La constitutionnalisation[2] de la lutte contre la corruption

Il est, de prime abord, judicieux de relever que la lutte contre la corruption est constitutionnalisée. Elle revêt donc une attention particulière de la part des gouvernants. Cette constitutionnalisation traduit deux principes. D'une part, elle réaffirme le principe d'intolérance de la corruption et d'autre part, fait la promotion de la bonne gouvernance. La traduction de la volonté de combattre la corruption dans la loi fondamentale démontre bien que la question est une priorité au plus haut niveau de la République. En effet, tous les articles inscrits dans la constitution de 2016 et consacrés à la promotion de l'intégrité et la transparence dans la vie publique, le service public, l'intérêt général, la lutte contre la corruption et la fraude fiscale traduisent une avancée considérable.

En inscrivant la lutte anticorruption dans la constitution, l'État ivoirien garantit que cette lutte devient une priorité nationale permanente, difficile à modifier ou à ignorer par des changements politiques. Ainsi, cela envoie un message fort à la population, aux investisseurs et à la communauté internationale sur l'engagement sérieux et durable du pays à combattre la corruption. Par ailleurs, la constitutionnalisation crée un cadre légal harmonisé qui guide et structure toutes les politiques et actions gouvernementales liées à la lutte contre la corruption. Il est utile de rappeler que les dispositions constitutionnelles ont une force juridique supérieure à celle des lois ordinaires. Celle-ci assure une meilleure protection contre les tentatives de démantèlement ou de contournement des mesures anticorruption. Les gouvernants sont donc tenus de rendre des comptes et de se conformer aux principes anticorruptions inscrits dans la Constitution, sous peine de sanctions légales. La reconnaissance constitutionnelle de la

---

[2] Cf. Articles 41, 47, 93, 101, 117, 125, 158 et 159 de la loi n° 2016-886 du 08 novembre 2016 portant Constitution de la République de Côte d'Ivoire.

lutte contre la corruption peut également encourager les citoyens à participer activement à la surveillance et à la dénonciation des actes de corruption, sachant qu'ils sont protégés par le cadre juridique le plus élevé du pays.

1.1.2. La mixité du cadre normatif : Un corpus juridique à la fois préventif et répressif

La qualité de la législation anticorruption en Côte d'Ivoire montre que le corpus juridique en matière de lutte anticorruption couvre la totalité de la chaîne anticorruption, notamment, la coordination (politique publique, suivi-évaluation) ; la prévention (éducation, sensibilisation, plaidoyer) ; la détection (investigation, contrôle) ; la répression (procédure, jugement, sanction) ; la coopération (assistance technique, entraide judiciaire, extradition, financement de la lutte contre la corruption) et le recouvrement (gel, saisie et recouvrement des avoirs).[3]

Un tel cadre normatif présente plusieurs atouts majeurs. Sous un premier angle, il y a ce que nous qualifierons de complémentarité des approches. Les mesures préventives visent à empêcher la survenance de comportements corrupteurs en sensibilisant, éduquant et en mettant en place des mécanismes dissuasifs. Les mesures répressives, par contre, assurent que les actes de corruption qui se produisent malgré tout soient sévèrement sanctionnés, créant ainsi un effet dissuasif additionnel. La complémentarité de ces deux approches renforce l'efficacité globale du cadre normatif. En outre, un cadre normatif qui montre un engagement sérieux à la fois dans la prévention et la répression des actes de corruption et d'infractions assimilées, est susceptible de renforcer la confiance du public dans les institutions. Car, les citoyens sont plus enclins à respecter les règles et à coopérer

[3] Cf. Haute Autorité Pour la Bonne Gouvernance « RAPPORT D'ÉVALUATION 2020-2021 DES ACTIVITÉS LIÉES À LA PRÉVENTION ET À LA LUTTE CONTRE LA CORRUPTION », P.18

avec les autorités lorsqu'ils perçoivent une volonté réelle de lutter contre la corruption sous toutes ses formes.

Les mesures préventives[4] encouragent une culture d'éthique et de transparence en promouvant des pratiques de bonne gouvernance. Elles incitent les institutions et les individus à adopter des comportements intègres dès le départ. En mettant en place des contrôles internes, des audits réguliers et des formations, les mesures préventives réduisent les opportunités de corruption. Les mesures répressives viennent compléter cette stratégie en punissant les infractions, ce qui décourage les comportements illégaux.

La mixité du cadre normatif ivoirien permet de l'adapter aux différentes situations et de répondre de manière appropriée aux évolutions du phénomène de corruption. Elle offre une grande flexibilité pour ajuster les politiques et les pratiques en fonction des nouveaux défis et des tendances observées. L'association de la prévention et de la répression crée un environnement où les règles sont respectées non seulement par crainte des sanctions, mais aussi par conviction éthique. Cela assure une durabilité des efforts anticorruption et contribue à un changement culturel profond. L'atout d'avoir un tel cadre normatif réside donc dans sa capacité à offrir une approche holistique[5] et équilibrée de la lutte contre la corruption en Côte d'Ivoire, maximisant ainsi l'efficacité et l'impact des efforts déployés pour promouvoir l'intégrité et la transparence.

---

[4] Au titre des mesures de prévention de la corruption et des infractions assimilées, il convient de relever la déclaration de patrimoine qui est une mesure importante relevant du secteur public. Au 31 décembre 2021, on note un taux de déclaration globale de 78,75 %. Aussi, la liste des fonctions assujetties est-elle régulièrement élargie en vue de la prise en compte d'un plus grand nombre d'agents publics. Cf. Haute Autorité Pour la Bonne Gouvernance « RAPPORT D'ÉVALUATION 2020-2021 DES ACTIVITÉS LIÉES À LA PRÉVENTION ET À LA LUTTE CONTRE LA CORRUPTION », P.19

[5] Nous entendons une approche globale, abordant le phénomène dans toutes ses composantes et permettant ainsi d'optimiser l'impact de la lutte.

1.1.3. La ratification des textes internationaux

La ratification des instruments internationaux par la Côte d'Ivoire enrichit et renforce le cadre normatif national. Elle favorise une meilleure gouvernance, une plus grande transparence et une coopération internationale accrue. Concrètement, en ratifiant des instruments internationaux tels que la Convention des Nations Unies contre la Corruption et la Convention de l'Union africaine sur la prévention et la lutte contre la corruption, la Côte d'Ivoire a adopté des normes et des standards reconnus globalement. Cela lui permet d'harmoniser ses lois et pratiques avec celles d'autres nations. Il s'agit d'un véritable facilitateur de coopération internationale.

Les instruments internationaux sus-cités comportent des normes avancées et des pratiques éprouvées. Leur ratification par l'État ivoirien permet donc de renforcer le cadre juridique national par la transposition de ces normes dans l'arsenal juridique interne ivoirien. L'intégration de ces standards permet de combler des lacunes qui pourraient exister et de moderniser la législation existante. En outre, la ratification témoigne de l'engagement de la Côte d'Ivoire à respecter les principes et les obligations internationales. Cela renforce sa crédibilité sur la scène internationale et peut attirer des investisseurs étrangers et des partenariats internationaux.

En ce qui concerne l'assistance technique et financière, il faut relever que les pays qui ratifient des instruments internationaux peuvent bénéficier d'assistance technique, de formation et de financement de la part des organisations internationales et des donateurs pour la mise en œuvre des obligations découlant de ces instruments. C'est dans cette perspective que le Pôle Pénal Économique et Financier bénéficie de l'assistance technique et matérielle de la part de certains partenaires internationaux. Ces partenaires concourent à la formation continue des magistrats et des greffiers et contribuent à doter cette juridiction de matériels destinés à accroître son efficacité. Par ailleurs, certains d'entre eux constituent un appui indéniable dans la réalisation et la conduite d'enquêtes transnationales. Nous avons, à titre illustratif, l'Organisation des Nations Unies contre la drogue et le crime (ONUDC), la Coopération Allemande (GIZ), Expertise France, Crim Just, Interpol etc.

La ratification facilite également la coopération avec d'autres pays en matière de prévention et de lutte contre des phénomènes comme la corruption, le blanchiment de capitaux, ou la criminalité. Elle permet l'entraide judiciaire et l'extradition des criminels. L'entraide judiciaire est un mécanisme de coopération entre États visant à faciliter l'exécution de procédures judiciaires et l'application de la justice, particulièrement dans les affaires ayant des aspects transnationaux. L'entraide judiciaire implique la collaboration entre autorités judiciaires de différents pays pour recueillir et échanger des preuves, assurer la présence de témoins, exécuter des décisions de justice, et d'autres actes nécessaires à l'administration de la justice. Son objectif principal est de surmonter les obstacles posés par les frontières nationales dans le traitement des affaires criminelles ou civiles ayant des implications internationales. Avant d'aller plus loin, nous tenons à présenter, dans les lignes qui suivent, une belle illustration de la coopération, renforçant ainsi l'idée des atouts du cadre normatif. Il s'agit de l'affaire *spaghetti* ou « *Spaghetti connection* ».[7]

---

[7] Elle illustre la criminalité transnationale. Il s'agit d'un trafic international de drogue qui va révéler l'importance de la coopération internationale. Celle-ci, bien entendu, n'a été rendue possible qu'en raison de la ratification des instruments internationaux par la Côte d'Ivoire. Cf. https://www.20minutes.fr/faits_divers/2542279-20190617-spaghetti-connection-bresil-cocaine-destinee-europe-commandee-mafias#:~:text=L'affaire%20avait%20d%C3%A9%20avec,trafiquant consulté le 07/07/2024.

- **«*Spaghetti connection*»: Une belle illustration de la coopération internationale**

En septembre 2018, la douane brésilienne procède à la saisie de plus d'une tonne de cocaïne dans le port de Santos proche de Sao Paulo. La marchandise était cachée dans des roues de bulldozers à destination d'Abidjan. Dans les jours qui suivent, l'Unité de lutte contre la Criminalité transnationale organisée (UCT) ouvre une enquête et remonte d'abord la piste jusqu'en Côte d'Ivoire. La société de travaux publics AGL est identifiée comme étant à l'origine de la commande des engins de chantier. Mais l'histoire ne s'arrête pas là et se poursuit jusqu'en Italie car il s'avère que l'entreprise était gérée par un Napolitain et tout le monde sait que c'est le berceau de la Camorra[8].

L'enquête révèle que la drogue devait transiter par la Côte d'Ivoire avant d'être envoyée en Italie. Le trafic durait depuis 2014 et, fait surprenant, impliquait la mafia calabraise. Mais le jeudi 06 juin 2019, dès 4 heures du matin, l'opération est lancée. Au total, une quinzaine de personnes sont interpellées et onze d'entre elles sont placées en garde à vue. Il s'agit de six italiens, dont le dirigeant d'une pizzeria d'Abidjan très fréquentée par la jet-set locale, quatre ivoiriens et un homme d'affaires franco-turc. Ce dernier, soupçonné d'être apparenté à l'entreprise ivoirienne. Il a été placé en liberté sous contrôle judiciaire. À l'issue de l'opération, sept armes de poing, un pistolet-mitrailleur, mais aussi plus de 90 000 euros en liquide, des voitures et des montres de luxe ont été saisis au cours des perquisitions.

La résolution de « L'affaire *Spaghetti* » aura impliqué plus de 150 policiers français, ivoiriens, italiens et brésiliens. C'est inédit et c'est une première en matière de coopération internationale d'envergure pour la Côte d'Ivoire. Toute cette enquête a été menée par la Direction de la Police des Stupéfiants et des Drogues (DPSD), à la Section Recherches de la Gendarmerie Nationale, ainsi qu'à l'Unité de Lutte contre la Criminalité transnationale Organisée (UCT). Ces différentes unités de Police Judiciaire ont bénéficié de l'appui d'Interpol, de l'Office des Nations Unies contre la Drogue et le Crime (ONUDC), et la coopération policière et judiciaire de l'Italie, de la Colombie et de l'Espagne.

[8] La camorra, ou encore mafia napolitaine, est une organisation mafieuse italienne clanique implantée essentiellement à Naples et en Campanie. À la différence des autres organisations mafieuses italiennes, elle se caractérise par ses origines urbaines et son absence de hiérarchie globale.
Cf. https://fr.wikipedia.org/wiki/Camorra consulté le 07/07/2024

Cette coopération aura permis à la police ivoirienne de démanteler un trafic de drogue international à cheval sur trois continents. Le coup porté à ce réseau transnational de cocaïne permet assurément de geler, par conséquent, des flux financiers illicites qui auraient pu permettre aux narcotrafiquants de financer un recours systématique et massif à la corruption. La résolution de cette affaire est révélatrice de l'importance de la coopération internationale, fruit de l'adhésion aux instruments internationaux.

Sous un autre aspect, l'adhésion aux instruments internationaux a un impact positif car elle peut servir de catalyseur pour des réformes domestiques. Elle pousse les gouvernements à améliorer leurs systèmes juridiques, administratifs et de gouvernance pour se conformer aux obligations internationales. Cela est d'autant plus évident que c'est la conséquence immédiate des évaluations mutuelles auxquelles doit se soumettre la Côte d'Ivoire. Ces évaluations sont souvent conduites dans le cadre d'organisations internationales ou régionales et sont des processus par lesquels les pays évaluent réciproquement leurs cadres juridiques, réglementaires et opérationnels. Elles visent à déterminer la conformité aux normes internationales, notamment en matière de lutte contre le blanchiment de capitaux, le financement du terrorisme et la corruption. Par ailleurs, la ratification est un excellent moyen de promotion des droits humains, de la justice et de la transparence. Enfin, n'omettons pas de relever que les instruments internationaux compilent les meilleures pratiques et leçons apprises d'autres pays. En les ratifiant, la Côte d'Ivoire peut s'inspirer de ces expériences et adopter des approches éprouvées pour améliorer ses propres politiques et pratiques.

1.1.2. La responsabilité politique du Gouvernement devant le Parlement

L'existence d'un régime de responsabilité politique du Gouvernement devant le parlement participe à la bonne gouvernance. En effet, le Parlement, à travers des mécanismes de contrôle de l'action du Gouvernement comme les commissions d'enquête, veille à la probité, à la transparence et à l'intégrité des membres du Gouvernement dans la gestion de la chose publique. La responsabilité politique du Gouvernement devant le parlement est un pilier fondamental de la bonne gouvernance. Elle garantit la transparence, le contrôle démocratique, la participation citoyenne, et l'amélioration continue des politiques publiques, tout en prévenant les abus de pouvoir et la corruption.

Selon la Constitution ivoirienne, en son article 116, les membres du Gouvernement ont accès aux commissions du Parlement. Ils sont entendus à la demande des commissions. Ainsi, les parlementaires contrôlent les actions des membres du gouvernement à travers des commissions parlementaires. Dans cette perspective, il y a un renforcement de la transparence à travers l'obligation de rendre compte. Le gouvernement doit justifier ses actions et ses décisions devant le parlement. Cela favorise une plus grande transparence dans la gestion des affaires publiques. En outre, les débats parlementaires permettent de mettre en lumière les politiques gouvernementales et leurs impacts. Ceci permet d'informer le public et facilite une meilleure compréhension des actions gouvernementales.

La responsabilité politique du gouvernement devant le parlement incarne le principe de séparation des pouvoirs, évitant ainsi la concentration excessive du pouvoir dans les mains d'un seul organe. Le parlement exerce ainsi une surveillance continue sur les actions du gouvernement, réduisant ainsi les risques d'abus de pouvoir et de corruption. Notons que les parlementaires, en tant que représentants élus, véhiculent les préoccupations et les intérêts de leurs électeurs. Le gouvernement doit en tenir compte pour maintenir la confiance et le soutien parlementaire. Au surplus, le dialogue entre le gouvernement et le parlement, souvent médiatisé, encourage l'engagement des citoyens et renforce leur participation dans le processus démocratique.

En ce qui relève de la prévention de la corruption, nous notons que le contrôle exercé par le parlement sur le gouvernement est un mécanisme clé pour prévenir la corruption. Les enquêtes parlementaires, les commissions d'audit et les questions posées aux ministres sont autant de moyens de détecter et de dissuader les comportements corrupteurs. Quant au rôle crucial que joue le parlement dans l'approbation et le contrôle du budget de l'État, il permet d'assurer une utilisation transparente et responsable des ressources publiques. Tout ce qui précède contribue à l'amélioration des politiques publiques. Premièrement, le régime de responsabilité politique oblige le gouvernement à évaluer et à justifier continuellement ses politiques, ce qui conduit à une amélioration constante des programmes et des initiatives. Deuxièmement, les critiques constructives et les propositions alternatives des parlementaires peuvent inspirer des réformes et des innovations dans les politiques publiques.

1.1.5. Le caractère universel de la prévention et de la lutte contre la corruption et les infractions assimilées

Le cadre normatif ivoirien est renforcé par le caractère universel de la prévention et de la lutte contre la corruption et les infractions assimilées. Cette universalité l'impacte qualitativement. Elle en assure la cohérence, la coopération internationale, la confiance, la réduction des opportunités de corruption, la promotion de l'éthique, l'effet dissuasif, l'adaptabilité, la modernisation et la responsabilité. Tous ces éléments combinés contribuent à une gouvernance plus transparente, efficace et responsable.

En adoptant des normes universelles, la Côte d'Ivoire assure une cohérence et une uniformité dans son cadre juridique, facilitant ainsi l'application et l'interprétation des lois anticorruption. Cette harmonisation avec les standards internationaux traduit un alignement qui permet une meilleure intégration des pratiques ivoiriennes dans le système mondial de lutte contre la corruption, renforçant ainsi l'efficacité des efforts nationaux.

Au niveau de la coopération internationale, la conformité aux normes universelles facilite la coopération[9] avec d'autres pays dans les enquêtes transnationales sur la corruption, permettant ainsi une action concertée et coordonnée. Il s'en suit une réduction des opportunités de corruption car, à travers des normes claires et uniformes, un cadre normatif universel réduit les ambiguïtés et les zones grises que les acteurs malveillants pourraient exploiter, diminuant ainsi les opportunités de corruption. D'ailleurs, les pratiques et les mécanismes de contrôle fondés sur des normes universelles sont souvent plus robustes et efficaces, permettant une détection et une prévention plus efficace des actes de corruption.

L'adoption de standards universels permet à la Côte d'Ivoire de promouvoir une culture de l'intégrité et de la transparence à tous les niveaux de la société, de l'administration publique au secteur privé. Elle inclut souvent des programmes d'éducation et de sensibilisation qui inculquent les valeurs d'intégrité et de responsabilité aux citoyens et aux fonctionnaires. Aussi, a-t-elle un effet de dissuasion. Un cadre normatif comme celui de la Côte d'Ivoire, qui est basé sur des standards universels, prévoit des sanctions claires et proportionnées pour les infractions, créant ainsi un effet dissuasif fort contre la corruption. La conformité aux normes internationales implique souvent une application

---

[9] Cf. article 39 de l'ordonnance n° 2013-660 du 20 septembre 2013 relative à la prévention et à la lutte contre la corruption et les infractions assimilées : « La Haute Autorité pour la Bonne Gouvernance peut, sous réserve de réciprocité, échanger des informations et conclure des accords de coopération avec d'autres organes étrangers poursuivant le même but ou exerçant des compétences similaires, lorsque ces derniers sont soumis à des obligations analogues de secret professionnel. ». Cet article définit les conditions de la coopération.

rigoureuse des lois, augmentant ainsi les risques pour les potentiels contrevenants.

Les normes universelles sont souvent mises à jour pour refléter les meilleures pratiques et les avancées dans la lutte contre la corruption. La Côte d'Ivoire, en s'alignant sur les standards internationaux, peut moderniser continuellement son cadre normatif et adopter des approches innovantes et flexibles pour lutter contre la corruption, en s'inspirant des succès d'autres pays.

Au titre de la responsabilité et du suivi, il faut noter que les normes universelles dont s'est dotée la Côte d'Ivoire incluent des mécanismes de *reporting* et de suivi qui obligent les pays à rendre compte de leurs progrès en matière de lutte contre la corruption, augmentant ainsi la responsabilité et la transparence. Pour ce faire, la participation de la Côte d'Ivoire à des évaluations internationales[10] ou régionales[11] permet de mesurer les progrès réalisés et d'identifier les domaines nécessitant des améliorations.

1.1.6. L'existence d'un code des marchés publics : Une obligation réglementaire de transparence, de concurrence et de critères objectifs

L'existence du code des marchés publics institué par ordonnance n° 2019-679 du 24 juillet 2019 impose des obligations de transparence, de concurrence et de critères objectifs. Il s'agit d'un atout majeur pour la bonne gouvernance. Ce code garantit une gestion efficace et équitable des ressources publiques, renforce la confiance des citoyens et des investisseurs, et contribue au développement économique durable.

Au titre de la transparence et de l'accès à l'information, l'ordonnance exige la publication des appels d'offres et des

[10] Cf. Rapport du Fonds Monétaire International (FMI) n°21/171 du 06 juillet 2021

[11] GIABA (2021) Rapport de recherche et Documentation, Évaluation des Défis en matière d'Enquête, Poursuite et Jugement des Affaires de Blanchiment de Capitaux et de Financement du terrorisme en Afrique de l'Ouest GIABA, Dakar.

avis d'attribution des marchés publics, garantissant ainsi que toutes les parties intéressées soient informées des opportunités de marché. Elle impose également aux autorités contractantes de fournir des informations détaillées sur les procédures de passation des marchés, les critères de sélection et d'évaluation, ainsi que les décisions prises à chaque étape. Ainsi, l'article 64.1 relatif à la Publicité obligatoire dispose que Les avis d'appel à concurrence doivent obligatoirement faire l'objet d'une publication dans le Bulletin officiel des Marchés publics de la République de Côte d'Ivoire sous peine de nullité, sous réserve de la prise de mesures relatives à la passation électronique des marchés publics. À cet effet, le délai minimum de réception des candidatures ou des offres à compter de la publication pour les procédures nationales est de trente jours. Tout appel d'offres ouvert non publié par ce canal est considéré comme nul et non avenu. Cette obligation concerne également les avis de préqualification. Les avis d'appel à concurrence peuvent également faire l'objet d'une insertion parallèle, au choix de l'autorité contractante, dans une publication habilitée à recevoir des annonces légales, par affichage ou par tout autre moyen approprié. L'article 65.2 précise que les outils utilisés pour communiquer par des moyens électroniques, ainsi que leurs caractéristiques techniques, doivent avoir un caractère non discriminatoire, être couramment à la disposition du public et compatibles avec les technologies d'information et de communication généralement utilisées. Cet article sus-cité évoque clairement la nécessité de proscrire toute discrimination, donc de promouvoir une saine concurrence. En encourageant l'égal accès aux informations et aux opportunités, en éliminant les biais et les pratiques discriminatoires, le code des marchés publics favorise la transparence. Mieux, à travers l'utilisation de procédures de passation de marchés compétitives et ouvertes, telles que les appels d'offres ouverts[12], il encourage une large participation des citoyens, promouvant davantage le principe du libre accès à la commande publique.

La passation, la conclusion et la gestion de tout marché public en Côte d'Ivoire doivent suivre les grands principes énoncés par l'ordonnance n° 2019-679 du 24 juillet 2019, à savoir :

– Le libre accès à la commande publique ;

– L'égalité de traitement des candidats et soumissionnaires ;

– La transparence des procédures, et ce à travers la rationalité, la modernité et la traçabilité des procédures ;

– L'interdiction de toute discrimination fondée sur la nationalité des candidats, sous réserve de la préférence communautaire qui est appliquée à toute entreprise communautaire présentant une offre ;

– La libre concurrence ;

– L'optimisation des ressources par l'application des principes fondamentaux d'économie et d'efficacité ;

– L'équilibre économique et financier des marchés ;

– Le respect de la réglementation en matière environnementale, sociale et du travail, de protection des personnes handicapées et du genre.

Ces principes garantissent des procédures égalitaires et transparentes, favorisant ainsi la confiance des acteurs économiques, des investisseurs étrangers et des citoyens

---

[12] Selon l'article 55 du Code des marchés publics, l'appel d'offres est la procédure par laquelle l'autorité contractante choisit, après mise en concurrence, l'offre conforme aux spécifications techniques, évaluée économiquement la plus avantageuse et dont le soumissionnaire satisfait aux critères de qualification.

Cette procédure se conclut sans négociation, sous réserve de l'application des dispositions relatives aux marchés d'innovation prévues à l'article 53 du présent Code, sur la base de critères objectifs d'évaluation préalablement portés à la connaissance des candidats dans le dossier d'appel d'offres.

L'appel d'offres peut être ouvert ou restreint. L'appel d'offres ouvert est la règle. Le recours à tout autre mode de passation doit être exceptionnel, justifié par l'autorité contractante et être autorisé au préalable par le ministre chargé des Marchés publics, dans les conditions prévues au présent Code.

ivoiriens. Aussi, de tels principes bien appliqués permettent-ils de lutter contre la corruption et la fraude dans les marchés publics en prévenant la survenance d'éventuelles irrégularités. Le plus souvent, les irrégularités constatées concernent l'un ou plusieurs des éléments suivants :

– Le manque d'accès à l'information pour les candidats et soumissionnaires concernant les appels d'offres et les consultations restreintes ;

– Le non-respect des obligations de publicité ;

– Le clientélisme et le favoritisme dans le choix des adjudicataires ;

– Le manque de fiabilité, parfois en connaissance de cause, dans le processus d'analyse et d'évaluation ;

– La faiblesse du contrôle en matière d'attribution et d'exécution des marchés ;

– La fraude, les malversations et autres pratiques illicites pour favoriser ou éliminer un candidat ou un soumissionnaire ;

– La corruption et la collusion entre candidats et soumissionnaires.

Toutes ces irrégularités, constitutives d'infractions pénales et qualifiées actes de corruption et infractions assimilées par l'ordonnance n° 2013-660 du 20 septembre 2013, peuvent ainsi être évitées par une application stricte du code des marchés publics.

1.1.7. L'intégration des questions d'éthique et de déontologie par le statut général de la fonction publique

La loi n° 2023-892 du 23 novembre 2023 portant statut général de la fonction publique a pris en compte des exigences éthiques, en plus de décliner à travers certains articles la nécessité d'observer certaines règles formant la déontologie au sein de l'administration publique. La section II du statut dédiée aux obligations du fonctionnaire met en évidence les impératifs d'intégrité, de probité, de transparence et également de responsabilité.

L'inclusion de ces questions dans le statut général de la fonction publique renforce le cadre juridique en matière de lutte contre la corruption et les pratiques frauduleuses, créant un environnement plus rigide et dissuasif pour les comportements déviants. Les agents publics sont tenus de respecter des normes de conduite élevées, ce qui réduit les opportunités de corruption et de mauvaise gestion. Ainsi, l'article 32 dispose que le fonctionnaire doit servir l'État avec loyauté, dignité, intégrité et dévouement. Il doit consacrer l'intégralité de son temps de travail aux tâches qui lui sont confiées. Ensuite, l'alinéa 2 ira plus loin en disposant que le fonctionnaire ne peut exercer, à titre professionnel, une activité privée lucrative de quelque nature que ce soit, sauf dérogation accordée prise en Conseil des Ministres. L'objectif recherché est déjà de prévenir d'éventuels conflits d'intérêts. C'est pourquoi l'article 33 interdira que le fonctionnaire ne prenne des intérêts par lui-même, ou par personne interposée, dans une entreprise soumise au contrôle de l'administration à laquelle il appartient ou en relation avec cette dernière. Le législateur ira jusqu'à astreindre le fonctionnaire à une obligation de déclaration[13] au cas où son conjoint exerce, à titre professionnel, une activité privée lucrative. Ici, transparaissent aisément des mesures préventives fortes.

Aussi, la question des cadeaux et avantages est-elle prise en compte car, il y a une interdiction formelle pour le fonctionnaire de recevoir des dons, gratifications ou avantages quelconques dans l'exercice de ses fonctions. Cette interdiction consacrée par l'article 34 de la loi portant statut général de la fonction publique s'inscrit dans la même

---

[13] Cf. Alinéa 2 de l'article 33 de la loi n° 2023-892 du 23 novembre 2023 portant statut général de la fonction publique : « Lorsque le conjoint d'un fonctionnaire exerce, à titre professionnel, une activité privée lucrative, déclaration doit être faite à l'administration ou au service dont relève le fonctionnaire. L'autorité compétente prend, s'il y a lieu, des mesures propres à sauvegarder les intérêts de l'État ».

perspective que l'article 57 de l'ordonnance n° 2013-660 du 20 septembre 2013. Il punit de peine privative de liberté[14] et de sanction pécuniaire[15], tout agent public qui accepte d'un tiers un cadeau ou tout avantage indu, dans l'exercice ou à l'occasion de sa fonction, de sa mission ou de son mandat.

Relevons enfin que ces règles éthiques et déontologiques encouragent les fonctionnaires à être responsables[16] de leurs actions. Cela, améliore la responsabilisation au sein des institutions publiques. La conséquence immédiate sera le renforcement de la confiance des citoyens dans lesdites institutions. Tout ce qui précède peut mener à une gestion plus efficace des ressources publiques et à une meilleure prestation des services publics car, les fonctionnaires sont plus susceptibles de travailler de manière professionnelle, avec un engagement éthique et déontologique élevé.

1.1.8. Les codes d'éthique et de déontologie en place dans les régies financières : Cas du Trésor Public ivoirien

Dès 2016, la Direction Générale du Trésor et de la Comptabilité Publique (DGTCP) s'est dotée d'un plan stratégique de développement sur la période 2016-2020 dont l'axe 3, intitulé « Améliorer la transparence et la gouvernance », intègre les activités de l'Observatoire de l'Éthique et de la Déontologie, garant du Code d'Éthique et de

[14] Un emprisonnement de un à cinq ans

[15] Une amende de 1 000 000 à 5 000 000 de francs

[16] Cf. Article 37 de la loi n° 2023-892 du 23 novembre 2023 portant statut général de la fonction publique : « Tout fonctionnaire, quel que soit son rang dans la hiérarchie administrative, est responsable de l'exécution des tâches qui lui sont confiées. » Il doit se conformer aux instructions de son supérieur hiérarchique. Il n'est dégagé d'aucune des responsabilités qui lui incombent par la responsabilité propre de ses subordonnés ».

Déontologie des Agents du Trésor Public (OED-TP)[17]. La dernière version de ce code, entré en vigueur en 2012 et révisée en 2014, relève de mars 2021. Le code a pour principal objet, le renforcement de l'image et de la crédibilité du Trésor Public à travers un comportement irréprochable de ses agents, à même de rassurer les clients et les partenaires[18].

Le code d'éthique et de déontologie est la première déclinaison de l'engagement de l'instance dirigeante en action concrète. En effet, pour le Trésor Public ivoirien, il s'agit d'un document essentiel qui établit des standards clairs de conduite professionnelle et personnelle pour les agents, définissant les attentes en matière de comportement éthique. Il sert de guide pour prévenir les comportements inappropriés et les abus, en instaurant des principes de transparence, d'intégrité et de responsabilité.[19]Nous le constatons aisément, l'enjeu est la bonne gouvernance et surtout le renforcement de la réputation de l'institution. L'atteinte de ces objectifs passe indubitablement par une amélioration des rapports avec les clients, en nous imposant une certaine discipline. Dans cette optique, l'appréhension des notions d'éthique et de déontologie par le Trésor Public s'impose.

---

[17] La décision n° 00947/MEF/DGTCP/DEMO du 11 décembre 2020 portant création, attributions, organisation et fonctionnement de l'Observatoire de l'Éthique et de la Déontologie du Trésor Public en détermine les missions, dont la principale est de se prononcer sur les manquements aux règles d'éthique et de déontologie. Il constitue donc un instrument de surveillance de la gouvernance au sein de l'institution.

[18] Cf. Konan Jacques ASSAHORÉ, « CODE D'ÉTHIQUE ET DE DÉONTOLOGIE DES AGENTS DU TRÉSOR PUBLIC », 3ème édition, mars 2021, P.3

[19] La notion de responsabilité est mise en évidence à l'alinéa 3 du préambule du code d'éthique et de déontologie des agents du Trésor Public ainsi qu'il suit : « Considérant que la spécificité de la mission de gestion des deniers publics dévolue au Trésor Public impose à l'agent de cette institution financière de l'État, une responsabilité ainsi que des qualités personnelles et professionnelles particulières. ». Les alinéas 6 et 7 mettent quant à eux en exergue la nécessité pour le Trésor Public d'inspirer confiance et de rassurer les partenaires de l'État par l'adoption des bonnes pratiques en matière de gouvernance. Aussi, le souci permanent d'exemplarité doit-il guider toutes les activités au sein de cette organisation.

À l'annexe 1 du code, l'éthique est définie comme la science de la morale, l'art de diriger la conduite individuelle et collective. Elle est la discipline qui traite des valeurs visant à bâtir une société plus juste. L'éthique incite à l'exemplarité. Quant à la déontologie, elle traduit l'ensemble des règles appliquées à un domaine professionnel donné. Elle est avant tout une science des devoirs qui régit les comportements professionnels des membres d'une corporation. Ainsi, celui qui ne respecte pas les règles de déontologie s'expose à des sanctions.

Concrètement, le code d'éthique et de déontologie des agents du Trésor Public comprend dix principes fondamentaux au titre des dispositions générales, dont trois[20] relevant de l'éthique et sept de la déontologie[21]. Il comprend en outre des dispositions diverses dont quatre[22] d'entre elles, retiennent notre attention.

Parmi les principes liés à l'éthique, celui relatif à la probité nous intéresse particulièrement en raison de ses implications. En effet, l'article 4 du code dispose que l'agent du Trésor Public doit être intègre dans l'exercice de ses fonctions. Il est donc tenu d'avoir une bonne moralité, de cultiver et d'observer un comportement d'incorruptibilité, de refuser toutes formes de détournement, de concussion, de faux et usage de faux en écriture et en document, d'abus de pouvoirs et de trafic d'influence. Il exclut, dans la même veine, toute contrepartie financière aux prestations délivrées par le Trésor Public. L'affirmation de la nécessaire incorruptibilité de l'agent du Trésor Public et de son intégrité nous interpelle. L'obligation d'exemplarité est d'autant plus renforcée que le code reprend dans son contenu certaines infractions visées par

---

[20] Ce sont la dignité, la probité, le civisme. Cf.art.3-5

[21] Ce sont la disponibilité, la responsabilité, l'impartialité et l'équité, le respect de la hiérarchie, le respect des collaborateurs, la qualité des relations humaines, le devoir de réserve. Cf. art. 6-12

[22] Elles sont relatives à l'interdiction des cadeaux et avantages, aux infractions au code, aux sanctions et aux récompenses. Cf. art. 13-16

l'ordonnance n° 2013-660 du 20 septembre 2013 relative à la prévention et à la lutte contre la corruption et les infractions assimilées. Nous pouvons affirmer qu'en insistant sur des valeurs éthiques fortes, le code contribue à créer une culture organisationnelle où l'intégrité est valorisée. Les agents du Trésor Public deviennent des modèles de probité, ce qui pourrait renforcer la confiance des citoyens dans l'institution.

Par ailleurs, le code permet de prévenir d'éventuels conflits d'intérêts. Par exemple, l'article 8 inscrit parmi les exigences déontologiques traite de l'impartialité et de l'équité. En effet, selon les dispositions de cet article, l'agent du Trésor Public doit faire preuve de désintéressement, de détachement et de neutralité dans l'accomplissement de ses missions. Dans cette perspective, il a l'obligation de s'abstenir d'avoir des intérêts dans des entreprises bénéficiaires de paiement ou de toutes autres prestations au Trésor Public. Il doit traiter de façon juste, équitable et objective les clients, les partenaires et leurs dossiers. En plus, il doit observer une attitude de loyauté et avoir le sens du service public indépendamment de son genre, son appartenance ethnique, ses croyances ou convictions religieuses, politiques ou philosophiques. Une avancée notable mérite d'être relevée dans ce code qui interdit la promotion de pratiques visant à promouvoir les intérêts partisans au détriment de l'intérêt général. La neutralité, le détachement et le désintéressement sont des notions fortes. Au surplus, l'interdiction formelle des conflits d'intérêts est un excellent signal.

Dans la même foulée, les dispositions diverses abordent quelques points essentiels, dont les cadeaux et avantages. L'article 13 du code interdit à l'agent du Trésor Public de solliciter, d'exiger ou d'accepter directement ou indirectement un cadeau ou un avantage des clients du Trésor Public, à moins que celui-ci n'ait une valeur symbolique telle que définie par la politique anti-fraude et anti-corruption du Trésor Public[23]. Les cadeaux constituent un risque important d'atteinte à la probité. C'est à juste titre qu'ils sont formellement interdits, même s'il y a quelques atténuations qui, si elles ne sont pas bien définies, peuvent être porteuses de risques de corruption. Nous y reviendrons.

En cas de manquement aux dispositions du code, des sanctions sont prévues qui dissuadent les comportements non éthiques et assurent que les règles sont respectées. Selon l'article 14, tout manquement au code constitue une infraction. L'article 15 indique plusieurs types de sanctions conformément au référentiel[24] de sanctions, sans préjudice des sanctions disciplinaires et des poursuites pénales susceptibles d'être engagées à l'encontre de tout contrevenant. Toutefois, l'agent qui observe scrupuleusement les dispositions du code peut être récompensé à travers des encouragements, des félicitations ou une décoration.[25]Nous retenons donc que le code d'éthique et de déontologie est un véritable atout au titre des leviers normatifs implémentés au plan sectoriel. Il constitue un outil vital pour lutter contre la corruption car il offre un *corpus* de normes solide qui guide les actions des agents. En plus, il encourage la transparence et la responsabilité, et assure que les principes d'intégrité sont au cœur des opérations du Trésor Public. Il contribue par

---

[23] L'interdiction de cadeaux est atténuée par les circonstances suivantes :

– Les cadeaux ou dons offerts dans le cadre des événements sociaux conventionnels : anniversaire, mariage, naissance d'un enfant, décès, promotion, fêtes ou rites religieux ;

– Les marques d'hospitalité offertes dans le cadre d'événements officiels (conférence, foire, formation, forum, présentation de produit, etc.) Organisés par les partenaires. Toutefois, la valeur monétaire de la prise en charge pour un agent donné ne doit pas excéder le montant accordé aux autres participants de la même catégorie socio-professionnelle. Cf. « POLITIQUE DE LUTTE DU TRÉSOR PUBLIC CONTRE LA FRAUDE ET LA CORRUPTION », juillet 2021, P.19

[24] Cf. « POLITIQUE DE LUTTE DU TRÉSOR PUBLIC CONTRE LA FRAUDE ET LA CORRUPTION », annexe 3, juillet 2021, P.29. Les sanctions peuvent être d'ordre pécuniaire, porter sur le profil de carrière ou impacter les notations sur l'évaluation du contrat d'objectif de l'agent.

[25] Cf. art. 16 du Code d'éthique et de déontologie des agents du Trésor Public

conséquent à réduire les opportunités de corruption et au renforcement de la confiance dans l'administration financière qu'est le Trésor Public.

1.1.9. L'existence d'une loi sur la protection des dénonciateurs

Le 11 juillet 2024, la Côte d'Ivoire a célébré la Journée Africaine de lutte contre la corruption en se penchant sur les perspectives de protection des lanceurs d'alerte en Côte d'Ivoire. Dans le cadre de la lutte contre le blanchiment de capitaux et le financement du terrorisme (LAB/FT), la Côte d'Ivoire a été évaluée par le GIABA et le FMI en mai 2022. À cette occasion, le rapport d'évaluation mutuelle a recommandé de renforcer la protection des lanceurs d'alerte, soulignant l'absence d'une loi spécifique sur le sujet. En effet, la loi n° 2018-570 du 13 juin 2018 relative à la protection des témoins, victimes, dénonciateurs, experts et autres personnes concernées constitue une avancée notable même si elle n'utilise pas encore l'expression de lanceurs d'alerte. Cette loi a des mérites qui doivent être mis en évidence. Elle vise à protéger les personnes qui collaborent avec les autorités judiciaires ou extrajudiciaires pour rechercher la vérité. Par conséquent, elle renforce la confiance dans le système judiciaire et protège ceux qui risquent leur sécurité pour la justice.

Premièrement, elle instaure une protection spéciale. Outre les témoins, elle s'applique aux victimes, aux dénonciateurs et aux experts si leur vie, leur intégrité physique, leur patrimoine ou ceux de leurs proches sont en danger en raison de leur collaboration à une procédure judiciaire. Cette protection spéciale est perceptible à travers la création d'un bureau national de protection des témoins, victimes, dénonciateurs, experts et autres personnes concernées.[26]

Ensuite, elle met en place des mesures pour assurer la sécurité et la confidentialité des personnes concernées. Cela peut inclure des mesures telles que la sécurisation des lieux d'audition ou l'obligation de confidentialité. La loi distingue plusieurs catégories de mesures à savoir, les mesures extrajudiciaires[27], les mesures judiciaires[28], les mesures spéciales pour personnes à protéger mineures[29] et les mesures post-procédurales[30].

Enfin, elle encourage la coopération entre les organes judiciaires et non judiciaires pour garantir la sécurité des témoins, des victimes et des dénonciateurs. Pour ce faire, la loi astreint, en son article 25, toute administration publique ou privée, toute organisation de la société civile ou toute personne morale à laquelle une demande de coopération est adressée par

---

[26] Ce bureau institué auprès du Ministre chargé de la justice et des droits de l'homme, a pour mission de coordonner les actions de protection et la fourniture d'assistance aux personnes à protéger. Cf. Art. 4, 5, 6 de la loi n° 2018-570 du 13 juin 2018 relative à la protection des témoins, victimes, dénonciateurs, experts et autres personnes concernées.

[27] Cf. Art. 13 de la loi n° 2018-570 du 13 juin 2018 relative à la protection des témoins, victimes, dénonciateurs, experts et autres personnes concernées. Ce sont, par exemple, la sécurisation de la résidence de la personne à protéger ; la mise à disposition de la personne à protéger de moyens de communication sécurisés ; le changement du lieu de travail ou de domicile de la personne à protéger, etc.

[28] Le Procureur de la République peut prendre d'office ces mesures à moins qu'elles soient expressément sollicitées par la personne à protéger dans le cadre d'enquêtes et de poursuites. Il s'agit, à titre illustratif, de garantir l'anonymat des personnes à protéger ; faciliter l'accès et la comparution des personnes à protéger ; déclarer comme domicile de la personne à protéger, l'adresse du commissariat de police, de la brigade de gendarmerie ou même du parquet ; interdire ou limiter tout contact avec la personne à protéger. Cf. Art. 14 de la loi n° 2018-570 du 13 juin 2018 relative à la protection des témoins, victimes, dénonciateurs, experts et autres personnes concernées.

[29] Cf. Art. 16, 17 de la loi n° 2018-570 du 13 juin 2018 relative à la protection des témoins, victimes, dénonciateurs, experts et autres personnes concernées.

[30] Il peut s'agir d'un suivi psychosocial, d'une assistance financière, de la délocalisation et la réinstallation quand toute autre mesure s'est avérée inopérante. Cf. Art. 18 de la loi n° 2018-570 du 13 juin 2018 relative à la protection des témoins, victimes, dénonciateurs, experts et autres personnes concernées.

le ministère en charge de la justice, à veiller à ne pas compromettre la protection de la personne à protéger lorsqu'elle traite des données y relatives.

Elle fait également obligation à l'article 26 à toute administration publique ou privée, toute organisation de la société civile ou toute personne morale saisie par le ministère en charge de la justice, à lui communiquer sans délai, toute demande de renseignements dont elle a connaissance concernant la personne à protéger. Dans cette perspective, des dispositions pénales[31] sont prévues, allant des peines privatives de liberté aux sanctions pécuniaires. Elles pourraient s'appliquer à toute personne qui s'adonnerait à la divulgation non autorisée de données personnelles ou de mesures de protection des victimes, témoins, dénonciateurs, experts et autres personnes concernées.

De tout ce qui précède, il serait judicieux d'affirmer qu'en garantissant la protection des dénonciateurs, cette loi encourage les individus à signaler les actes de corruption sans crainte de représailles. Cela contribuera indubitablement à augmenter le nombre de signalements, facilitant ainsi la détection et la poursuite des comportements corruptifs. Il faut mentionner en outre que les dénonciations protégées sont beaucoup plus susceptibles de mener à des enquêtes et à des sanctions effectives, réduisant de facto l'impunité et améliorant la gouvernance. En facilitant la divulgation des pratiques corruptives, la loi sur la protection des dénonciateurs contribue à une meilleure transparence et responsabilité dans la gestion des affaires publiques mais aussi privées. N'omettons pas de souligner que la possibilité de dénoncer en toute sécurité crée un effet dissuasif. En effet, les potentiels auteurs de corruption peuvent être dissuadés par la perspective d'être signalés.

---

[31] Cf. Art. 30, 31, 32, 33, 34 de la loi n° 2018-570 du 13 juin 2018 relative à la protection des témoins, victimes, dénonciateurs, experts et autres personnes concernées.

1.1.10. L'existence d'une loi relative au blanchiment des capitaux

La loi n° 2016-992 du 14 novembre 2016 relative à la lutte contre le blanchiment des capitaux et le financement du terrorisme constitue un atout majeur pour le cadre normatif ivoirien. Elle a été complétée par l'ordonnance n° 2023-875 du 23 novembre 2023 relative à la lutte contre le blanchiment de capitaux, le financement du terrorisme et de la prolifération des armes de destruction massive, qui en a abrogé certaines dispositions contraires. Le blanchiment de capitaux est souvent lié à la corruption. Ainsi, en renforçant les lois contre le blanchiment, la Côte d'Ivoire améliore son arsenal contre la corruption.

Une telle législation démontre l'engagement de notre pays à lutter contre la criminalité économique et financière et à promouvoir la transparence et l'intégrité dans les transactions financières. Sous l'angle de la conformité, la législation contre le blanchiment de capitaux permet d'aligner la Côte d'Ivoire avec les normes internationales, à l'image de celles édictées par le Groupe d'action financière (GAFI). Il peut en découler une amélioration de la crédibilité et de la réputation de notre pays sur la scène internationale. Dans la même veine, relevons que l'ordonnance n° 2023-875 du 23 novembre 2023 relative à la lutte contre le blanchiment de capitaux, le financement du terrorisme et de la prolifération des armes de destruction massive introduit dans la législation nationale, la loi uniforme à l'ensemble des États membres de l'Union Économique et Monétaire Ouest Africaine (UEMOA).

Cette loi uniforme relative à la lutte contre le blanchiment de capitaux, le financement du terrorisme et de la prolifération des armes de destruction massive, qui a été adoptée par le Conseil des Ministres de l'Union Monétaire Ouest Africaine (UMOA) en mars 2023, intervient en réponse aux recommandations issues du second cycle des évaluations mutuelles du dispositif de lutte contre le blanchiment de capitaux et le financement du terrorisme réalisées par le Groupe Intergouvernemental d'Action contre le Blanchiment d'Argent en Afrique de l'Ouest (GIABA). Par conséquent, des correctifs sont apportés relativement aux virements bancaires, au traitement des informations financières, aux personnes politiquement exposées[32] ainsi qu'en matière de transparence sur les bénéficiaires effectifs[33] des personnes morales et des constructions juridiques, en vue de remédier durablement aux insuffisances relevées par les évaluations.

Retenons donc qu'une législation contre le blanchiment de capitaux est essentielle dans la lutte contre la corruption car elle permet de retracer et d'entraver les flux financiers illicites, rendant les actes de corruption plus difficiles à cacher. En effet, en créant un environnement hostile à la corruption, elle perturbe également les circuits financiers clandestins et illégaux. Notons qu'elle oblige, par ailleurs, les personnes assujetties, les institutions financières ainsi que les groupes à adopter une transparence proactive[34] à travers des pratiques

---

[32] Des obligations existent relativement aux personnes politiquement exposées. En dehors des mesures de vigilance requises, les institutions financières sont tenues de mettre en place un dispositif de gestion des risques reposant sur des procédures formalisées afin de déterminer si un client ou un bénéficiaire effectif est une PPE ; d'obtenir l'autorisation de la haute direction avant de nouer une relation d'affaires ou de réaliser une opération avec ou pour le compte d'une PPE ; d'assurer une surveillance continue et renforcée de la relation d'affaires. Cf. article 29 de l'ordonnance n° 2023-875 du 23 novembre 2023 relative à la lutte contre le blanchiment de capitaux, le financement du terrorisme et de la prolifération des armes de destruction massive.

[33] L'article 17 de l'ordonnance n° 2023-875 du 23 novembre 2023 met l'accent sur l'obligation d'identification et de vérification de bénéficiaires effectifs. En effet, selon ses termes, les institutions financières sont tenues de procéder à l'identification de leurs clients, qu'ils soient permanents ou occasionnels, et qu'il s'agisse d'une personne physique ou morale ou d'une construction juridique, et des bénéficiaires effectifs, et de vérifier leur identité au moyen de documents, sources, données ou renseignements indépendants et fiables, notamment lors de l'ouverture de comptes ; la prise en garde notamment des titres ou valeurs ; l'attribution d'un coffre ; l'établissement de relations d'affaires ; l'exécution d'opérations occasionnelles ; la réalisation d'un transfert de fonds au niveau national ou international.

[34] Il s'agit de l'organisation, du contrôle interne et de l'évaluation des risques prévus aux articles 12, 13 et 14 de la présente ordonnance. L'objectif pour ces acteurs est

financières plus transparentes, ce qui limite les opportunités de corruption.

Il en va de même des obligations de vigilance à l'égard de la clientèle et des opérations. En effet, l'ordonnance n° 2023-875 du 23 novembre 2023 fait obligation aux institutions financières de prendre certaines mesures avant d'entrer en relation d'affaires avec un client ou de l'assister dans une quelconque transaction. Ainsi, l'article 16 prévoit l'identification du client, la vérification et l'analyse des données recueillies à son sujet afin de s'assurer qu'une éventuelle relation avec lui n'est pas porteuse de risques de blanchiment de capitaux ou de financement de terrorisme. Il en va de même pour l'identification et la vérification de l'identité des clients et des bénéficiaires effectifs.[35]Tout le chapitre II de l'ordonnance est consacré à l'obligation de vigilance et à ses implications, traduisant ainsi la mise en œuvre de mécanismes visant à rendre difficile la dissimulation d'actifs qui seraient issus d'activités de corruption. C'est en ce sens que cette législation trouve tout son intérêt, constituant de facto un point fort du cadre normatif ivoirien de lutte contre la corruption.

1.2. Faiblesses ou limites du cadre normatif ivoirien

Le cadre normatif ivoirien, malgré les opportunités qu'il recèle, présente des insuffisances. L'analyse de certaines de ses composantes tenant aussi bien à la prévention qu'à la répression a permis de mettre en exergue des limites qu'il convient nécessairement de prendre en compte. Les lignes qui suivent nous en diront davantage.

l'adoption de politiques, procédures et de mesures de contrôle formalisées, permettant d'identifier, d'atténuer et de gérer efficacement les risques de blanchiment de capitaux, de financement du terrorisme et de la prolifération des armes de destruction massive.

[35] Cf. article 17 de l'ordonnance n° 2023-875 du 23 novembre 2023 relative à la lutte contre le blanchiment de capitaux, le financement du terrorisme et de la prolifération des armes de destruction massive.

1.2.1. Les carences de la déclaration de patrimoine

L'ordonnance n° 2013-660 du 20 septembre 2013 relative à la prévention et la lutte contre la corruption et les infractions assimilées, au chapitre premier du titre III, prévoit des mesures préventives relevant du secteur public. L'une d'entre elles et la première d'ailleurs est la déclaration de patrimoine. La déclaration de patrimoine est un outil essentiel dans la lutte contre la corruption et la promotion de la transparence et de l'intégrité.

Elle permet d'emmener les responsables publics à déclarer leurs avoirs, ce qui facilite la détection des enrichissements illicites ou disproportionnés par rapport à leurs revenus officiels. En outre, elle permet de renforcer la confiance publique. Les citoyens sont plus enclins à faire confiance à leurs dirigeants lorsqu'ils voient que ceux-ci sont soumis à des mécanismes de contrôle rigoureux visant à prévenir la corruption. Au surplus, elle fournit des informations cruciales pour les enquêtes sur les pratiques de corruption, facilitant le travail des autorités de contrôle et de répression.

Dans le cadre normatif ivoirien, il nous a été donné de constater que l'article 41 de la loi n° 2016-886 du 08 novembre 2016 portant constitution de la République de Côte d'Ivoire, telle que modifiée par la loi constitutionnelle n° 2020-348 du 19 mars 2020, instaure la notion de « déclaration de biens ». En son alinéa 2, l'article dispose que « Toute personne investie des fonctions de Président de la République, de vice-président de la République, de Premier Ministre, de Président ou de Chef d'Institution nationale, de membre du Gouvernement, de membre du Conseil constitutionnel, de parlementaire, de magistrat ou toute personne exerçant de hautes fonctions dans l'Administration publique ou chargée de la gestion de fonds publics, est tenue de déclarer ses biens conformément à la loi ».

La portée de la déclaration des biens peut être plus restrictive que celle de la déclaration de patrimoine. En effet, si la déclaration de patrimoine inclut généralement une liste exhaustive des actifs[36] mais aussi des passifs[37] possédés par une personne, celle relative aux biens peut se concentrer spécifiquement sur certains types de biens. Cette modification pourrait être source de régression en matière de mécanisme de déclaration de patrimoine[38].

Sous un autre angle, la déclaration de patrimoine telle qu'elle est prévue par l'ordonnance n° 2013-660 du 20 septembre 2013 revêt un caractère confidentiel. L'article 9, en son alinéa 4, dispose que la Haute Autorité pour la Bonne Gouvernance assure la protection des données personnelles recueillies. Aussi, devons-nous relever que seule la liste des agents publics ayant déclaré leur patrimoine est publiée au Journal Officiel de la République de Côte d'Ivoire (JORCI). La publication du contenu des déclarations n'est pas admise. Mieux, l'article 55 de l'ordonnance punit d'un emprisonnement d'un mois à un an et d'une amende de 1 000 000 francs toute personne qui divulgue, publie, de quelque manière que ce soit, tout ou partie des déclarations ou des observations reçues par l'organe chargé de recueillir les déclarations de patrimoine. Ce défaut de publication du contenu des déclarations de patrimoine constitue une faiblesse du cadre normatif ivoirien de lutte contre la corruption et les infractions assimilées. Il offre peu de possibilités de mettre en œuvre les principes de transparence dans la gestion de la chose publique. Or, en rendant publiques les déclarations de patrimoine, la démonstration de l'inexistence d'éventuels

---

[36] Il peut s'agir de biens mobiliers et immobiliers, comptes bancaires, investissements financiers, voitures, bijoux et œuvres d'art, etc. Selon l'article 9 de l'ordonnance n° 2013-660 du 20 septembre 2013, la déclaration de patrimoine prévue à l'article 7 comporte le détail des biens meubles, corporels et incorporels, et immeubles des intéressés, qu'ils soient situés sur le territoire ivoirien ou en dehors de celui-ci.

[37] La déclaration de patrimoine prend également en compte les dettes.

[38] Cf. Haute Autorité Pour la Bonne Gouvernance « RAPPORT D'ÉVALUATION 2020-2021 DES ACTIVITÉS LIÉES À LA PRÉVENTION ET À LA LUTTE CONTRE LA CORRUPTION », P.19

conflits d'intérêts entre les décisions publiques prises par les décideurs et leurs intérêts personnels devient possible. Il en découle une amélioration de la gouvernance à travers l'émergence d'une culture de responsabilité des acteurs publics.

Une autre carence de la déclaration de patrimoine est mise en évidence à travers l'article 8 de l'ordonnance n° 2013-660 du 20 septembre 2013. En effet, cet article prévoit les moments indiqués pour qu'un assujetti puisse faire sa déclaration. Force est de constater que la mise à jour des déclarations de patrimoine en cours de fonction ou de mandat n'est pas une obligation.[39]Le silence de la loi ivoirienne sur la période comprise entre le début et la fin de la fonction ou du mandat de l'assujetti n'est pas conforme aux engagements internationaux issus des conventions, notamment la convention de l'Union africaine sur la prévention et la lutte contre la corruption qui prévoit que la déclaration se fasse également pendant l'exercice de la fonction.[40]Ainsi, l'absence de cette disposition dans le cadre normatif atténue l'efficacité de la mesure de prévention relative à la déclaration de patrimoine.

Le décret n° 2018-99 du 24 janvier 2018 ne prend pas en compte tous les agents publics dont l'interaction avec les usagers-clients de l'administration est susceptible d'occasionner des actes de corruption. En effet, l'obligation de déclaration n'inclut pas encore tous ceux qui sont susceptibles

[39] « La déclaration de patrimoine est faite dans les trente jours qui suivent la prise de fonction ou le début de l'exercice du mandat. Après la cessation de leurs fonctions, et dans un délai qui ne peut excéder trente jours, les assujettis identifiés à l'article 5 de l'ordonnance produisent une autre déclaration de patrimoine ». Cf. art. 8 de l'ordonnance n° 2013-660 du 20 septembre 2013 relative à la prévention et à la lutte contre la corruption et les infractions assimilées.

[40] L'article 7 de ladite convention et relatif à la lutte contre la corruption et infractions assimilées dans la fonction publique dispose en son alinéa 1 : « Pour lutter contre la corruption et infractions assimilées dans la fonction publique, les États s'engagent à exiger que tous les agents publics ou ceux qui sont désignés, déclarent leurs biens lors de leur prise de fonctions, ainsi que pendant et à la fin de leur mandat ».

d'être assujettis. Cette situation confère au cadre règlementaire de mise en œuvre de la prévention et de la lutte contre la corruption un caractère à la fois limité et sectoriel. À titre illustratif, l'article 5 nouveau dispose que sont assujettis à la déclaration de patrimoine les agents publics ci-après : le Premier Ministre ; les Présidents et Chefs des Institutions de la République et les personnalités ayant rang de Président d'institution ; les membres du Gouvernement et les personnalités ayant rang de ministre ou de secrétaire d'État ; les membres du Conseil constitutionnel ; les personnalités élues ; les gouverneurs et vice-gouverneurs de districts ; les membres de la Haute Autorité pour la Bonne Gouvernance ainsi que le secrétaire général de ladite autorité ; les magistrats ; ou toute autre personne exerçant de hautes fonctions dans l'Administration publique ou chargée de la gestion des fonds publics. Le dernier alinéa de l'article 5 nouveau en parlant de « toute autre personne exerçant de hautes fonctions » reste assez évasif. De telles dispositions constituent un véritable obstacle à relever car certains agents publics n'occupant pas forcément des postes de responsabilité mais fortement exposés au risque d'atteintes à la probité peuvent être occultés. Il en va de même pour la non-prise en compte lors de la déclaration de patrimoine des enfants majeurs et des conjoints mariés sous le régime de la séparation de biens. Cela paraît évident qu'une telle situation offre de véritables possibilités de dissimulation de patrimoine.

1.2.2. La méconnaissance des procédures et le manque d'affichage des procédures et des coûts

En son article 16, l'ordonnance n° 2013-660 du 20 septembre 2013 dispose que les institutions et les organismes publics sont tenus :

– D'informer le public sur les services offerts ;

– D'établir et de rendre public des procédures administratives simplifiées ;

– De publier des informations de sensibilisation sur les risques de corruption au sein de l'administration publique ;

– De répondre aux requêtes et doléances des usagers ;

– De motiver leurs décisions, lorsqu'elles sont défavorables aux usagers, et de préciser les voies de recours en vigueur ;

– D'éviter toute inégalité et toute discrimination à l'égard des usagers du service public ;

– D'introduire une clause d'engagement au respect de l'éthique dans les appels d'offres et les contrats, lors de la passation des marchés publics.

De toutes ces exigences auxquelles doivent se conformer les institutions et les organismes publics, il ressort la nécessité de transparence, d'équité et de courtoisie à l'égard des usagers. En effet, ces mesures visent à protéger les usagers de l'arbitraire et des abus dont pourraient se rendre coupables certains agents publics dans l'exercice de leurs fonctions.

Toutefois, force est de constater une méconnaissance des procédures à la fois par les agents que par les usagers. Cette méconnaissance représente un risque énorme concernant la transparence, la traçabilité et la gestion des plaintes des usagers. Elle traduit également un facteur favorable à des scénarios de corruption. En effet, lorsque les procédures et les coûts ne sont pas clairement définis et affichés, cela crée un environnement opaque où les usagers ne savent pas exactement comment les processus administratifs doivent se dérouler. Cette absence de transparence permet à certains agents publics de manipuler les informations et d'exiger des paiements illégaux pour accélérer ou faciliter les procédures. Aussi, cette méconnaissance des procédures combinée avec le manque d'affichage des procédures font que les canaux d'informations les plus courants pour les usagers, par ordre d'importance, sont les agents du service contacté (41 %) et les amis/proches (24 %)[41].

Cette complexité est confortée par le fait que la méconnaissance des procédures et le défaut d'affichage des coûts ajoutent au pouvoir discrétionnaire des agents publics. Ceux-ci peuvent ainsi interpréter les règles à leur guise, créant des opportunités pour exiger des pots-de-vin en échange de la prestation de services. D'ailleurs, les usagers du service public, désespérés car confrontés à l'incertitude et aux délais prolongés qu'engendre la méconnaissance des procédures, peuvent être plus enclins à payer des pots-de-vin pour éviter des inconvénients importants.

En outre, le manque de connaissance des procédures par les agents publics, la faible appropriation des codes de bonne conduite et la forte présence des approches informelles accentue le manque de responsabilité de ceux-ci ; l'opacité ou l'inexistence des règles pouvant leur servir de prétexte pour justifier des mauvaises prestations. À terme, tout ce qui précède peut empiéter sur l'efficacité des contrôles internes et externes. Notons que sans transparence sur les coûts et les procédures, il est difficile de surveiller la qualité des prestations et de détecter les anomalies.

Il est donc indispensable de faciliter l'accès à l'information car il constitue un outil essentiel dans la lutte contre la corruption. L'accès à l'information est un vecteur de responsabilité, de transparence et permet l'identification des pratiques de corruption et leur détection. La convention des Nations Unies contre la corruption en fait une exigence en son article 9, en demandant aux États de garantir la diffusion publique des informations relatives aux procédures de commande publique et aux contrats, aux appels d'offres et à la passation des marchés publics.

---

[41] Cf. Haute Autorité pour la Bonne Gouvernance, « ÉTUDE PORTANT CARTOGRAPHIE DES SECTEURS EXPOSÉS AUX RISQUES DE CORRUPTION (ECSERC-2018), P.II

Dans l'article suivant[42], elle exige de la part des États qu'ils prennent des mesures afin de renforcer la transparence de leur administration publique, y compris l'adoption de procédures permettant au public d'accéder aux informations « son organisation, son fonctionnement et ses processus décisionnels. ». Les États doivent également publier des informations relatives à la corruption au sein de l'administration publique.

En dépit de cette exigence prescrite par la Convention des Nations Unies contre la Corruption et consacrée par la Constitution ivoirienne, plusieurs administrations publiques n'affichent pas encore les coûts, les délais et les modalités de délivrance des services publics. Or, en le faisant, elles pourraient ainsi implémenter des engagements de service qui les obligeraient vis-à-vis des usagers à un certain standard de prestation et une redevabilité plus accrue. À l'opposé, l'absence d'affichage des procédures et des coûts peut entraîner une application arbitraire des règles. Certaines entreprises ou individus se retrouveront dans leurs relations avec l'administration favorisés au détriment d'autres. Il est évident que cela va à l'encontre des principes d'équité et de justice.

1.2.3. L'absence du régime juridique relatif aux cadeaux

Le risque de corruption que constituent les cadeaux n'est plus à démontrer. L'acceptation des cadeaux, si elle n'est pas encadrée par des politiques claires et transparentes, peut être source d'atteintes à la probité. Dans certaines circonstances, les cadeaux peuvent créer des conflits d'intérêts où l'agent public pourrait se sentir redevable envers « le bienfaiteur ». Par conséquent, ses décisions professionnelles pourraient s'en trouver affectées au détriment de l'équité et de l'objectivité. C'est pourquoi, l'article 57 de l'ordonnance n° 2013-660 du

---

[42] Cf. article 10 de la Convention des Nations Unies contre la corruption

20 septembre 2013 relative à la prévention et à la lutte contre la corruption et les infractions assimilées réprime sévèrement[43] l'acceptation par tout agent public de la part d'un tiers d'un cadeau, dans l'exercice ou à l'occasion de sa fonction, de sa mission ou de son mandat.

Aussi, l'article sus-indiqué a, dans son dernier alinéa, évoqué l'idée d'un régime juridique des cadeaux déterminé par décret pris en conseil des ministres. Mais au moment où nous écrivons, soit onze années plus tard, ce régime juridique annoncé n'est toujours pas effectif. Une telle situation n'est pas conforme à une volonté réelle de combattre les risques de corruption.

Les cadeaux et autres avantages, comme des invitations, sont souvent considérés comme des actes de courtoisie qui permettent de renforcer les relations, notamment commerciales. Tant qu'ils sont raisonnables et sont donnés dans un cadre licite, cela est acceptable. Cependant, il est très constant que des cadeaux et autres avantages soient accordés dans une intention illicite. Ils peuvent violer la législation anticorruption lorsque ceux-ci sont inappropriés, notamment dans le but d'obtenir un avantage indu ou d'exercer de façon non justifiée une quelconque influence sur toute action officielle. Dans cette veine, le cadeau est offert dans le but d'attendre de l'agent public quelque chose en retour. Dès lors, ces cadeaux ou avantages, qui deviennent inappropriés, rentrent sous le coup de l'interdiction comme éléments d'infractions assimilées à la corruption, les règles en matière de lutte contre la corruption les interdisant.[44]

---

[43] Une peine privative de un à cinq ans et une amende de 1 000 000 à 5 000 000 de francs.

[44] Il est important de relever que si les cadeaux sont interdits, c'est en raison notamment de ce qu'au cœur de la législation relative à la question, le principe d'impartialité du service public, le principe d'égalité devant le service public, le principe de bonne gouvernance sont violés. Généralement, quand on reçoit un cadeau et surtout quand cela est répétitif, on a comme pour obligation morale (souvent vécue comme une pression) d'être reconnaissant, bienséant.

Il est déplorable qu'à ce jour, le régime juridique des cadeaux qui devrait être déterminé par décret pris en conseil des ministres ne soit pas encore effectif. Néanmoins, nous nous autoriserons à faire une analyse mettant en lumière l'élément matériel et l'élément moral, constitutifs de l'infraction liée aux cadeaux et avantages indus. Au titre de l'élément matériel, nous entendons par « cadeau », toute chose (objet ou service) dotée d'une valeur (argent en espèces ou équivalent, biens et services, prêts, prix, gratifications, voyages, divertissements, invitations, avancements ou distinctions, obtention d'un contrat ou d'un titre, décisions administratives et tous avantages pécuniaires ou non), offerte, donnée ou reçue.

Ce cadeau devient indu dès lors qu'il est offert ou accepté dans le but d'influencer les actions d'une autre partie, les actions de l'agent public. Selon l'article 57, ce cadeau doit avoir été offert à l'agent public à l'occasion d'un service accompli dans l'exercice de ses fonctions. Il s'agit donc clairement de cadeaux ou avantages attachés au statut de l'agent public, fait en considération de la réciprocité que peut octroyer le statut de l'agent bénéficiaire au donateur. Notons que cet avantage peut être direct (dessous-de-table, commissions indues ou rétro-commissions, paiements de facilitation, cadeaux somptuaires ou avantages excessifs, surfacturation d'une prestation) ou indirect (financement de parti politique, bienfaisance et parrainage, proposition de poste). À titre d'exemple, prenons le cas d'un usager qui, après avoir obtenu son Attestation de Concession Définitive (ACD) pour laquelle il a introduit une demande auprès du ministère de la construction depuis longtemps, décide d'offrir une somme d'argent en récompense à l'agent auprès de qui il avait déposé sa requête ; ce dernier l'acceptant.

Au-delà du don ou de l'acceptation du cadeau, l'influence que celle-ci aura sur l'accomplissement ou l'abstention dans l'exécution d'un acte par l'agent public est ce que nous recherchons. Il s'agit de l'élément moral des cadeaux. L'exercice de la fonction, la mission ou du mandat par l'agent public est influencé, dicté par ce geste ou subordonné à ce geste. L'intention délictuelle va donc se déduire de la « non-déclaration du cadeau ou des cadeaux » au supérieur hiérarchique par l'agent ou du non-refus du cadeau. Cela, alors que l'agent savait l'interdiction de toute réception ou sollicitation de cadeau, avant, pendant et après l'exercice de la fonction, la mission ou du mandat. Cette situation va être naturellement interprétée comme un signe que le bénéficiaire est corrompu. De tout ce qui précède, il faut noter que les sanctions qui en découlent et que nous évoquions déjà dès l'entame de notre propos, concerneront aussi bien le donateur que l'agent public bénéficiaire des cadeaux et avantages indus. Au regard des risques d'atteinte à la probité constatés, l'inexistence du régime relatif aux cadeaux est problématique car elle constitue une faille dans le dispositif normatif ivoirien.

1.2.4. La non-mise en œuvre de la Haute Cour de Justice

La Haute Cour de Justice est, selon les termes de l'article 156 de la Constitution ivoirienne de 2016, une juridiction d'exception. Elle a pour rôle de juger le Président de la République, le vice-Président de la République et les membres du Gouvernement. En effet, le bon fonctionnement d'une telle juridiction pourrait avoir un impact significatif dans la lutte contre la corruption. De prime abord, elle pourrait se présenter comme un levier important de dissuasion et de responsabilisation, par le fait que les dirigeants peuvent être tenus légalement responsables de leurs actes. Cela aura le mérite de les dissuader de s'engager dans des pratiques de corruption. Il en va de même pour le renforcement de l'idée d'un État de droit dans la mesure où même les plus hauts responsables ne sont pas au-dessus des lois.

Ainsi, en cas de procès devant cette juridiction, d'éventuelles pratiques de corruption au sein du gouvernement pourraient être exposées au grand jour, favorisant ainsi la transparence et renforçant la confiance du public dans le système judiciaire et les institutions de l'État. Toutefois, malgré que la Constitution ait prévu la Haute Cour de Justice en Côte d'Ivoire, le constat est qu'elle ne fonctionne pas. Dans la pratique, la responsabilité du Président de la République, de son vice-Président ou d'un membre du gouvernement n'a jamais été engagée devant cette Cour. Mais ce n'est pas tant le fait que des dirigeants n'aient jamais été traduits devant la Haute Cour de Justice qui retient notre attention. En réalité, ce sont les modalités de fonctionnement de cette juridiction qui nous interpellent.

Premièrement, les circonstances[45] pouvant engager la responsabilité du Président de la République nous intéressent. Force est de constater qu'elles ne concernent que la « haute trahison ». Aussi, serions-nous tentés de nous interroger sur le contenu de cette notion. Concrètement, elle pourrait traduire un crime consistant en une extrême déloyauté à l'égard de son pays. Il peut s'agir d'une infraction politique. Mais en réalité, la notion de « haute trahison » n'est pas clairement définie. Lorsque nous nous référons au code pénal ivoirien en ses articles 145, 146 et 147, la notion de trahison renvoie essentiellement à l'idée de participation active à des entreprises de déstabilisation de la Côte d'Ivoire, parfois, en entretenant des intelligences avec une puissance étrangère. La difficulté de définir la notion emporte immédiatement la difficulté de circonscrire les circonstances dans lesquelles la responsabilité du Président de la République pourrait être engagée. Mieux, l'on constate avec désolation que le dispositif en la matière est assez creux et ne permet pas d'affirmer si la « haute trahison » prend en compte les infractions

[45] Le Président de la République n'est responsable des actes accomplis dans l'exercice de ses fonctions et traduit devant la Haute Cour de Justice qu'en cas de haute trahison. Cf. article 157 de la Constitution ivoirienne de 2016

économiques et financières qui pourraient être commises par le Président de la République dans l'exercice de ses fonctions. Le silence de la loi fondamentale sur la question est une véritable source de difficulté. Dès lors, la mise en œuvre de cette juridiction devient problématique. À contrario, la constitution semble être plus précise lorsqu'il s'agit des autres personnalités, dont le vice-président et les membres du gouvernement, puisqu'elle évoque les notions de crime et délit, dont la détermination des peines résulte des lois pénales.[46]

Deuxièmement, la composition[47] de la Haute Cour de Justice pourrait être porteuse de risques pouvant entraver son bon fonctionnement et sa capacité à traiter les situations avec objectivité. Elle est composée de membres issus du personnel politique. Il s'agit essentiellement de parlementaires ou d'élus pouvant potentiellement être issus du parti au pouvoir et détenant la majorité au niveau de l'appareil législatif. Aussi, devrons-nous relever que celui qui la préside est, au regard de l'article 150 de ladite constitution, nommé par le Président de la République. De ce qui précède, ressortent quelques observations. De prime abord, la qualité des membres de la Haute Cour de Justice peut entraver la mise en œuvre objective des missions qui lui sont assignées. Ensuite, son premier responsable n'est pas totalement à l'abri de ce que nous appellerons le « devoir de gratitude ». Nommé par décret, le Président de la Cour suprême, qui préside également cette juridiction, pourrait être tenté de manifester à l'égard de son

[46] La Haute Cour de Justice est liée par la définition des crimes et délits ainsi que par la détermination des peines telles qu'elles résultent des lois pénales en vigueur au moment où les faits ont été commis. Cf. article 159 de la Constitution ivoirienne de 2016

[47] La Haute Cour de Justice est composée de membres élus en leur sein en nombre égal par l'Assemblée nationale et par le Sénat, dès la première session de la législature. Elle est présidée par le Président de la Cour suprême. Cf. article 160 de la Constitution ivoirienne de 2016

mandant[48], une certaine reconnaissance. Cette reconnaissance devenant de fait un obstacle au bon exercice de ses missions dans le cadre de cette juridiction dite d'exception.

En France, face à cette situation, le Président du conseil constitutionnel, Robert BADINTER a eu à avertir le Président François MITTERAND, qu'il aura à son égard le devoir d'ingratitude.[49]À l'opposé, au Liban, le Conseil constitutionnel a été piégé par le « devoir de gratitude ». En effet, il a failli à son rôle de contre-pouvoir en 1997 et fait preuve de gratitude envers le pouvoir politique en violant la loi sur le secret du scrutin pour rejeter le recours de feu Albert Moukheiber contre l'élection irrégulière du député Nagi Abou Haydar[50]. Au total, retenons que la qualité de ses membres et le « devoir de gratitude » à l'égard de l'exécutif peuvent entraver le fonctionnement de la Haute Cour de Justice. Par conséquent, cela peut avoir un impact significatif sur la bonne gouvernance. Ainsi, les éléments mis en lumière traduisent des limites d'un cadre normatif qui devrait avoir vocation à réglementer l'activité autour de la lutte contre la corruption et les infractions assimilées. Dans cette perspective, une approche similaire du cadre institutionnel serait judicieuse.

---

[48] Le Président de la République est le chef de l'administration. Il nomme aux emplois civils et militaires. Cf. article 67 de la Constitution de 2016. Notons que cette prérogative prend également en compte les emplois supérieurs de l'État.

[49] « Monsieur François MITTERAND, mon ami, merci de me nommer Président du Conseil Constitutionnel, mais sachez que dès cet instant envers vous, j'ai un devoir d'ingratitude ». Cela traduit que le fait d'avoir été nommé par le Président de la République n'implique pas un devoir de loyauté au détriment de l'exercice scrupuleux et intègre de sa fonction. Cf https://www.rtl.fr/actu/politique/conseil-constitutionnel-le-devoir-dingratitude-de-ses-membres-7900254356 consultée le 14/08/2024

[50] L'OLJ du 25-01-2005, « Le Conseil Constitutionnel n'a pas lu Sartre », consultable sur https://www.lorientlejour.com/article/1176492/conseil-constitutionnel-le-devoir-dingratitude.html consulté le 14/08/2024

2. Forces et faiblesses du cadre institutionnel

Dans la lutte anti-corruption, les forces et les faiblesses du cadre institutionnel renvoient aux éléments qui permettent ou entravent l'efficacité des institutions engagées dans cette lutte.

2.1. Forces ou atouts du cadre institutionnel ivoirien

Le dispositif institutionnel ivoirien couvre l'ensemble de la chaîne anticorruption. Ce constat est d'ailleurs conforté par l'existence d'une juridiction spécialisée en matière de lutte contre la corruption et les infractions assimilées. Par ailleurs, il est judicieux de mentionner la qualité des ressources humaines qui animent les activités liées à la lutte anticorruption, sans compter l'appui important des partenaires techniques et financiers.

2.1.1. La couverture de la quasi-totalité de la chaîne anticorruption

Le dispositif institutionnel de prévention et de lutte contre la corruption et les infractions assimilées en Côte d'Ivoire s'applique à la coordination, la prévention, la détection, la répression, la coopération et également le recouvrement des avoirs criminels. Dans cette perspective, ce dispositif couvre la quasi-totalité de la chaîne anticorruption. La Haute Autorité pour la Bonne Gouvernance (HABG), est, comme le dispose l'article 4 de l'ordonnance n° 2013-661 du 20 septembre 2013, l'organe dont les attributions sont liées à la coordination, la prévention et éventuellement la détection des actes de corruption.

La coordination, il faut le mentionner, représente le premier maillon essentiel dans la lutte anticorruption. Il s'agit d'assurer une synergie efficace entre les différents acteurs engagés dans la lutte contre la corruption. Ainsi, cela implique la mise en place de cadres permettant une collaboration fluide entre ceux-ci. Dans cette perspective, la HABG est chargée de coordonner, de superviser et d'assurer le suivi de la mise en œuvre des politiques de prévention et de lutte contre la corruption. Elle élabore et met en œuvre la stratégie nationale de lutte contre la corruption et évalue périodiquement les instruments et mesures administratives afin de déterminer leur efficacité.

Nous estimons que la meilleure manière de combattre la corruption est de l'empêcher de se produire. En d'autres termes, il faut une politique de prévention très efficace. Cela devant se faire par l'activation de leviers normatifs et également institutionnels visant à minimiser les opportunités de corruption. En outre, il peut s'agir de promouvoir la transparence dans la vie publique à travers divers canaux. Aussi, la HABG est-elle chargée d'identifier les causes structurelles de la corruption et des infractions assimilées et de proposer aux autorités compétentes des mesures susceptibles de les éliminer dans tous les services publics et parapublics. Au surplus, elle émet des avis et conseils pour la prévention de la corruption à toute personne physique ou morale ou à tout organisme public ou privé, et recommande des mesures d'ordre législatif et réglementaire de prévention et de lutte contre la corruption. La HABG contribue à la moralisation de la vie publique à travers la promotion de la culture d'un service public plus éthique, l'assistance apportée aux secteurs publics et privés dans l'élaboration des règles de déontologie, l'éducation et la sensibilisation de la population sur les conséquences de la corruption et de la diffusion des informations dans le domaine de la corruption.

Nonobstant tous ces efforts, il n'est pas exclu que des actes de corruption surviennent. Ces actes sont parfois très difficiles à détecter et c'est bien ce qui justifie cette assertion selon laquelle trouver si un représentant de l'État vole ou non l'argent public est aussi difficile que de montrer à quel moment un poisson boit de l'eau.[51]Détecter la corruption nécessite des mécanismes pour identifier les actes suspects. Face à cet état de fait, l'existence des nombreuses structures spécialisées au sein des services publics et chargées de lutter contre la corruption se justifie. En ce qui concerne plus particulièrement la HABG, elle est habilitée à mener des investigations sur les pratiques de corruption, identifier les auteurs présumés et leurs complices, initier les poursuites, recueillir et traiter les dénonciations et plaintes dont elle est saisie. Enfin, elle reçoit les rapports d'inspections et d'audits des organes et structures de contrôle et de détection de l'État en matière de lutte contre la corruption.

Lorsque des actes de corruption sont détectés, la répression s'impose. C'est pourquoi l'ordonnance n° 2013-660 du 20 septembre 2013 dispose que la HABG peut saisir le Procureur de la République près la juridiction compétente. Une telle démarche s'inscrit dans le cadre de poursuites pénales auxquelles s'exposerait tout contrevenant à la réglementation en vigueur sur la corruption et les infractions assimilées. La répression est cruciale dans la chaîne anticorruption car elle consacre l'application stricte des sanctions contre les actes de corruption. Pour rappel, les peines encourues s'entendent comme étant des peines principales et/ou complémentaires. Il s'agira de peines privatives de liberté, de peines pécuniaires, de la confiscation[52] de tout ou partie des biens du prévenu, de

---

[51] Cette citation tirée de L'Althashastra, un grand texte sur l'administration indienne du IIème siècle, traduit que la corruption est un fléau qui a toujours existé et qui est également très difficile à détecter. Cf Hocine BÉNISSAD, « BLANCHIMENT DE CAPITAUX : ASPECTS ÉCONOMIQUES ET JURIDIQUES », Ed. ECONOMICA, 2014

[52] Voir également les articles 65 et 66 du code pénal relatifs à la confiscation spéciale. Ils envisagent la confiscation des biens meubles et immeubles appartenant au condamné comme une peine complémentaire obligatoire lorsque ces biens sont le produit de l'infraction. Néanmoins, cette confiscation est une peine complémentaire facultative dans les cas prévus par la loi lorsqu'ils ont servi à commettre l'infraction. Plus loin, la loi mentionnera que les biens confisqués le sont au profit de l'État.

l'interdiction de quitter le territoire national et le retrait du passeport pour une durée de six mois à trois ans, de l'interdiction définitive ou pour une durée de trois à six ans d'exercer la profession ou l'activité à l'occasion de laquelle l'infraction a été commise et l'interdiction d'exercer une fonction publique.

Il convient de relever que les personnes morales ne sont pas à l'abri des peines prévues en répression d'éventuels actes de corruption. Selon l'article 64 de l'ordonnance n° 2013-660 du 20 septembre 2013 relative à la prévention et à la lutte contre la corruption et les infractions assimilées, les personnes morales autres que l'État, ses démembrements et les sociétés à participation financière publique, peuvent, en outre, être condamnées à l'une ou plusieurs des peines ci-dessous énumérées :

– L'exclusion des marchés publics, à titre définitif ou pour une durée de cinq ans au plus ;

– L'interdiction, à titre définitif ou pour une durée de cinq ans au plus, d'exercer directement ou indirectement une ou plusieurs activités professionnelles ou sociales à l'occasion de laquelle ou desquelles l'infraction a été commise ;

– La fermeture définitive ou pour une durée de cinq ans au plus, des établissements ou de l'un des établissements de l'entreprise ayant servi à commettre les faits incriminés ;

– La confiscation du bien qui a servi ou était destiné à commettre l'infraction ou du bien qui en est le produit ;

– La publicité de la décision prononcée conformément aux dispositions du Code pénal.

Cette dernière peine retient notre attention sous deux aspects. Premièrement, elle permet d'informer la communauté sur le traitement que l'État, à travers la justice, inflige aux personnes qui se rendent coupables d'actes de corruption, fussent-elles des personnes morales. Ensuite, elle met en évidence la sanction réputationnelle à laquelle les contrevenants s'exposent, prenant le risque de ruiner leurs activités.

La répression crée donc un effet dissuasif. Il est clair que lorsque les actes de corruption sont sévèrement punis, les individus sont moins enclins à s'engager dans de telles pratiques. La peur des sanctions sus énumérées décourage potentiellement la corruption. C'est donc à juste titre que le dispositif institutionnel ivoirien a intégré la répression dans la chaîne anticorruption. Par ailleurs, la répression peut permettre de renforcer la confiance de la communauté dans le système judiciaire car elle assure que ceux qui enfreignent la loi ne restent pas impunis. La conséquence immédiate en est le renforcement de l'État de droit par la consolidation du sentiment que nul n'est au-dessus des lois. Retenons que sans répression, les efforts de coordination, de prévention, de sensibilisation risqueraient de manquer d'impact, car les individus et les organisations pourraient être tentés de poursuivre des activités corruptives en l'absence de conséquences significatives.

L'un des objectifs de la convention des Nations Unies contre la Corruption, autrement appelée Convention de Mérida, qui a été adoptée par l'Assemblée Générale des Nations Unies le 31 octobre 2003, est de renforcer la coopération internationale en matière de lutte contre la corruption. Dans cette perspective, la Côte d'Ivoire, qui a ratifié ladite convention, s'en est inspirée en implémentant, dans son dispositif juridique, des dispositions relatives à la coopération. Ainsi, à travers l'ordonnance n° 2013-660 du 20 septembre 2013 relative à la prévention et à la lutte contre la corruption et les infractions assimilées, la coopération a été envisagée en Côte d'Ivoire aux niveaux national et international.

La lutte contre la corruption en Côte d'Ivoire, donc à l'échelle nationale, nécessite une collaboration efficace entre les institutions dédiées telles que la HABG, la police nationale, le système judiciaire, la CENTIF. La coopération peut faciliter le partage d'informations et la conduite des enquêtes économiques et financières. Aussi, le secteur privé peut-il coopérer par la promotion des pratiques de gouvernance d'entreprise robustes, des codes de conduite éthiques et des programmes de conformité anticorruption. Le secteur privé peut également dénoncer les comportements suspects en coopérant avec les autorités lors des enquêtes. C'est pourquoi, l'article 89 de l'ordonnance sus-indiquée dispose que les autorités publiques et les agents publics, de leur propre initiative, ou sur demande de la HABG ou des autorités chargées des enquêtes et des poursuites, fournissent à celles-ci toutes les informations nécessaires, lorsqu'il existe des motifs raisonnables de considérer que l'une des infractions visées dans la présente ordonnance est commise. Au surplus, elle exclut toute possibilité d'invoquer les secrets professionnel et bancaire pour faire obstacle aux enquêtes et aux poursuites.

À l'échelle internationale, la coopération, comme l'indique l'article 91 de l'ordonnance n° 2013-660 du 20 septembre 2013 relative à la prévention et à la lutte contre la corruption et les infractions assimilées, s'inscrit dans le cadre des conventions bilatérales et multilatérales conclues entre la Côte d'Ivoire et d'autres États. Le texte dispose, en outre, qu'en l'absence de traités et conventions bilatérales, les procédures en matière de coopération internationale prévues par la loi 2005-554 du 2 décembre 2005 relative à la lutte contre le blanchiment de capitaux et l'ordonnance n° 2009-367 du 12 novembre 2009 relative à la lutte contre le financement du terrorisme sont appliquées. Cette disposition traduit que l'État de Côte d'Ivoire, à travers son dispositif de lutte anticorruption, prend la pleine mesure de l'importance de la coopération pour l'atteinte de meilleurs résultats. Pour ce faire, des mesures importantes telles que l'entraide judiciaire et l'extradition sont reprises dans le corpus juridique ivoirien.

Selon l'article 90 de l'ordonnance n° 2013-660 du 20 septembre 2013 relative à la prévention et à la lutte contre la corruption et les infractions assimilées, l'entraide la plus large possible est accordée aux États parties à la convention contre la corruption ou à toute autre convention de lutte contre la corruption à laquelle la République de Côte d'Ivoire est partie. Cette entraide est accordée sous réserve de réciprocité, en matière d'enquêtes, de poursuites judiciaires et de recouvrement des avoirs relativement aux actes de corruption définis par la présente ordonnance. En son alinéa 2, le même article dispose que les procédures de demande d'extradition et d'entraide judiciaire établies aux termes desdites conventions et de la loi n° 2005-554 du 2 décembre 2005 relative à la lutte contre le blanchiment de capitaux sont appliquées dans le cadre de la coopération internationale en matière de lutte contre la corruption. Dans le détail, l'entraide judiciaire qui est accordée peut être demandée aux fins :

– De recueillir des témoignages ou des dépositions ;

– De signifier des actes judiciaires ;

– D'effectuer des perquisitions et des saisies, ainsi que des gels ;

– D'examiner des objets et de visiter des lieux ;

– De fournir des informations, des pièces à conviction et des estimations d'experts ;

– De fournir des originaux ou des copies certifiées conformes de documents et dossiers administratifs, y compris des documents administratifs, bancaires, financiers ou commerciaux et des documents de société ;

– D'identifier ou de localiser des produits du crime, des biens, des instruments ou d'autres choses afin de recueillir des éléments de preuve ;

– De faciliter la comparution volontaire de personnes dans l'État partie du requérant ;

– De fournir tout autre type d'assistance compatible avec le droit interne de l'État partie requis ;

– D'identifier, de geler et de localiser le produit du crime ;
– De recouvrer des avoirs.

Il découle de ce qui précède que la coopération internationale est placée au cœur de la lutte contre la corruption, attestant ainsi que la nature souvent transnationale de la corruption nécessite des efforts concertés et une collaboration étroite entre les États. Ces dispositions sont essentielles pour surmonter les obstacles juridiques et logistiques qui peuvent entraver la poursuite des affaires de corruption à l'échelle mondiale.

Pour finir, la HABG, conformément à l'article 92 de la présente ordonnance, accorde aux organismes étrangers similaires la coopération la plus large à travers la signature d'accords de coopération et d'échanges d'informations. Ainsi, ceux-ci sont tenus de communiquer, sous réserve de réciprocité, à la demande dûment motivée des services de renseignements financiers de l'Union Économique et Monétaire Ouest Africaine (UEMOA), dans le cadre d'une enquête, toutes informations et données relatives aux investigations entreprises à la suite d'une déclaration de soupçon au niveau national. À cette fin, elles peuvent, dans les mêmes conditions, échanger des informations avec les services de renseignements financiers des États membres, ainsi qu'avec les services de police des différents États organisés au sein d'Interpol.

L'une des finalités de l'entraide judiciaire est le recouvrement des avoirs, qui est également le dernier maillon de la chaîne anticorruption. Localiser, saisir et restituer les avoirs pillés dans le cadre d'actes de corruption est devenu une préoccupation majeure de la communauté internationale. De multiples forums internationaux, comme l'Assemblée Générale des Nations-Unies, le G8 (Groupe des huit), le G20 (Groupe des vingt) et le Comité d'Aide au Développement (CAD) de l'Organisation pour la Coopération Économique et le Développement (OCDE), ont déclaré que l'identification, la confiscation et la restitution des avoirs volés sont une priorité dans le cadre d'une action renforcée pour le développement.[53] Le recouvrement des avoirs est un « principe fondamental » de la convention des Nations-Unies contre la Corruption. Ainsi, les États parties à ladite convention ont accru les capacités de leurs autorités compétentes eu égard à la localisation, la saisie et la confiscation des produits de la corruption. À cet effet, ils sont tenus d'adopter une approche plus proactive du recouvrement des avoirs.

Dans cette perspective, la Côte d'Ivoire a prévu, au travers de l'article 93 de l'ordonnance n° 2013-660 du 20 septembre 2013 relative à la prévention et à la lutte contre la corruption et les infractions assimilées, que les décisions judiciaires rendues par des juridictions étrangères ordonnant la confiscation de biens acquis au moyen de l'un des actes de corruption ou d'infractions assimilées prévus par la présente ordonnance, ou de moyens utilisés pour leur commission, sont exécutoires sur tout le territoire de la République, conformément aux règles et procédures d'exécution en vigueur. Mieux, en son article 94, l'ordonnance prévoyait déjà la création d'un organe chargé du recouvrement et de la gestion des avoirs illicites, dont les attributions, l'organisation et le fonctionnement seraient fixés par décret.

Le décret n° 2022-349 du 1er juin 2022 viendra déterminer les attributions, l'organisation et le fonctionnement de l'Agence de Gestion et de Recouvrement des Avoirs Criminels, en abrégé AGRAC. Ainsi, l'État ivoirien a concrétisé la mise en œuvre de cet établissement public de type particulier, doté de la personnalité juridique et de l'autonomie financière. L'AGRAC est donc placée sous la

---

[53] Assemblée générale des Nations-Unies, Résolutions 55/188, 56/186, 57/244, 59/242 et 60/207 ; G20, déclaration des dirigeants au sommet de Séoul, 11 – 12 novembre 2010, et son annexe 3 ; Plan d'Action Anticorruption du G20 ; et convention de l'OCDE sur la Lutte contre la Corruption d'Agents Publics Étrangers dans les Transactions Commerciales Internationales (Convention Anticorruption de l'OCDE).

tutelle administrative et technique du Ministère de la Justice et sous la tutelle économique et financière du Ministre chargé du Budget. Elle a pour mission la gestion et le recouvrement des avoirs criminels gelés, saisis ou confisqués et détient la compétence exclusive pour aliéner ou détruire les biens dont elle est chargée d'assurer la gestion, dans les conditions prévues par les dispositions légales et règlementaires en vigueur, sans préjudice de l'affectation desdits biens.

En prenant en compte le recouvrement des avoirs criminels dans la chaîne de lutte contre la corruption, le dispositif institutionnel ivoirien participe à la correction d'éventuelles injustices en restituant les fonds et les biens illégalement acquis à leurs véritables propriétaires, qu'il s'agisse de l'État, d'entreprises ou d'individus. En outre, la perspective de perdre les biens acquis de manière illicite a un effet dissuasif sur les potentiels auteurs de corruption. Il en va de même du fait qu'en recouvrant les avoirs criminels, l'AGRAC contribue à réduire les ressources financières disponibles pour les individus et les réseaux qui sont impliqués dans la corruption, les affaiblissant et limitant leur capacité à continuer leurs activités illicites. Enfin, ces fonds recouvrés pourraient être réinvestis dans des programmes de développement et également dans l'accroissement des capacités opérationnelles des structures en charge de la lutte contre la criminalité économique et financière.

2.1.2. L'existence d'une juridiction spécialisée en matière de lutte contre la corruption et les infractions assimilées : Le Pôle Pénal Économique et Financier

Le Pôle Pénal Économique et Financier ou PPEF, juridiction pénale de premier degré, est à ce jour la juridiction spécialisée en matière de délinquance économique et financière, chargée de la poursuite, de l'instruction et du jugement des infractions en matière économique et financière. Au plan matériel, elle est compétente pour connaître des infractions telles que la corruption et les infractions assimilées, le blanchiment de capitaux, le financement du terrorisme, les infractions douanières, fiscales et en matière de change, les infractions en matière de marchés financiers, de banques et d'institutions financières commises par le biais d'un système d'information et de communication et la criminalité environnementale.

La création de cette juridiction spécialisée pour les infractions économiques et financières en octobre 2020 a renforcé l'efficacité et la coordination des enquêtes et des poursuites en matière, par exemple, de blanchiment de capitaux et de financement du terrorisme. Ces enquêtes, jusque-là traitées par chacun des différents tribunaux territoriaux, ont été regroupées au sein du PPEF dont les compétences ont été renforcées par la loi n° 2022-193 du 11 mars 2022.

Dans le souci de faciliter son fonctionnement, cette juridiction autonome dispose d'un budget propre et a une compétence nationale pour toutes les infractions économiques et financières d'une gravité ou d'une complexité particulière. L'étendue de cette compétence se perçoit aisément au regard de la nature même des infractions prises en compte, à savoir la criminalité environnementale, l'exploitation illégale des produits agricoles soumis à agrément, les infractions en matière de métaux précieux.

Le PPEF, en ce qui concerne son engagement à lutter contre la corruption, se positionne en première ligne pour garantir la protection des témoins, des dénonciateurs qui jouent un rôle crucial dans ce combat. Ces personnes permettent aux autorités, comme le PPEF, de détecter plus facilement les cas de corruption à travers leurs signalements. Ainsi, des preuves cruciales peuvent être collectées, qui permettront de faciliter les enquêtes et le déroulement des procès. En protégeant ces personnes, le PPEF garantit que ces signalements se fassent en toute sécurité, sans crainte de représailles. Pour ce faire, des canaux de signalement prévus par le PPEF garantissent l'anonymat des témoins et des dénonciateurs, de la collecte du signalement jusqu'au procès.

La création du PPEF a d'ores et déjà eu un impact très positif sur la capacité globale du pays à enquêter sur les infractions économiques et financières. Au moment de sa création, le PPEF avait hérité d'un portefeuille de 213 affaires, dont certaines remontaient à 2017. Au cours des deux années qui ont suivi, ce portefeuille a doublé, passant à 404 dossiers en mai 2022. Aujourd'hui, l'infraction de blanchiment de capitaux, qui est désormais systématiquement visée dans les enquêtes pour les faits relevant de la criminalité de profit, représente les deux tiers des dossiers suivis par le PPEF. La création d'une telle juridiction est à n'en point douter un atout pour la lutte contre la corruption et les infractions assimilées. À titre illustratif, entre 2022 et 2024, le PPEF en ce qui concerne la corruption et les infractions assimilées avec blanchiment de capitaux est passé de 86 à 123 dossiers. Au 13 mai 2024, la juridiction totalise 209 dossiers pour faits de corruption et infractions assimilées avec blanchiment de capitaux, soit une hausse de 134 %, et 15 dossiers en ce qui concerne l'enrichissement illicite avec blanchiment de capitaux, représentant une hausse de 66 %.

Sous un autre angle, il convient de rappeler que la loi n° 2022-193 du 11 mars 2022, en conformité avec la convention des Nations Unies contre la corruption dite convention de Merida, fait du PPEF l'acteur exclusif de la répression des faits de corruption et infractions assimilées. Par conséquent, tous les faits de corruption, peu importe le montant, le lieu de commission de l'infraction et la qualité de son auteur relèvent de la compétence exclusive du PPEF. C'est dans cette perspective qu'il se distingue comme le destinataire privilégié des procédures de la HABG. En effet, au 13 mai 2024, 62 % des dossiers transmis par la HABG ont été jugés,

23 % sont en cours de jugement et 15 % ont fait l'objet de non-lieu. De ce qui précède, plusieurs biens ont été saisis, à savoir :

- 1 179 994 620 FCFA d'espèces sur les comptes saisis ;
- 26 134 374 FCFA d'espèces ;
- Un véhicule ;
- Un téléphone ;
- Quatre parcelles non bâties ;
- Deux hôtels ;
- Trois boîtes de nuit

Par ailleurs, notons que les magistrats du PPEF prennent régulièrement part aux cérémonies et journées de sensibilisation organisées par la HABG, à l'instar de la participation à la Journée internationale de lutte contre la corruption. Au final, en rendant des décisions de justice de manière équitable et transparente, le PPEF renforce la confiance des citoyens envers les institutions judiciaires et joue également un rôle éducatif en sensibilisant la population aux dangers de la corruption à travers les décisions rendues.

2.1.3. L'apport appréciable des partenaires techniques et financiers en matière de lutte contre la corruption et les infractions assimilées

Les partenaires techniques et financiers sont d'un appui considérable, notamment dans le cadre de la coopération internationale. Ce sont respectivement l'agence de coopération allemande GIZ (46 %), l'Union Européenne, la Banque Africaine de Développement et Expertise France qui représentent chacun 18 %.

Le projet « Bonne gouvernance pour l'accroissement des investissements et de l'emploi en Côte D'Ivoire », financé par le Ministère fédéral allemand de la coopération économique et du développement (BMZ), vise à soutenir les efforts de réforme du gouvernement ivoirien pour améliorer le climat d'investissement et d'affaires en Côte d'Ivoire. Cela se fait par le renforcement de l'intégrité, la redevabilité et la passation des marchés publics dans le respect du droit à la concurrence. Ce projet prévoit donc un appui pour une meilleure détection de la corruption et de la délinquance économique et financière à travers le renforcement des capacités du Pôle Pénal Économique et Financier par le biais d'un programme intensif de formation. Nous y reviendrons dans les lignes suivantes.

Néanmoins, ce que nous voulons mettre en lumière ici, c'est l'apport des partenaires techniques et financiers, véritables contributeurs sur lesquels l'État ivoirien et surtout les acteurs de la lutte contre la corruption et les infractions assimilées peuvent compter pour relever certains défis. Ainsi, certains partenaires techniques et financiers, à l'image de la GIZ, accompagnent des structures comme le PPEF à travers des appuis directs. Ces appuis, il faut le préciser, concernent l'organisation des ateliers de formation, des réunions d'échanges, l'achat des équipements, le recrutement des experts-formateurs.

En outre, leur appui peut également s'étendre à l'octroi de financement en tant que contribution financière affectée à des buts précis et mise à la disposition d'un bénéficiaire afin que ce dernier réalise certaines activités sous sa propre responsabilité et selon ses règles et procédures. Au surplus, certains partenaires constituent un appui indéniable dans la réalisation et la conduite d'enquêtes transnationales. Nous citerons, à titre d'exemple, INTERPOL, ONUDC, CRIM JUST. La liste n'est pas exhaustive et l'influence des partenaires techniques et financiers est indiscutable quant à inciter les gouvernements à mettre en place les mécanismes de transparence et à promouvoir les bonnes pratiques. En Côte d'Ivoire, cet appui contribue véritablement à la lutte contre la corruption et les infractions assimilées.

2.1.4. Les ressources humaines sont de plus en plus compétentes au regard des missions qui leur sont dévolues

Au regard de l'enjeu que représente la lutte contre la corruption, il est impérieux que les ressources humaines soient qualifiées et formées. Cette exigence est très bien perçue au niveau du PPEF où les Magistrats participent régulièrement à des formations de haut niveau, avec l'appui de la chancellerie, des partenaires techniques financiers et autres partenaires. En effet, il est important que le personnel en charge de la lutte contre la criminalité économique et financière soit outillé en ce qui concerne les infractions économiques et financières en vue d'une répression efficiente.

Dans cette optique, les Magistrats du PPEF ont été formés pour sanctionner les faits de corruption et d'infractions assimilées. Ils sont d'ailleurs tous diplômés du Rule Of Law & Anti-Corruption Center (ROLAC) de Genève en Suisse. Cette expertise acquise leur permet de contribuer à la formation des autres acteurs de la chaîne anti-corruption à travers des missions de formation et de sensibilisation. Mieux, les Magistrats du PPEF continuent de participer à des séminaires de formation, des ateliers et ont conforté leur expertise à travers l'obtention de plusieurs certificats spécialisés en prévention, détection et répression de la corruption et infractions assimilées. Au moment où nous écrivons ces lignes, nous dénombrons environ vingt et une formations sur la corruption et vingt-cinq sur le blanchiment de capitaux et le financement du terrorisme qui ont été effectuées par les magistrats et ces chiffres sont approximatifs, cela pour relever l'accent mis sur le renforcement de leurs capacités. Les thématiques sont diverses et couvrent tous les aspects de la lutte anti-corruption. Elles prennent en compte les enquêtes économiques et financières, le recouvrement des avoirs criminels, le blanchiment de capitaux, le financement du terrorisme pour n'en citer que quelques-unes.

En notre qualité de régisseur d'avances en activité au sein du PPEF, nous avons pu bénéficier de diverses formations sur la corruption et la fraude dans les marchés publics ; le recouvrement des avoirs criminels ; la mise en œuvre du droit OHADA ; la détection, la prévention et la répression de la corruption par l'Agence Française Anticorruption (AFA) ; la prévention de la corruption, du favoritisme et des détournements dans la gestion locale ; le financement du terrorisme ; les fondamentaux de la lutte anti blanchiment de capitaux ; la lutte contre l'esclavage moderne et la traite des êtres humains. La liste est encore longue et cela dénote de l'importance accordée au renforcement des capacités du personnel des structures en charge de la lutte contre la criminalité économique et financière. Il est important de mentionner que nous avons pris part à ces formations certifiantes, en qualité de personnel administratif[54].

Suite à l'acquisition des compétences, les Magistrats du PPEF, formés à l'échelle internationale, sont impliqués dans l'implémentation des acquis de leurs formations aux autres Magistrats du PPEF, ainsi qu'aux officiers de police judiciaire et autres acteurs de la chaîne pénale de la répression de cette forme grave et particulière de criminalité. Pour ce faire, des sessions de formation organisées par l'Institut National de Formation Judiciaire (INFJ) et d'autres partenaires techniques ont été assurées par les juges d'instruction du PPEF.

Dans la même veine, des voyages d'étude sont organisés afin de renforcer les capacités techniques de la HABG en matière de déclaration de patrimoine, de lutte contre la corruption et d'intégrité publique. Ainsi, du 13 au 19 octobre 2024, une délégation de la HABG conduite par son Président,

[54] L'arrêté n° 0194/MEF/DGTCP/DRH du 25 mai 2021 portant nomination en qualité de régisseur d'avances du Pôle Pénal Économique et Financier nous y a mis en activité afin d'assurer le règlement des dépenses de fonctionnement de la juridiction. Toutefois, notre intérêt pour la surveillance de la gouvernance, la lutte anti-corruption et surtout conformément aux missions de ladite juridiction, nous avons pu développer des compétences en matière de lutte contre la corruption et les infractions assimilées nous apportant de facto une plus-value.

Monsieur Épiphane ZORO BI BALLO, se rendait en France dans le cadre du Projet d'Appui aux Gouvernements Ouverts Francophones (PAGOF), soutenu par l'Agence Française de Développement (AFD). Cette mission a été l'occasion pour la délégation ivoirienne de rencontrer diverses institutions françaises telles que la Haute Autorité pour la Transparence de la Vie Publique (HATVP) et l'Agence Française Anticorruption (AFA). Ces rencontres ont permis de partager des pratiques innovantes relatives aux méthodes de collecte et de traitement des déclarations de patrimoine, et surtout d'approfondir la coopération entre la Côte d'Ivoire et la France dans le domaine de la gouvernance ouverte et transparente.

À titre de précision, le PAGOF est un programme qui vise à accompagner les administrations et la société civile (dont les médias) afin d'améliorer la gouvernance ouverte, l'accès à l'information et la participation citoyenne dans la construction et le suivi de l'action publique en Tunisie, au Burkina Faso, en Côte d'Ivoire, au Maroc et au Sénégal. En plus de renforcer l'appui des partenaires techniques financiers que nous évoquions précédemment, il offre à l'administration et la société civile des pays concernés, dont le nôtre, d'accroître leurs capacités à collaborer et à construire ensemble des politiques publiques plus efficaces, plus transparentes et plus réceptives aux attentes des citoyens. Tout cela contribue à bonifier les ressources humaines impliquées dans la lutte contre la corruption et les infractions assimilées. Aussi, est-il utile de relever la création d'une académie régionale de bonne gouvernance et de lutte contre la corruption, dont le lancement a été organisé à Yamoussoukro du 24 au 25 avril 2025. Il s'agit de la première du genre en Côte d'Ivoire et qui aura pour vocation de doter notre pays ainsi que la sous-région d'un instrument d'intégration au service de la promotion de l'intégrité, du renforcement de la bonne gouvernance et de la transformation des hommes et des femmes pour une société plus juste et sans corruption. À travers ce projet, l'État ivoirien reconnaît que pour améliorer la performance et consolider les acquis en matière de prévention et de lutte contre la corruption, il est essentiel de mettre un accent sur la formation. Celle-ci, étant un facteur clé dans la prévention et la lutte contre la corruption et les infractions assimilées, par son impact positif sur les ressources humaines.

2.2. Faiblesses ou limites du cadre institutionnel ivoirien

Le dispositif institutionnel de lutte contre la corruption fait face à des défis de divers ordres. En effet, la faible déconcentration des structures au niveau du territoire national constitue une limite considérable. Au surplus, il n'existe pas de cadre formel de coordination entre les organes en charge de la lutte contre la corruption. Par ailleurs, l'autonomie de ces organes demeure assez relative.

2.2.1. La faible déconcentration des structures au niveau du territoire national

Au titre de la faible déconcentration des structures dédiées à la prévention et à la lutte contre la corruption à l'échelle nationale, il faut noter une réduction de leur capacité à exercer une influence sur l'ensemble du territoire. Ainsi, cette situation constitue une limite importante car l'absence de représentation et d'implantation dans les régions du pays entrave l'efficacité des actions de prévention et de répression de la corruption.

L'accessibilité limitée se traduit par le fait que la plupart des organes de lutte contre la corruption sont souvent concentrés à Abidjan, laissant une grande partie de la population, notamment en zones rurales, sans accès direct à ces structures. Cette situation entraîne un désintérêt des populations concernées pour les questions liées à la lutte anticorruption. Qu'il s'agisse de la Cour des Comptes, de la Haute Autorité pour la Bonne Gouvernance, de la Brigade de Lutte Contre la Corruption, de l'Autorité Nationale de Régulation des Marchés Publics, de l'Observatoire de l'Éthique et de la Déontologie du Trésor Public, la plupart de ces structures n'ont pas d'implantation à l'intérieur du pays et ne sont pas, par conséquent, très accessibles à l'ensemble des citoyens. Une telle situation peut également être préjudiciable au bon fonctionnement d'un système de dénonciation qui se veut efficace et inclusif. En outre, elle ne permet pas de mieux appréhender le niveau d'appropriation des valeurs de probité par les populations.

Ce défaut de couverture uniforme rend également difficile voire inefficace toute intervention sur le territoire en termes de collecte d'informations et d'enquêtes, permettant ainsi aux pratiques de corruption de prospérer. Aussi, ces inégalités régionales peuvent-elles entraîner une diminution de la confiance du public dans les institutions responsables de la lutte contre la corruption. Cela, en raison du sentiment d'impunité dans lesdites zones et du fait que ces populations ne se sentiraient pas prises en compte dans la politique de moralisation de la vie publique initiée par les autorités. Mieux, il y a une méconnaissance des mécanismes institutionnels de lutte contre la corruption par les populations. Il va s'en suivre un affaiblissement de leur impact vu que la concentration des ressources humaines et matérielles à Abidjan ne permet pas de couvrir efficacement l'ensemble du territoire, réduisant ainsi l'efficacité des actions préventives et répressives.

Enfin, cette absence de déconcentration a un impact certain en termes de coût, qui pourrait être un facteur limitant dans l'organisation des campagnes de sensibilisation et de prévention afin de mieux atteindre les populations locales. Il est avéré que dans la dynamique actuelle où la tendance est de rapprocher au maximum l'administration de toutes ses parties prenantes, les structures de lutte contre la corruption ne sauraient être en marge. L'objectif recherché étant de parvenir à une gestion plus réactive des risques de corruption et infractions assimilées à l'échelle nationale.

Dans cette veine, l'initiative de la HABG relative à la création de mécanismes de surveillance et de *reporting* des actes de corruption et des infractions assimilées dans les localités par le biais de « Comités Locaux d'Intégrité[55] » et « Plateformes anticorruption » ou « Plateformes Anticor[56] » est à saluer. Cependant, il serait judicieux de se pencher sur leur efficacité et leur impact à l'échelle des entités déconcentrées afin d'évaluer si oui ou non, elles ont produit l'effet escompté. D'entrée de jeu, il est judicieux de noter que les Comités Locaux d'intégrité présentent des insuffisances tant au niveau de l'organisation en interne que de la Planification et mise en œuvre des activités.

En ce qui concerne l'organisation interne, une défaillance existe au niveau de la gouvernance qu'il convient de relever. En 2022, l'ensemble des trente-deux Comités Locaux d'Intégrité ne disposaient pas d'un organigramme permettant de fournir des informations sur les liens hiérarchiques ou fonctionnels entre les membres et préciser la fonction attribuée à chacun au sein du Comité Local d'Intégrité. Les autres outils de gouvernance interne d'une organisation, en l'occurrence le règlement intérieur, les manuels de

---

[55] Le « Comité Local d'Intégrité » est un instrument de veille mis en place par les populations pour surveiller et dénoncer les actes de corruption dans leur localité. À ce titre, le Comité se charge d'informer et de sensibiliser les populations sur les conséquences de la corruption, de surveiller la délivrance des services au public par l'administration, de renforcer les capacités des agents publics et des populations et de mener des enquêtes d'opinion sur la corruption au niveau local. Il peut faire des propositions dans les réformes du dispositif anticorruption. Il existe à ce jour trente-deux Comités Locaux d'Intégrité sur l'ensemble du territoire national.

[56] La « Plateforme Anticor » est un cadre de concertation, de dialogue et de discussions entre les populations et les autorités administratives d'une localité donnée, pour adresser les questions relatives à la prévention et à la lutte contre la corruption. Elle est présidée par le Préfet ou le sous-préfet et comprend les Directeurs, les Chefs de services, les guides religieux de la localité, ainsi que l'ensemble des membres du Comité Local d'Intégrité. Il existe des plateformes Anticor dans trente-et-une localités.

procédures, les plans de financement des activités, le plan de suivi et évaluation, les plans de formation, les fiches de poste et les ordres de mission, étaient en majorité inexistants. Au titre de la représentation légale, il est à noter que les Comités Locaux d'Intégrité ne disposent pas de siège ou de représentation permanente. Les regroupements se déroulent aux domiciles des responsables ou de certains membres du Comité, dans les écoles primaires, les restaurants et autres services de certains membres[57].

Au surplus, la planification et la mise en œuvre des activités se heurtent à certaines difficultés, dont :

– Le manque de budget de fonctionnement et la difficulté de mobilisation des ressources financières pour la tenue de ses activités ;

– Une absence des rapports d'activités menées pour en attester l'effectivité ;

– L'inexistence de registre de gestion des plaintes pour le suivi efficace des plaintes et leurs catégorisations (dénonciations, racket, extorsion de fonds, escroquerie)

– Le manque d'implication des membres dans les activités.

Ces éléments sus énumérés permettent de mettre en évidence des organes qui ont été créés mais qui, en réalité, rencontrent des difficultés pour fonctionner. Une telle situation aura bien évidemment un impact sur le but recherché qui est de contribuer, par un rapprochement avec les citoyens, à améliorer le niveau d'intégrité.

2.2.2. L'inexistence d'un cadre formel de coordination entre les organes en charge de la lutte contre la corruption

Le rapport d'évaluation 2022-2023 des activités liées à la prévention et à la lutte contre la corruption révèle l'absence de cadre formel de coordination entre les différents organes de

---

[57] GIZ, « Rapport sur l'analyse des Comités Locaux d'Intégrité en Côte d'Ivoire », Avril 2022

lutte contre la corruption, comme un facteur qui contribue à la dispersion des efforts et à une gestion inefficace des ressources. En effet, le chevauchement des missions entre ces structures accentue ce problème, entraînant des duplications d'efforts et une confusion dans les responsabilités. Cette situation entraîne des lacunes dans la mise en œuvre des activités, ainsi qu'une diminution de la synergie nécessaire pour une approche cohérente.

La prolifération des institutions engagées dans la lutte contre la corruption sans synergie peut s'avérer improductive. En effet, ces institutions opèrent de manière autonome, sans une véritable plateforme de coordination qui est pourtant souhaitable pour plus d'efficience. Ainsi, cette fragmentation crée une dispersion des efforts et une dilution des responsabilités, chaque organe ayant ses propres priorités et méthodes. Par ailleurs, il faudrait relever que l'absence d'un mécanisme de coordination formel pourrait être source de tensions entre les différentes institutions qui devraient théoriquement travailler de concert. Certaines structures étant plus visibles, tandis que d'autres peinent à faire valoir leurs compétences faute de visibilité ou de collaboration. Lors d'un atelier sur la corruption et la fraude dans les marchés publics, organisé à l'attention de l'ensemble des acteurs de la lutte contre la criminalité économique et financière en Côte d'Ivoire, en novembre 2023 à Abidjan, un formateur insistait sur la nécessité pour l'ensemble de ces acteurs d'aller à la mutualisation de leurs efforts afin que leur lutte soit plus productive. Le constat était qu'il y avait un début de coopération encore assez informel. Or, la nécessité de formaliser ce cadre et de le dynamiser s'impose. Naturellement, certaines institutions reprochaient aux autres le manque de collaboration ou de coopération. Mais il ne devrait pas en être ainsi car les criminels économiques et financiers sont en permanence en train de modifier leurs méthodes afin d'échapper aux contrôles. Les institutions en charge de la lutte n'auront leur salut qu'en appliquant véritablement la règle dite des « Trois C », qui se traduit par Coordination-Coopération-Collaboration. Cette interconnexion, si elle était réussie, donnerait aux institutions en charge de la lutte contre la corruption en Côte d'Ivoire l'avantage d'une base de données centralisée et un partage d'informations plus fluide sur les affaires de corruption, les infractions financières ou les éventuels conflits d'intérêts. Dans le cas contraire, il faudrait s'attendre à un ralentissement et un vide en termes de leadership stratégique dans la lutte contre la corruption.

La lutte contre la corruption est aujourd'hui inscrite au titre des politiques publiques mises en œuvre par l'État ivoirien en vue d'améliorer la gouvernance et de moraliser la vie publique. Un défaut de coordination serait révélateur d'un manque de vision stratégique unifiée entravant une meilleure définition des priorités nationales et une bonne rationalisation des ressources allouées. À cela, il faudrait ajouter les dérives bureaucratiques qui pourraient favoriser la dispersion des efforts. Enfin, il serait judicieux de mentionner le manque d'implications de certains acteurs clés dans cette dynamique de coordination voulue. La coordination recherchée est celle qui inclut non seulement les institutions publiques, mais aussi la société civile, les médias et le secteur privé. Ces acteurs jouent un rôle crucial dans la dénonciation et la prévention de la corruption. Aussi, faudrait-il les associer dans un cadre de coordination formel afin de renforcer la dimension participative et inclusive de la lutte contre la corruption.

2.2.3. La relative autonomie des institutions de lutte contre la corruption et les infractions assimilées

La question de l'autonomie des institutions de lutte contre la corruption en Côte d'Ivoire mérite une analyse approfondie. En effet, lorsque nous parlons de « relative autonomie », cela se justifie par le fait que théoriquement, ces institutions sont supposées être autonomes. Cela constituerait un véritable atout leur permettant de fonctionner avec indépendance et d'assurer une mise en œuvre efficace des activités liées à la lutte contre la corruption. Ainsi, il serait convenable d'envisager la question de l'autonomie sous les angles politique et financier.

Au niveau politique, il faut tout d'abord rappeler que le Président de la République, selon l'article 67 de la Constitution ivoirienne de 2016, est le chef de l'administration. Il nomme aux emplois civils et militaires. C'est dans cette perspective d'ailleurs que l'article 22 de l'ordonnance n° 2013-661 du 20 septembre 2013 fixant les attributions, la composition, l'organisation et le fonctionnement de la Haute Autorité pour la Bonne Gouvernance dispose que cette entité est dirigée par un Président nommé par décret pris en Conseil des ministres, sur présentation du Premier Ministre, pour un mandat de trois ans, renouvelable une fois.

L'élément qui retient notre attention, c'est l'acte qui nomme le Président de l'organe chargé de coordonner les activités de lutte contre la corruption et les infractions assimilées. En effet, le décret émane du Président de la République. Ainsi, il ne serait pas exclu un risque de redevabilité de cette autorité vis-à-vis de celui qui la nomme. Plusieurs autres dirigeants d'institutions en charge de la lutte contre la corruption sont désignés selon cette règle. Le Président de la Cour des Comptes, l'Inspecteur Général d'État, l'Inspecteur Général des Finances, le Président de l'ARNMP pour ne citer que ceux-là, sont tous nommés par le Président de la République. Par conséquent, il est indispensable que la probité et l'intégrité de ces acteurs ne souffrent d'aucune contestation. Mieux, ils doivent s'approprier « le devoir d'ingratitude » que nous évoquions précédemment. Car sans cela, il y aurait une forte dépendance vis-à-vis du pouvoir exécutif, de laquelle pourraient découler des conflits d'intérêts. Particulièrement, lorsque les personnes impliquées dans des affaires de corruption sont proches du pouvoir ou font partie du gouvernement. Soyons clairs, il serait très difficile pour des institutions fortement influencées politiquement d'enquêter de manière impartiale sur des personnalités influentes, surtout lorsque la stabilité politique du pays se retrouve en jeu.

Une autre conséquence de ce mécanisme de désignation pourrait être le manque de protection desdits responsables contre d'éventuelles révocations ou sanctions politiques. Si les acteurs de la lutte contre la corruption ne se sentent pas en sécurité dans l'exercice de leurs fonctions, ils pourraient être réticents à engager des enquêtes susceptibles de heurter les autorités politiques, ce qui, naturellement, limiterait leur capacité d'action.

Au niveau financier, il faut relever que bien que des institutions et des juridictions spécialisées à l'image de la HABG ou du PPEF soient créées avec des missions ambitieuses, leurs budgets ne suivent pas toujours les besoins réels. Cela entraîne des difficultés pour mener à bien leurs activités de prévention et de répression de la corruption. Les difficultés relevées peuvent se manifester, soit par une faible couverture budgétaire de leurs activités, soit par l'indisponibilité de la trésorerie. La lutte contre la corruption nécessite des ressources importantes, notamment pour les enquêtes économiques et financières, la formation des enquêteurs, l'accès à des technologies modernes et la sensibilisation. Des ressources financières insuffisantes limitent la capacité de ces institutions à mener des actions de grande envergure ou à répondre rapidement aux cas urgents de corruption. L'indépendance et l'autonomie décisionnelle des institutions en charge de la lutte contre la corruption peuvent également en être affectées.

Sous un autre point de vue, il est important de mentionner la forte dépendance au budget de l'État et également à l'aide internationale. Concernant le budget de l'État, l'article 56 de l'ordonnance n° 2013-661 du 20 septembre 2013 fixant les attributions, la composition, l'organisation et le fonctionnement de la Haute Autorité pour la Bonne gouvernance dispose que les crédits nécessaires à l'accomplissement de ses missions sont inscrits au budget de l'État. Au surplus, l'allocation des dotations budgétaires peut refléter des priorités politiques conformes à l'orientation de l'action gouvernementale. Si la lutte contre la corruption est prioritaire pour le gouvernement, le budget affecté le sera en conséquence ; sinon, il sera réduit, compromettant ainsi la capacité à fonctionner de manière continue et indépendante. Par ailleurs, des financements extérieurs, notamment de la part des partenaires techniques et financiers, ont vocation à soutenir certaines activités anti-corruption. Toutefois, ces financements ne sont pas indéfinis. Ils visent la plupart du temps à montrer la voie avant que les autorités locales ne prennent véritablement la main. Une dépendance vis-à-vis de ce type de financements pourrait également être un obstacle en ce qui concerne la pérennité des actions en faveur de la lutte contre la corruption. Il ressort de ce qui précède que l'autonomie des institutions ivoiriennes de lutte contre la corruption est encore relative, principalement en raison de contingences politiques et financières.

Le regard sur le dispositif anticorruption ivoirien nous a permis de constater l'existence d'un arsenal juridique assez dense, animé par une pluralité d'institutions aussi utiles les unes que les autres. Ces outils normatifs et institutionnels présentent des atouts variés et rassurants pour cette entreprise de moralisation de la vie publique ivoirienne. Mais des tares demeurent, qui ont été passées en revue et qui ne constituent aucunement une fatalité. Au niveau normatif comme institutionnel, il y a des améliorations à envisager afin de parfaire notre dispositif de lutte anticorruption. Les lignes suivantes nous en diront davantage.

TROISIÈME PARTIE :

PROPOSITIONS POUR UNE LUTTE ANTICORRUPTION PLUS EFFICACE

CHAPITRE 1 :

Propositions relatives aux insuffisances relevées lors de l'analyse des cadres normatif et institutionnel

1. Au niveau du cadre normatif

Précédemment, l'analyse des leviers normatifs actionnés pour combattre la corruption en Côte d'Ivoire nous a permis d'identifier quelques insuffisances liées à la déclaration de patrimoine, la méconnaissance des procédures et le manque d'affichage des procédures et des coûts, l'absence du régime juridique relatif aux cadeaux et la non-mise en œuvre de la Haute Cour de Justice. Ces insuffisances, qui n'altèrent aucunement les efforts mobilisés par les autorités ivoiriennes, traduisent néanmoins la nécessité d'apporter des perspectives nouvelles dans la dynamique de l'amélioration continue.

1.1. Dynamiser la déclaration de patrimoine

La convention des Nations Unies contre la corruption est assez stricte en ce qui concerne les règles que doivent suivre les agents publics pour éviter les conflits d'intérêts. Ces règles, dont la publication est nécessaire, concernent en particulier les déclarations de situations financières et l'enregistrement des avoirs et intérêts.

En effet, selon les termes de ladite convention, la déclaration doit englober tous les principaux types de revenus et d'avoirs des agents publics. Cette exigence remet en cause l'idée de déclaration des biens telle que mentionnée dans la Constitution de 2016 dont nous relevions précédemment la portée restrictive en ce qui concerne l'exhaustivité de la déclaration. Ainsi, il serait souhaitable de retourner au niveau constitutionnel, à la notion de « déclaration de patrimoine » qui, selon nous, permet d'avoir une idée beaucoup plus exacte de la situation de l'agent public en termes d'actifs et de passifs.

Concernant le défaut de publication des informations relatives aux déclarations de patrimoine, nous suggérons une publicité au moins partielle des informations des déclarations de patrimoine, excluant les informations sensibles. Cela devrait induire une surveillance citoyenne et renforcer la transparence des dirigeants publics. Pour ce faire, les procédures de déclaration doivent écarter toute possibilité de dissimulation des avoirs des agents publics par d'autres moyens ou, dans la mesure du possible, les avoirs détenus par des personnes échappant au contrôle de la Côte d'Ivoire. Il pourrait s'agir de personnes se trouvant à l'étranger ou de non-résidents.

L'objectif de la déclaration de patrimoine est de comparer la situation financière des agents publics d'une année à une autre. Cela doit être rendu possible par les formulaires renseignés à cet effet. Une exigence légale de mise à jour de la déclaration en cours de fonction ou de mandat serait un atout. Aussi, le système de vérification de toutes ces données devrait-il être fiable. Cette fiabilité devrait avoir deux impacts. Premièrement, l'obligation pour les agents publics dorénavant de documenter voire de prouver la source de leurs revenus et deuxièmement, l'impossibilité pour eux de déclarer des avoirs inexistants qui puissent ultérieurement être utilisés pour justifier un patrimoine autrement inexpliqué. Ainsi, l'automatisation et la numérisation du processus de déclaration de patrimoine devraient, dans cette perspective, offrir une plateforme en ligne sécurisée visant à simplifier la déclaration, la rendre plus accessible aux assujettis et permettre une soumission rapide. L'automatisation devrait également faciliter le traitement des données recueillies et la comparaison automatique des déclarations d'une période à une autre, ce qui ajouterait à la fiabilité voulue.

Toutes ces légitimes aspirations ne pourraient être possibles sans le renforcement des capacités des organes impliqués dans le traitement des déclarations de patrimoine. Il est impératif que les services responsables de la vérification des déclarations soient dotés de moyens humains, techniques et financiers suffisants afin de pouvoir mener des enquêtes approfondies. Il en va de même de la formation du personnel sur les questions relatives à l'audit et à la détection des cas de fraudes patrimoniales. C'est à juste titre que la convention des Nations Unies contre la corruption dispose que les organismes de supervision doivent être dotés d'effectifs, de compétence, de capacités techniques et de pouvoirs légaux suffisants pour pouvoir exercer un contrôle efficace.[1]

En ce qui concerne l'efficacité des contrôles, elle pourrait également être mise en œuvre à travers une vérification proactive et régulière qui découlerait sur des sanctions rigoureuses en cas de violations des règles. En outre, il ne faudrait pas exclure d'élargir l'assiette des assujettis car celle définie par l'ordonnance n° 2013-660 du 20 septembre 2013 est assez sectorielle et limitée. La promotion de la culture d'intégrité n'est pas à exclure à travers la sensibilisation des agents publics. Concrètement, il faudrait organiser davantage de sessions de formation et de sensibilisation pour les responsables publics sur l'importance de la déclaration de patrimoine et les conséquences des manquements. Enfin, la coopération internationale ne devrait pas être exclue si nos

[1] Cf. ONUDC « GUIDE TECHNIQUE DE LA CONVENTION DES NATIONS UNIES CONTRE LA CORRUPTION », V.10-53540-Juillet 2010

autorités aspirent à suivre les mouvements financiers transfrontaliers et à détecter d'éventuelles dissimulations de patrimoine à l'étranger.

Toutes ces actions pourraient rendre le système de déclaration de patrimoine plus dynamique, rigoureux, efficace et dissuasif, renforçant ainsi la lutte contre l'enrichissement illicite.

1.2. Faire connaître les coûts et les procédures aux usagers de l'administration publique

Quelques années auparavant, j'ai eu l'occasion de voir une affiche à l'intérieur d'un des services du Trésor Public. Il y était inscrit le message suivant : « Usagers du Trésor Public, nos prestations sont gratuites et sans contrepartie ; exigez de nous respect, exigez de nous considération ». Le Trésor Public ivoirien se positionnait déjà en précurseur en ce qui concerne la nécessité de promouvoir une transparence dans les relations entre l'administration et ses usagers. Mieux, il érige la transparence en engagement de service, mettant un point d'honneur à la satisfaction de ceux qu'il qualifiera désormais de « clients » en lieu et place de la notion « d'usagers ».

La nécessité de faire connaître les coûts et les procédures aux usagers de l'administration publique améliore l'intégrité et l'efficacité des services publics, tout en renforçant le lien de confiance entre l'administration et les citoyens. L'article 10 de la convention des Nations Unies contre la corruption, relatif à l'information du public dispose que « compte tenu de la nécessité de lutter contre la corruption, chaque État partie prend, conformément aux principes fondamentaux de son droit interne, les mesures[2] nécessaires pour accroître la

---

[2] Ces mesures peuvent inclure notamment :

a- L'adoption de procédures ou de règlements permettant aux usagers d'obtenir, s'il y a lieu, des informations sur l'organisation, le fonctionnement et les processus décisionnels de l'administration publique, ainsi que, compte dûment tenu de la transparence de son administration publique, y compris en ce qui concerne son organisation, son fonctionnement et ses processus décisionnels s'il y a lieu. ». En informant les citoyens des coûts réels et des étapes nécessaires, l'administration renforce la transparence, ce qui est un pilier de la confiance publique. Cela réduit la perception de corruption et projette une image de bonne gouvernance. Il est important de relever que la transparence permet au citoyen de vérifier ce que l'administration fait en son nom et raffermit sa confiance dans les institutions. Le citoyen a le droit d'être informé et d'interagir avec l'administration sur la base de critères clairement définis. Simultanément, il est important de mettre en place des moyens visant spécifiquement à faciliter l'accès à l'information, définir clairement les règles concernant le moment auquel l'information doit être formulée et sous quelle forme, et prévoir une procédure en cas de refus.

Lorsque les citoyens savent ce qu'ils doivent payer et les démarches à suivre, ils sont moins susceptibles de céder aux demandes de pots-de-vin ou de frais illégaux. En d'autres termes, une information claire aide à combattre les pratiques illégales. Naturellement, cela devrait induire une réduction de la corruption. En outre, des procédures bien expliquées permettent aux usagers de mieux se préparer, réduisant les erreurs et les retards. Cela allège la charge de travail des agents publics, augmentant par conséquent l'efficacité administrative. Il va de soi que cette mesure impacte la transparence et renforce l'obligation redditionnelle en matière de prise de décisions. Dès lors, les organismes publics peuvent être plus ouverts et tenir davantage compte des besoins et des

---

protection de la vie privée et des données personnelles, sur les décisions et actes juridiques qui les concernent ;

b- La simplification, s'il y a lieu, des procédures administratives afin de faciliter l'accès des usagers aux autorités de décision compétentes ;

c- La publication d'informations, y compris éventuellement de rapports périodiques sur les risques de corruption au sein de l'administration publique.

Cf. ONUDC « GUIDE TECHNIQUE DE LA CONVENTION DES NATIONS UNIES CONTRE LA CORRUPTION », V.10-53540-Juillet 2010, P49

aspirations des communautés qu'ils ont pour mission de servir.

Par ailleurs, informer clairement sur les coûts et les démarches rend les services publics plus accessibles à tous, en particulier aux personnes peu familières avec les formalités administratives. Il y a donc une incidence positive en termes d'accessibilité et d'inclusion au niveau de l'administration. Pour ce faire, les dispositions prises au niveau de l'exécutif devront tendre principalement à permettre au public d'avoir effectivement accès aux processus décisionnels et aux décideurs. Les dispositions applicables à cet égard devront être publiées sous forme de brochures et par d'autres moyens pour expliquer le fonctionnement de l'administration, les services qu'elle doit fournir, les modalités d'accès à ses services, les formulaires et autres documents à utiliser et les processus décisionnels. Ainsi, les différents ministères et départements devront avoir largement recours aux médias électroniques pour diffuser des informations de caractère général et faire connaître les procédures en vigueur. La volonté de l'inclusion ira bien plus loin. Elle se constatera également par la possibilité de pouvoir consulter les informations et autres documents pertinents en ligne, au cas où il existe un site web. Toutefois, en cas de défaillance de la connectivité à l'internet, l'État devra faciliter la diffusion de l'information par des moyens traditionnels.

Dans la volonté de faciliter l'accès des citoyens aux informations relatives aux coûts et aux procédures, il faut que certaines conditions soient réunies :

– L'identité des personnes responsables de la prise de décision doit être connue ;

– Les décisions qu'elles adoptent doivent être connues ;

– Le citoyen doit avoir accès à l'information concernant les décisions adoptées, les informations techniques devant être disponibles en langage clair ;

– Le citoyen doit savoir quelles sont les décisions qui ont été adoptées et pour quelles raisons ;

– Des moyens efficaces et accessibles de contester les décisions adoptées doivent exister.

Au demeurant, tous les ministères ou départements investis de pouvoirs de décision devront élaborer une politique claire concernant l'adoption, la documentation et la publication de leurs décisions. Cette politique devra s'appliquer en particulier aux décisions opérationnelles et de gestion au jour le jour. Du point de vue du citoyen, cette information doit faire partie de toute charte de service ou charte du citoyen ou des différents ministères et départements de l'administration. La politique en la matière devra être suffisamment claire pour que le public sache, d'une manière générale, à qui s'adresser pour obtenir ou contester une décision quelconque, la documentation à fournir à cette fin, qui est responsable de cette décision, comment l'on peut se mettre en rapport avec les personnes compétentes, quelles informations concernant les formalités à suivre sont disponibles et devant quelle instance un recours peut être formé si une décision est contestée.

Par conséquent, tout agent public ayant la garde d'un document dont le public a le droit d'avoir connaissance ou de toute autre information en rapport avec le processus décisionnel dont le public a le droit de savoir, ainsi que toutes les règles et procédures concernant les décisions qu'il peut adopter et qui fait délibérément obstruction à l'accès à cette information, doit être considéré comme ayant commis une infraction au code de conduite ou aux autres réglementations ou instructions administratives applicables.

1.3. Élaborer et vulgariser le régime juridique relatif aux cadeaux

L'article 57 de l'ordonnance n° 2013-660 du 20 septembre 2013 relative à la prévention et à la lutte contre la corruption et les infractions assimilées punit d'un emprisonnement d'un à cinq ans et d'une amende de 1 000 000 à 5 000 000 de francs, tout agent public qui accepte d'un tiers un cadeau ou tout avantage indu, dans l'exercice ou à l'occasion de sa fonction, de sa mission ou de son mandat. En son alinéa 2, il est inscrit que le donateur est puni des mêmes peines visées à l'alinéa précédent. Mieux, l'alinéa 3 prévoit qu'un régime juridique des cadeaux serait déterminé par décret pris en Conseil des ministres.

Le constat est que le texte sus-évoqué est révélateur de la prise de conscience des risques d'atteintes à la probité concernant les cadeaux. Ceux-ci, en effet, peuvent survenir dans la vie publique et administrative, notamment dans les relations interinstitutionnelles. Dès lors, il conviendrait d'appréhender chaque situation à l'aune des principes déontologiques qui s'appliquent à chaque agent, en vertu des dispositions propres à son activité ainsi qu'au regard du droit pénal, en tenant compte du contexte particulier associé. Ne nous méprenons pas sur la clarté du texte lorsqu'il évoque l'idée « d'acceptation ». En effet, nombreux sont les agents publics qui estiment que ce qui est prohibé, c'est le fait de demander ou d'exiger un cadeau en contrepartie d'une prestation exécutée. N'avez-vous jamais entendu dire que tant que la balle vient de l'adversaire, il n'y a pas de hors-jeu ? Cette affirmation est courante, qui atteste que dans la pensée collective, l'idée c'est de ne pas exiger le cadeau. Mais, le texte réprouve l'acceptation, sanctionnant le donateur de peines identiques à celles encourues par celui qui accepte le cadeau.

L'acceptation par un agent d'un cadeau peut porter atteinte aux principes déontologiques suivants qui gouvernent l'exercice de ses fonctions : la dignité, l'impartialité, l'intégrité, la probité et la neutralité, en le plaçant en situation d'obligé vis-à-vis des tiers. En effet, il pourrait être suspecté qu'un cadeau ou une invitation rétribue un service rendu, incite l'agent à une certaine bienveillance, ou encore alimente une familiarité à l'égard d'un interlocuteur qui serait ainsi dans une situation privilégiée. Au regard de ce qui précède, un agent public, par principe, ne doit ni solliciter, ni accepter de cadeau ou d'invitation dans l'exercice de ses missions. D'où, la nécessité qu'un ensemble de dispositions soient élaborées et diffusées permettant de distinguer les pratiques acceptables de celles qui ne le sont pas, d'identifier les seuils d'acceptation de cadeaux et de définir les attitudes à adopter face aux cadeaux.

Ainsi, un régime juridique relatif aux cadeaux serait crucial en ce qui concerne la prévention des conflits d'intérêts. Les cadeaux, il faut le noter, peuvent créer des attentes implicites ou influencer les décisions de manière non éthique. Un cadre juridique clair et élaboré, garantit que les agents publics prennent des décisions objectives, fondées sur l'intérêt général plutôt que sur des faveurs reçues. En fixant des règles claires, le régime de gestion des cadeaux devrait permettre d'éviter les soupçons de corruption. Au sein des organisations ou administrations publiques, il pourrait constituer un fondement de promotion de probité.

L'article 13 du code d'éthique et de déontologie des agents du Trésor Public dispose qu'il est interdit à l'agent du Trésor Public de solliciter, d'exiger ou d'accepter directement ou indirectement un cadeau ou un avantage des usagers/clients du Trésor Public, à moins que celui-ci n'ait qu'une valeur symbolique telle que définie par la politique anti-fraude et anti-corruption du Trésor Public. Cependant, force est de constater que la politique de cadeaux et de marques d'hospitalité du Trésor Public, en ce qui concerne la valeur monétaire liée au seuil d'acceptation, ne porte que sur les marques d'hospitalité offertes dans le cadre d'événements officiels (conférence, formation, foire, forum, présentation de produit) organisés par les partenaires. Aussi, est-il mentionné que la valeur monétaire de la prise en charge pour un agent donné ne doit pas excéder le montant accordé aux autres participants de la même catégorie socio-professionnelle.

Ici également, nous constatons, en dépit de la volonté de cette administration publique de se doter d'un régime assez précis sur la question des cadeaux, qu'elle ne l'a pas vraiment fait. Quelle est l'appréhension qu'ont les agents du Trésor Public à propos des cadeaux ? Jusqu'à quel niveau un cadeau est-il acceptable ? S'il doit y avoir acceptation, il ne faut pas écarter qu'il faut impérativement un régime déclaratif mettant en évidence un organe chargé de recevoir les déclarations de cadeaux et également d'en effectuer le traitement, à l'effet d'orienter les agents publics sur les cadeaux acceptables et sur ceux qui ne le sont pas. Soyons clairs, il ne s'agit pas de porter des jugements de valeur, mais bien d'occuper une posture d'éducateur et de rassurer les agents publics afin de leur permettre d'adhérer à l'idée de déclarer les cadeaux qu'ils pourraient recevoir dans l'exercice de leurs fonctions. L'objectif à terme, étant d'éviter qu'ils ne se retrouvent enfermés dans des relations compromettantes avec des tiers qui pourraient non seulement leur porter préjudice mais surtout impacter négativement la réputation de l'organisation. Dès lors, il semble évident que sans un régime juridique élaboré et connu de tous, chaque institution ou individu pourrait interpréter différemment les limites de ce qui est acceptable, ce qui pourrait mener à des abus. Il en ressort que des règles claires et uniformes aident à garantir que tous les agents ou employés respectent les mêmes standards éthiques.

Au final, ce plaidoyer pour l'élaboration et la vulgarisation d'un régime juridique des cadeaux vise à établir une limite entre les gestes d'appréciation et les actes pouvant être perçus comme attentatoires à l'éthique, à l'image des pots-de-vin. En l'absence de ces règles, les cadeaux peuvent vite devenir une monnaie d'échange, créant un environnement où la corruption et les abus de pouvoir prolifèrent. Ce régime voulu est donc essentiel pour préserver la confiance du public ou des parties prenantes, protéger les employés et les agents publics contre des situations compromettantes, et promouvoir une culture de transparence.

1.4. Opérationnaliser la Haute Cour de Justice

La Haute Cour de Justice a été conçue pour juger les dirigeants de l'État en cas de manquements graves, d'abus de pouvoir, ou de violations de la loi commises dans l'exercice de leurs fonctions. Or, son absence d'opérationnalisation constitue un obstacle à la mise en œuvre d'une gouvernance qui repose sur la redevabilité. Le fait que cette juridiction ne soit pas opérationnelle peut avoir une incidence certaine sur la perception que les citoyens doivent avoir de la justice. En effet, ils pourraient être tentés d'appréhender la justice ivoirienne comme une justice à deux vitesses, où les dirigeants échappent à toute poursuite en cas d'abus de pouvoir ou de corruption. En activant la Haute Cour de Justice, l'État ivoirien offrirait un cadre robuste pour traiter des fautes graves des hautes autorités, fermant la porte à l'impunité. De plus, il s'agit d'une question de respect des engagements constitutionnels de notre État puisqu'elle est consacrée par la Constitution ivoirienne. Son absence pourrait remettre en cause l'idée de la redevabilité au plus haut niveau, décrédibilisant ainsi la lutte anti-corruption et les dispositifs de gouvernance éthique adoptés par notre pays ces dernières années.

L'absence d'opérationnalisation de ce tribunal envoie au public un message selon lequel les responsables les plus puissants bénéficient de protections spéciales, ce qui contraste avec les valeurs de justice sociale et d'égalité des citoyens en droit. L'activation de la Haute Cour de Justice par la Côte d'Ivoire prouverait qu'elle valorise une justice indépendante et impartiale, où nul n'est au-dessus des lois. Par ailleurs, il faut noter que dans un contexte de mondialisation, un État dont les structures judiciaires et institutionnelles sont perçues comme faibles ou inadéquates risque de se voir marginalisé. En effet, les institutions internationales et les partenaires au développement, dont dépend une partie de notre croissance économique, observent de près notre avancée démocratique et les mécanismes de redevabilité que nous implémentons. Il est donc de notre devoir d'élever notre pays aux normes internationales en matière de gouvernance. Opérationnaliser la Haute Cour de Justice s'apparenterait à un message clair à la communauté internationale : celui d'une Côte d'Ivoire respectueuse de ses engagements de bonne gouvernance et déterminée à lutter contre la corruption à tous les niveaux. En outre, cela placerait notre pays parmi les États africains qui ont su prendre des mesures sérieuses pour endiguer l'impunité et asseoir un État de droit. Ce serait un atout pour attirer les investisseurs, car ceux-ci sont souvent rassurés par un environnement où la justice est perçue comme équitable et impartiale, même vis-à-vis des figures d'autorité.

Un État fort repose sur des institutions fortes. La Haute Cour de Justice pourrait être perçue comme l'un des piliers d'une gouvernance durable et transparente. En garantissant que les plus hauts responsables sont susceptibles de rendre compte de leurs actes, la Côte d'Ivoire s'engagerait sur la voie d'un développement harmonieux, dans un environnement où les ressources publiques sont gérées dans l'intérêt de tous, et non d'une élite. Au surplus, ce type de structure est essentiel pour mettre en place une gouvernance stable, qui résiste aux crises politiques et assure une continuité dans les politiques publiques, même en période de transition ou d'instabilité.

Dans la construction d'une nation intègre et pour favoriser une culture de probité et de transparence, la Haute Cour de Justice pourrait être un outil pédagogique puissant. La publication et l'accès aux décisions qu'elle rendrait pourraient servir d'exemple pour inculquer aux citoyens et aux agents publics les valeurs d'intégrité et de transparence. Les décisions de justice rendues dans des affaires impliquant des personnalités publiques constitueraient des précédents importants, rappelant que l'intégrité n'est pas une option mais une obligation, renforçant ainsi l'éthique publique.

La mise en œuvre de la Haute Cour de Justice en Côte d'Ivoire n'est pas simplement un choix technique ou juridique ; c'est un impératif moral et politique. Il s'agit d'une réponse aux aspirations des citoyens pour une gouvernance juste, un système judiciaire crédible et une démocratie plus sûre. En rendant cette cour opérationnelle, notre pays ne fait pas que respecter ses engagements constitutionnels, il se positionne également comme un exemple de gouvernance pour la région et au-delà.

2. Au niveau du cadre institutionnel

Lutter contre la corruption implique une plus forte déconcentration des structures impliquées dans les activités anti-corruption sur le territoire national. En outre, l'avènement d'un cadre formel de coordination entre les organes en charge de la lutte contre la corruption serait un atout considérable. Par ailleurs, il serait souhaitable que ces organes soient dotés d'une plus grande autonomie.

2.1. Déconcentrer les structures impliquées dans les activités anti-corruption sur le territoire national

La corruption est un fléau mondial et cela n'est plus à démontrer. Elle s'enracine souvent dans les systèmes où les mécanismes de contrôle sont très centralisés, inefficaces et peu accessibles. En Côte d'Ivoire, il serait judicieux d'effectuer une déconcentration des structures impliquées dans les activités anti-corruption. Concrètement, cette démarche consisterait à implanter des antennes régionales ou locales des institutions anti-corruption pour mieux couvrir le territoire national.

De plus en plus dans notre pays, il est question de rapprocher l'administration des citoyens et de toutes les parties prenantes. Or, il est avéré que la centralisation des organes anti-corruption, dont la plupart sont basés à Abidjan, peut limiter l'accès aux services pour les populations rurales ou éloignées. Pourtant, la corruption touche toutes les régions, souvent de manière plus prononcée dans les zones reculées où les services publics sont rares. Ainsi, rapprocher les structures anti-corruption des populations pourrait accroître les dénonciations, car les citoyens pourront signaler plus facilement les cas de corruption. Cela se justifie d'ailleurs dans un contexte où même si des plateformes en ligne existent, il faut reconnaître que dans plusieurs localités du pays, les populations n'ont pas forcément accès à l'internet ou même lorsque c'est le cas, elles ne savent pas toujours se servir de l'outil informatique.

Il serait opportun de mentionner que ce n'est pas toujours facile de devoir dénoncer des pratiques corruptives. En effet, ceux qui le font peuvent parfois s'exposer à des risques de représailles si les auteurs de ces actes s'en rendent compte. C'est pourquoi, il est important de réduire les coûts et délais pour accéder aux services de dénonciation ou de sensibilisation. Les coûts, à notre sens, ne s'évaluent pas uniquement en termes financiers. Ils s'appréhendent en termes de distance et de sécurité autour des procédures de signalement ; lesquelles doivent garantir l'anonymat des dénonciateurs et leur accorder le maximum de garanties que leur sécurité ne sera pas mise en danger. Tout cela exige que les structures en charge de la lutte contre la corruption se rapprochent davantage des populations pour une meilleure prise en compte de leurs requêtes. Les populations locales se sentiront ainsi incluses et participeront mieux aux actions en faveur de la promotion de l'intégrité et des valeurs éthiques.

La déconcentration vise à rapprocher l'administration des administrés, plaçant ainsi les administrations déconcentrées comme les premiers points de contact entre l'État et les citoyens. Cependant, sans supervision anti-corruption locale, ces structures peuvent rapidement devenir des foyers de pratiques corruptives.

Déconcentrer les structures en charge de la lutte anti-corruption, c'est renforcer la veille locale et le contrôle par l'amélioration de la capacité à détecter les infractions en temps réel grâce à des agents locaux. En outre, il pourrait en résulter une meilleure connaissance des spécificités régionales, facilitant des stratégies adaptées et une meilleure maîtrise des risques de corruption. Ce sera aussi l'occasion de développer un maillage territorial qui réduirait les zones d'ombre propices à l'impunité.

Notre point de vue a toujours été de prioriser la sensibilisation de proximité afin d'impacter durablement les mentalités. La sanction est une voie idoine pour dissuader toute entreprise visant à s'adonner à des actes de corruption. Toutefois, il serait louable de parvenir à éviter que de tels actes ne se produisent en promouvant une culture d'intégrité. Les populations locales, souvent peu informées sur leurs droits, deviennent des victimes ou complices inconscients des pratiques corruptives. Un rapprochement des structures de lutte anti-corruption pourrait faciliter les campagnes de sensibilisation en langues locales et selon les réalités régionales. Il en découlerait une culture d'intégrité plus ancrée et également un renforcement de la confiance entre les citoyens et les institutions. Sous un autre angle, relevons que la centralisation du traitement des dossiers relatifs aux cas de corruption peut être source d'engorgement au niveau d'institutions comme la Haute Autorité pour la Bonne Gouvernance. Une telle situation aurait indubitablement un impact sur la célérité dans le traitement desdits dossiers. La déconcentration telle que souhaitée aura un effet sur l'efficacité dans le traitement des dossiers et favorisera également la collaboration entre les organes locaux et les communautés.

En rapprochant les institutions anti-corruption des citoyens, la pression sociale s'intensifie sur les agents publics locaux, réduisant ainsi leur tentation de s'engager dans des pratiques illégales. Cela induira une augmentation de la transparence dans la gestion des affaires publiques. Par ailleurs, il y aura une meilleure supervision des projets de développement régional souvent vulnérables à la corruption. Dans cette perspective, il conviendrait, pour garantir l'efficacité de cette déconcentration des structures en charge de la lutte contre la corruption, de former davantage d'agents spécialisés en matière de lutte anti-corruption pour les animer. Au surplus, ces antennes déconcentrées devraient bénéficier de moyens matériels et financiers suffisants. Il faudrait s'assurer que les mécanismes de collaboration entre les antennes locales et les structures centrales fonctionnent bien et surtout, garantir l'autonomie de ces organes locaux.

Les Comités Locaux d'intégrité que nous évoquions précédemment constituent un pas important dans cette volonté d'optimiser la participation citoyenne et de rapprocher les structures en charge de lutte contre la corruption, des administrés dans leur ensemble. Il serait donc opportun de véritablement les opérationnaliser, tant en ce qui concerne leur gouvernance que la planification de la mise en œuvre de leurs activités. Ces comités ne pourront pas être efficaces sans moyens logistiques, financiers et surtout sans l'implication véritable de leurs animateurs. Tout cela soulève également la nécessité de créer un environnement favorable au bon fonctionnement de ces outils judicieux de promotion de l'intégrité.

2.2. Instituer un cadre formel de coordination entre les organes en charge de la lutte contre la corruption

Dans la lutte contre la corruption, ces trois principes clés que nous évoquions précédemment, à savoir la coordination, la collaboration et la coopération, forment les fondations d'une réponse efficace et harmonisée. Chacun d'entre eux joue un rôle bien défini et ils permettent de créer un dispositif robuste. Un cadre formel de coordination répondrait à trois objectifs. Premièrement, il serait un excellent moyen d'harmonisation des stratégies. En effet, il permettrait d'aligner les objectifs des différentes institutions. Ensuite, il pourrait faciliter le partage d'informations pour l'amélioration des enquêtes et poursuites. Enfin, il permettrait de rationaliser les ressources dans un environnement socio-économique assez sensible.

La mise en œuvre d'un tel outil, selon notre point de vue, partirait d'un cadre légal. Il pourrait s'agir de l'adoption d'un texte législatif ou réglementaire pour institutionnaliser la coordination. Cela permettrait, dans la pratique, d'implémenter une plateforme commune, dotée d'organes et d'un mandat clair. Par ailleurs, cette plateforme pourrait bénéficier d'outils numériques sécurisés pour faciliter un système de communication intégré permettant de fluidifier l'échange d'informations en temps réel. Aussi, serait-il judicieux que tout cela soit assorti de mécanismes de suivi et d'évaluation afin de mesurer, à travers certains indicateurs, l'efficacité des actions conjointes.

Un tel cadre de coordination, il faut le mentionner, présenterait un triple avantage. Il aurait, de prime abord, un impact certain sur le renforcement de la transparence car chaque organe serait tenu responsable dans le cadre de ses missions. Ensuite, il aurait le mérite d'améliorer les performances des institutions concernées puisqu'elles pourraient se concentrer sur leurs mandats spécifiques tout en collaborant. Enfin, il renforcerait la confiance des citoyens car une approche coordonnée inspire forcément confiance et légitimité dans les efforts de lutte contre la corruption. C'est donc une approche à 360° qui est voulue à l'effet de cerner le phénomène dans tous ces aspects et surtout de créer une synergie entre les différents acteurs.

- **Le modèle Singapour**

Singapour retient particulièrement notre attention en ce qui concerne l'efficacité de ses efforts mis en œuvre pour éradiquer la corruption. En 1960, au moment où la Côte d'Ivoire accédait à l'indépendance, ce pays faisait face à plusieurs défis majeurs en matière de corruption. La corruption était répandue[3], considérée comme un mode de vie en raison des salaires très bas des fonctionnaires et du faible risque associé aux actes corruptifs. En effet, les fonctionnaires impliqués dans des cas de corruption étaient rarement accusés et lorsque c'était le cas, la peine était généralement clémente. Mais le Parti d'Action Populaire (PAP) entreprit de déployer des mesures concrètes pour transformer la perception de la corruption en une activité à haut risque et faible récompense.

D'entrée de jeu, les dirigeants adoptèrent des lois strictes à l'instar de la Prevention of Corruption Act (PCA), du 17 juin 1960, qui est une loi robuste ayant renforcé les pouvoirs d'enquête et de poursuite. Dorénavant, tant le corrupteur que le corrompu et l'éventuel intermédiaire, du secteur public comme du secteur privé, sont dans le viseur de la loi. Une large

---

[3] Dès 1871, le Code pénal a rendu la corruption illégale dans les colonies de Malaca, Penang (actuelle Malaisie) et Singapour. Mais cela était loin de résoudre le problème. Ainsi, 66 ans après l'entrée en vigueur du Code (décembre 1937), l'ordonnance de Prévention de la Corruption (Prevention of Corruption Ordinance, « PCO ») a été prise. Mais il n'y a eu aucun impact car le phénomène de corruption s'est aggravé. L'inflation rampante couplée aux bas salaires rendait la vie extrêmement difficile pour les fonctionnaires. Une opacité minait la vie économique et le népotisme ainsi que la corruption avaient atteint un niveau inacceptable. Tout le monde s'en remettait aux « connexions, amis et parents » pour obtenir des emplois. Les pots-de-vin, le chantage et l'extorsion meublaient le quotidien. Cf. « REVUE AFRICAINE DES SCIENCES POLITIQUES ET SOCIALES N° 35, JANVIER 2022 », P. 327

définition a été faite du terme « gratification » qui désigne en fait l'acte de corruption ; il comprend : une somme d'argent, un cadeau, un prêt, des frais, une récompense, une commission, une propriété, des intérêts sur une propriété, un emploi, un poste dans un bureau, un contrat, une faveur ou un avantage de toute nature (y compris les faveurs sexuelles[4]), une promesse de quelque gratification que ce soit, etc. Par ailleurs, la PCA exclut systématiquement les gratifications qui seraient coutumières de certaines professions ou milieux d'affaires. C'est pourquoi, même les fameux « paquets rouges[5] » contenant de petites sommes d'argent qui se distribuent entre proches lors de la fête du Printemps chinoise, peuvent tomber sous le coup de la PCA, selon que le montant offert soit symbolique ou non et que le moment soit ou non approprié.

En ce qui concerne les fonctionnaires, la PCA a introduit le concept de « présomption statutaire » par laquelle, un agent public qui reçoit une gratification de la part de quiconque a ou cherche à avoir des affaires avec l'État ou une structure publique, est présumé corrompu, à charge pour lui de démontrer le contraire. Aussi, le remboursement intégral du montant indûment encaissé ne dispense-t-il pas le concerné de la peine d'emprisonnement prévue par la loi.

---

[4] L'élargissement des avantages indus aux faveurs sexuelles est une innovation dont pourrait également s'inspirer le législateur ivoirien. En effet, elles sont révélatrices d'atteintes aux valeurs éthiques, en plus de porter gravement atteinte à la dignité humaine.

[5] Une enveloppe rouge, ou paquet rouge, est un don d'argent traditionnel chinois réalisé dans une enveloppe rouge. Il est censé porter bonheur. Il est offert au cours de fêtes familiales, comme des réceptions de mariage, ou lors de fêtes traditionnelles, comme le nouvel an chinois. Mais ce terme désigne également les dessous-de-table. La pratique des paquets rouge fait penser aux paniers parfois offerts dans certaines administrations à l'occasion des fêtes de fin d'année et contenant tant des biens en nature que de l'espèce. Bien que ces présents revêtent parfois une valeur symbolique, force est de constater que dans la plupart des cas, ils sont susceptibles de générer un sentiment de redevabilité chez ceux qui les reçoivent. Ils deviennent ainsi porteurs de risques de corruption.

Elle a également renforcé les activités du Corrupt Practices Investigation Bureau (CPIB) qui avait été créé quelques années plutôt, soit en septembre 1952, en lui permettant de mener des enquêtes plus efficaces et impartiales[6], ce qui a renforcé sa réputation de rigueur et d'indépendance. Il faut noter que le CPIB a offert un cadre de coordination inclusif, impliquant plusieurs acteurs. Placé sous l'autorité directe du Premier Ministre, il collabore étroitement avec diverses agences gouvernementales et organisations privées pour recueillir des preuves et obtenir des informations durant ses enquêtes. Cette collaboration a permis d'identifier les zones sujettes à la corruption et de recommander des améliorations aux procédures existantes. Il mène aussi des campagnes de sensibilisation et des audits systématiques. Tout ceci a contribué à renforcer la transparence et l'intégrité à Singapour.

À ce jour, Singapour est largement reconnu comme l'un des pays les moins corrompus au monde. En 2023, il a été classé cinquième dans l'Indice de Perception de la Corruption (IPC) de Transparency International, avec un score de 83 sur 100. Même si des scandales tels que celui impliquant l'ancien Ministre des transports[7] S. Isawaran viennent entacher les efforts consentis, il est important de mentionner que la confiance du public dans les efforts nationaux de lutte contre la corruption reste forte. Cela se justifie par le fait que les citoyens sont témoins de la répression apportée aux éventuels cas de corruption qui se produisent. La politique de tolérance

---

[6] Le CPIB peut enquêter sur tout individu, y compris les hauts fonctionnaires et ministres, sans craindre des influences politiques

[7] Le procès de l'ancien Ministre des transports s'est ouvert depuis le mardi 24 septembre devant la Cour Suprême. Il va devoir répondre à environ trente-cinq chefs d'accusation, et notamment ceux de corruption et d'entrave à la justice. Les cadeaux qu'il aurait accepté de la part de deux hommes d'affaires sont estimés à plus de 300 000 dollars, quand le plafond autorisé dans le pays pour ce genre de présents est fixé à 38 dollars pour les fonctionnaires et les hommes politiques.
Asie-Pacifique, « L'un des plus gros procès pour corruption de l'histoire du pays s'ouvre à Singapour »
https://www.rfi.fr/fr/asie-pacifique/20240924-ant?utm_source=perplexity consulté le 05/12/2024

zéro mise en place ne signifie pas que des actes de corruption ne se produiront pas, mais elle traduit surtout la répression de tels actes afin de conforter, dans la conscience collective, la sincérité des instances dirigeantes quant à leur engagement en faveur de la promotion de l'intégrité. Singapour offre un bel exemple de cadre formel de coordination des actions en faveur de la lutte contre la corruption. Il y a de belles leçons à tirer du processus qui a fait passer ce pays d'un niveau de corruption avancée à cet indice le plaçant parmi les pays les moins corrompus du monde.

2.3. Doter les organes de lutte contre la corruption d'une plus grande autonomie

« Sans institutions indépendantes, la lutte contre la corruption est vouée à l'échec. ». Cette citation de José UGAZ, ancien Président de Transparency International, souligne l'importance de l'indépendance des institutions en charge de la lutte contre la corruption. L'autonomie est la condition indispensable pour que la lutte contre la corruption soit viable. Elle permet aux organes engagés dans la lutte, d'exercer leurs missions sans crainte, tout en inspirant davantage confiance aux citoyens et aux partenaires internationaux. Pour doter les organes de lutte anticorruption d'une plus grande autonomie, plusieurs approches peuvent être envisagées, notamment sur les plans institutionnel, financier et opérationnel.

Au niveau institutionnel, il est judicieux de mentionner qu'il est nécessaire que prévale une indépendance juridique et une responsabilité des organes concernés par la lutte. Juridiquement, les moyens visant à garantir l'indépendance et la responsabilité des organes de lutte contre la corruption devront être consacrés par la loi plutôt que par décret[8]. L'enjeu

[8] Il est évident qu'un décret peut être facilement utilisé pour créer un tel organe mais aussi pour le supprimer. Si les mesures envisagées sont garanties par la loi ou,

est de protéger ces organes des ingérences politiques en inscrivant leur indépendance dans la constitution ivoirienne ou dans des lois organiques. Il en résultera la capacité pour ceux-ci de former et conserver un personnel ayant acquis les compétences nécessaires pour combattre efficacement la corruption. Ces organes, en outre, devront être officiellement désignés comme les responsables auxquels puissent avoir recours les agents et les citoyens en général. L'autonomie de leurs dirigeants devra obéir également à un mode de nomination transparent et basé sur le mérite. Il serait également utile que les membres de ces organes puissent bénéficier de mandats non révocables avant terme, sauf en cas de faute grave constatée par une procédure impartiale. Mais il est important de relever qu'indépendance et responsabilité ne doivent pas être considérées comme s'excluant mutuellement. En effet, les organes anticorruptions doivent opérer à l'intérieur d'un système de gouvernance établi comportant des mécanismes de contrôle appropriés et de nature à garantir que nul ni rien n'échappe à la loi. Certes, l'indépendance est voulue, mais elle doit être nuancée par des mécanismes de nature à garantir la transparence et l'obligation redditionnelle des organes désignés. Par exemple, cela pourrait être mis en œuvre par le biais d'audits détaillés ou d'examens par les commissions parlementaires, ou encore par le biais de rapports au parlement.

En plus de cette nécessaire indépendance juridique, il importe que des ressources appropriées soient mises à disposition des organismes désignés. Cette autonomie financière pourrait se percevoir aisément par des dotations budgétaires établies sur une base pluriannuelle, ce qui réduirait le risque que le parlement use de son pouvoir

---

comme le montre l'expérience, par la constitution, il est plus probable que les organes responsables seront dotés de pouvoirs suffisants pour élaborer des politiques efficaces et les mettre en œuvre, tout en créant un climat de stabilité. Cf. ONUDC « GUIDE TECHNIQUE DE LA CONVENTION DES NATIONS UNIES CONTRE LA CORRUPTION », V.10-53540-Juillet 2010, P12

budgétaire pour limiter leur indépendance ou exercer des pressions indues dans des affaires de corruption spécifiques. Par exemple, il pourrait s'agir de budgets validés pour des périodes triennales, mais toujours avec une obligation de rendre compte. Il en va de même de l'existence de mécanismes d'audit externe pour s'assurer de la bonne gestion des ressources allouées. L'autonomie financière pourrait également prendre la forme de subventions globales accordées aux organes en charge de la lutte, les affranchissant d'éventuelles influences relevant tant de l'exécutif que des parlementaires. Ainsi, ils auront la latitude de déterminer l'usage à faire de ces subventions au regard de leurs activités, tout en demeurant astreints à l'obligation de reddition des comptes. Peu importe la forme prise pour doter les organes de lutte contre la corruption en ressources appropriées, il est important de garder à l'esprit que l'accent doit être mis sur la préservation de leur indépendance.

L'autonomie opérationnelle est la résultante naturelle de l'autonomie juridique, en ce sens que le cadre législatif applicable devra la garantir. Cela se justifiera par le fait que les organes responsables de la lutte devraient pouvoir élaborer leur propre programme de travail et déterminer comment ils s'acquitteront des tâches qui leur sont confiées. Pour ce faire, l'idée de l'indépendance doit être la trame de fond des règles et procédures régissant la nomination, la durée du mandat, la prise et la cessation de fonction des membres. Aussi, les organes responsables et leur personnel devront-ils jouir de l'immunité de juridiction civile à raison des actes accomplis dans le cadre de leur mandat si les actes en question ont été accomplis sous l'autorité de l'institution compétente et de bonne foi. Il est important de relever, à ce niveau, que cette protection ne doit pas faire obstacle à une protection judiciaire appropriée. L'expérience montre que dans leur opérationnalisation, les organes chargés de lutter contre la corruption peuvent se voir confier des mandats relativement divers. En fonction des systèmes administratif et juridique et des circonstances spécifiques prévalant dans chaque pays, certains organes peuvent avoir tantôt un rôle de prévention ou d'investigation et de poursuite.

Toutefois, peu importe la portée du mandat dont ils sont investis, les organes devront être formellement dotés par la loi, de l'autonomie et des pouvoirs suffisants pour s'acquitter de leurs fonctions. Au nombre de ces pouvoirs qui traduisent une autonomie assez renforcée et élargie, ils devraient pouvoir être dotés de la capacité d'élaborer les politiques et les pratiques[9] ; de publier des manuels d'instruction et élaborer des codes de conduite ; de formuler des recommandations et d'être consultés avant l'adoption de mesures législatives visant la corruption ; de délivrer des assignations à produire des documents, informations ou autres éléments de preuve et des assignations à témoigner ; de prévoir des échanges d'informations avec les organismes nationaux et internationaux qui s'occupent de combattre la corruption ; de jouir de l'immunité de juridiction civile lorsqu'ils s'acquittent de bonne foi de leurs attributions.

---

[9] Il s'agit de politiques et pratiques telles que prévues par la Convention des Nations Unies contre la corruption.

CHAPITRE 2 :

Dix autres propositions ou bonnes pratiques

Dans le présent chapitre, nous mettons en exergue d'autres leviers susceptibles d'impulser une nation plus intègre. La lutte contre la corruption implique un engagement sans faille et la prise de mesures fortes pouvant générer des résultats positifs. Ces mesures ne signifient pas qu'il n'y aura plus de commission d'actes de corruption. Elles peuvent néanmoins permettre de prévenir la survenance de certaines infractions, réduisant ainsi considérablement les atteintes à la probité.

1. Renforcer le contrôle interne dans la gestion publique

Le renforcement du contrôle interne constitue un levier stratégique pour une gestion publique efficace et intègre. Dans sa mise en œuvre, une telle action implique une volonté politique forte et l'implication de tous les acteurs concernés. Le contrôle interne vu sous l'angle de la gestion publique, se présente comme un système intégré de politiques, de procédures et de pratiques pouvant être mis en place par une organisation publique pour garantir l'atteinte des objectifs stratégiques ; la régularité et la conformité des opérations avec les lois et règlements ; la prévention et la détection des fraudes, erreurs et irrégularités ; la fiabilité des rapports financiers et de gestion, et l'utilisation efficace et rationnelle des ressources publiques. Il repose sur des principes fondamentaux tels que la responsabilité, la transparence et la gestion des risques.

Les objectifs du contrôle interne s'articulent autour de l'efficacité des opérations de l'État, la fiabilité de l'information financière et le respect des lois et réglementations applicables. Les bonnes pratiques de contrôle interne aident les entités et organisations du secteur public à générer une culture de transparence et de responsabilisation. Lorsqu'il est bien implémenté, il peut s'avérer être une véritable valeur ajoutée. Pour cela, il doit être bien adapté à l'établissement, adopté par les collaborateurs et continuellement maintenu à jour. Le contrôle interne présente l'avantage de définir clairement les responsabilités. En effet, il exige une formalisation des activités et des contrôles : processus, procédures, actions de contrôle, règlements, etc. Il permet d'apporter aux collaborateurs, aux dirigeants et aux élus une vision claire de « qui fait quoi et comment » au sein de l'administration. Ainsi, les malentendus ou les conflits peuvent être mieux maîtrisés, voire évités. En outre, grâce aux contrôles mis en place dans l'administration publique, la probabilité d'apparition d'erreurs ou de fraudes peut être moindre. En effet, si l'on prend l'exemple du respect des procédures de contrôle des mandats de paiement pour le règlement de fournisseurs de l'État, l'on devrait aboutir à une réduction voire une disparition du risque de paiement de dépenses irrégulières pouvant entraîner des déperditions de deniers publics. Naturellement, les risques d'erreurs étant réduits par les contrôles mis en place, les prestations de l'administration publique s'en trouveront améliorées. Au surplus, le contrôle interne est un facteur de renforcement de la confiance et de la sérénité chez les collaborateurs, cela sans compter qu'il est source de motivation. Il est important de communiquer sur le contrôle interne et d'en faire percevoir le bien-fondé aux collaborateurs. Ils seront plus enclins à effectuer les contrôles s'ils en voient la finalité, plutôt que de les réaliser uniquement parce qu'on leur a demandé. Par ailleurs, le contrôle interne permet d'éviter les coûts engendrés par des erreurs ou des fraudes. Pour finir, une excellente communication autour du contrôle interne peut permettre de gagner la confiance des citoyens et de toutes les parties prenantes, rassurés de voir les moyens mis en œuvre pour éviter les erreurs ou les fraudes et garantir, par conséquent, la bonne utilisation des fonds publics.

Il existe un référentiel de contrôle interne défini par le Committee Of Sponsoring Organizations of the Treadway Commission (COSO) aux États-Unis à la suite des scandales financiers et comptables du début des années 2000 que ce pays a connus. Ce référentiel comprend 5 composantes, 17 principes et 87 points d'attention[1]. De façon claire, « Le référentiel n'impose pas de contrôles spécifiques dont la sélection, le développement et le déploiement seraient impératifs pour garantir l'efficacité du système de contrôle interne. La sélection des contrôles incombe au management qui fait appel à son jugement en se fondant sur des facteurs propres à chaque entité, tels que :

– Les lois, règlements et normes applicables à l'entité ;

– La nature de l'activité de l'entité et les marchés sur lesquels elle opère ;

– Le périmètre et la nature du modèle organisationnel ;

[1] Le référentiel COSO « identifie des points d'attention qui correspondent à des caractéristiques importantes des principes. Mais le management peut estimer que certains de ces points d'attention ne sont pas appropriés ou ne sont pas pertinents, et qu'il faut intégrer d'autres points d'attention selon la situation spécifique de l'entité. Les points d'attention peuvent aider le management dans le cadre de la conception, de la mise en place et du pilotage du contrôle interne, ainsi que dans le cadre de sa vérification de la mise en place et du fonctionnement correct des principes. » Cf. COSO, Référentiel intégré de contrôle interne, Principes de mise en œuvre et de pilotage, IFACI, Eyrolles, Août 2015, page 65 consulté le 29/12/2024

– La compétence des collaborateurs responsables du contrôle interne ;

– L'utilisation et la dépendance vis-à-vis des technologies en constante évolution ;

– Les traitements retenus pour gérer les risques. »[2].

Cinq composantes meublent la mise en œuvre du contrôle interne, dont la prise en compte dans la gestion publique pourrait s'avérer très bénéfique. De prime abord, il s'agit de **l'environnement de contrôle.** En effet, l'organisation concernée doit manifester son engagement en faveur de l'intégrité et de valeurs éthiques en mettant en place des organes de surveillance dotés d'une indépendance, en responsabilisant et formant les acteurs et en les astreignant à l'obligation de rendre compte. Ensuite, nous pouvons faire mention de **l'évaluation des risques**[3] à travers laquelle l'organisation définit de manière claire et sans équivoque les objectifs afin d'identifier et d'évaluer les risques pouvant affecter leur réalisation. Au surplus, **les activités de contrôle**[4] que l'organisation sélectionne et développe lui permettront de ramener à des niveaux acceptables les risques associés à la réalisation des objectifs. Par ailleurs, à travers **l'information et la communication**, l'organisation obtient ou génère des données pertinentes et fiables afin de faciliter le fonctionnement des autres composantes du contrôle interne. En interne, elle communique les informations utiles notamment en matière d'objectifs et de responsabilités

---

[2] Cf. COSO, Référentiel intégré de contrôle interne, Principes de mise en œuvre et de pilotage, IFACI, Eyrolles, Août 2015, page 65, paragraphe 154, consulté le 29/12/2024

[3] L'organisation identifiera les risques associés à la réalisation de ses objectifs dans l'ensemble de son périmètre et procédera à leur analyse de façon à déterminer comment ils devront être gérés. Elle intègrera particulièrement le risque de fraude dans son évaluation des risques susceptibles de compromettre la réalisation des objectifs. Enfin, elle identifiera et évaluera les changements qui pourraient avoir un impact significatif sur le système de contrôle interne.

[4] Ces activités peuvent prendre l'aspect de contrôles généraux informatiques pour faciliter la réalisation des objectifs et également de règles précisant les objectifs poursuivis et de procédures mettant en œuvre ces règles.

associés au contrôle interne. Au niveau externe, elle communique avec les tiers sur les points qui affectent le fonctionnement des autres composantes du contrôle interne. Pour conclure, de nécessaires **activités de pilotage** à travers lesquelles, l'organisation sélectionne, développe et réalise des évaluations continues et/ou ponctuelles afin de vérifier si les composantes du contrôle interne sont mises en place et fonctionnent. L'organisation évalue et communique les faiblesses de contrôle interne en temps voulu aux parties chargées de prendre des mesures correctives, notamment aux instances dirigeantes (Direction Générale, conseil…) selon le cas. En imprégnant davantage la gestion publique de cette forme de gouvernance, l'on pourrait parvenir dans notre pays à rehausser le niveau d'intégrité de nos administrations par la prévention. Car, le contrôle interne est un excellent outil de prévention et de détection dont l'impact sur la gouvernance n'est plus à démontrer. Il serait souhaitable d'activer une « entraide administrative » pour permettre aux autres administrations publiques d'apprendre auprès de celles qui sont mieux imprégnées de cette bonne pratique. La Direction Générale du Trésor et de la Comptabilité Publique a bien réussi ce renforcement en s'engageant dans la certification de l'ensemble de ses processus selon les exigences de la norme ISO 9001 version 2015. Un partage de bonnes pratiques serait utile entre les administrations impliquées dans la gestion publique.

1.1. Promouvoir l'éthique et l'intégrité dans la gestion publique

« Sire, si vous voulez satisfaire le peuple, promouvez des personnes intègres »[5]. La nécessité de réguler les rapports

[5] Il s'agit de la réplique que Confucius aurait apporté à un empereur de Chine ayant sollicité ses conseils éclairés dans le dessein d'extirper la corruption. Cf. Hocine BÉNISSAD, « BLANCHIMENT DE CAPITAUX : ASPECTS ÉCONOMIQUES ET JURIDIQUES », Ed. ECONOMICA, 2014, P. 77, consulté le 29/12/2024

entre argent et sphère étatique ne date pas d'aujourd'hui. La volonté d'éviter les conflits d'intérêt est officiellement le souci des pouvoirs publics, à mesure que ce risque entachant leur probité prend de l'ampleur. Il est évident, face à cela, que la promotion de l'éthique et de l'intégrité dans la gestion publique s'impose. Dans cette optique, l'éducation[6] est la première possibilité qui s'offre à nous. Elle pourrait se présenter comme un moyen excellent pour remettre en cause des normes culturelles et sociétales qui tolèrent la corruption.

L'éducation est un processus de formation par lequel l'individu acquiert des connaissances culturelles, morales et intellectuelles. Elle est une clé qui ouvre les portes de la connaissance de la vie, ainsi que de ses mystères qui échappent aux esprits peu éduqués. Dans la promotion de l'éthique et de l'intégrité, elle se présente comme une thérapeutique de fond. Le contexte socio-culturel africain expose, comme nous l'avions mentionné déjà, les agents publics à certaines croyances, aux superstitions et surtout au parasitisme familial. Ainsi, une formation civique et imprégnée de valeurs éthiques pourrait faire disparaître, à terme, chez les fonctionnaires, l'ignorance, l'oubli ou le mépris de l'intérêt général, source des malheurs publics et de la corruption généralisée. En ce qui concerne les administrés qui sont les bénéficiaires principaux des prestations de l'administration, cette éducation devrait aboutir à leur enlever l'idée qu'il faut nécessairement corrompre les fonctionnaires pour obtenir de l'administration ce à quoi ils ont droit. Il s'agit donc d'un changement de paradigme fondé sur l'idée que l'intérêt général doit prévaloir. Aussi bien la formation initiale que continue des fonctionnaires et agents de l'État devraient intégrer des modules dédiés aux questions éthiques et d'intégrité. Il va nécessairement s'en suivre, des programmes réguliers de sensibilisation aux enjeux de la corruption et des

[6] Cette éducation dont il s'agit pourrait également commencer dès le bas âge en introduisant dans l'enseignement préscolaire, scolaire et universitaire des modules relatifs à l'éthique, à l'intégrité et aux enjeux de la lutte anti-corruption.

infractions assimilées ainsi qu'à l'obligation de transparence. Les formations délivrées par l'École Nationale d'Administration (ENA), l'École Normale Supérieure (ENS), le Centre d'Aptitude et de Formation Pédagogique (CAFOP) devraient nécessairement intégrer ces valeurs. La création également d'instituts pour la promotion de la bonne gouvernance et la formation d'acteurs locaux et d'agents publics serait un atout indéniable[7]. L'aboutissement de tout ce processus éducatif serait donc de faire souscrire tous les agents publics à un code de conduite clair et accessible qui règlemente leurs agissements en matière d'éthique, de transparence, de responsabilité et de lutte contre la corruption. À titre d'illustration, le Code d'éthique et de déontologie des agents du Trésor Public et la politique de lutte contre la corruption et la fraude dont s'est dotée cette administration publique sont déjà de belles initiatives en faveur d'une gestion publique plus éthique. Aussi, faudrait-il encourager de telles actions et les approfondir[8].

La seconde possibilité viendrait de l'engagement des dirigeants. Le « *Tone at the top* » comme disent les anglo-saxons, pour signifier que les personnes qui sont au sommet de l'organisation doivent être honnêtes, faire preuve d'intégrité et maintenir une culture d'entreprise[9] éthiquement correcte. Le ton au sommet, comme son nom l'indique, commence au sommet et se propage jusqu'aux cadres intermédiaires et finalement jusqu'à la ligne de fond. Ce ton va bien au-delà d'une simple tactique de leadership. C'est le

---

[7] La Haute Autorité de la Bonne Gouvernance est déjà sur la bonne voie avec la création d'une académie en Côte d'Ivoire qui deviendra un centre important de formation sur ces thématiques importantes

[8] L'objectif serait d'aboutir pour une telle administration au déploiement d'un système de management anticorruption selon les exigences de la norme ISO 37001 : 2016 qui définit des exigences et fournit des préconisations pour les systèmes de management conçus afin d'aider les organismes à prévenir, détecter et lutter contre la corruption, et à respecter les lois anti-corruption et leurs engagements volontaires applicables à leurs activités.

[9] Cette exigence est également valable en ce qui concerne la gestion publique.

cœur de la culture d'une organisation. Lorsque les dirigeants incarnent de manière authentique les valeurs qu'ils souhaitent voir apparaître, ils ne se contentent pas de guider le comportement ; ils l'inspirent, créant ainsi un sentiment d'objectif commun qui résonne à tous les niveaux. C'est pourquoi, les dirigeants ne devraient pas ruser avec la culture éthique, l'intégrité et la lutte contre la corruption, au risque de voir leurs administrés imiter les mauvaises pratiques. En effet, pourquoi voudrions-nous que les autres fassent ce que nous-mêmes ne faisons pas. Il s'agit d'une question d'exemplarité. Quel que soit le ton mis en place, les employés seront impactés par le comportement des dirigeants et adopteront de façon induite les valeurs incarnées par leurs supérieurs. Ainsi, si le ton mis en place par les dirigeants soutient l'éthique et l'intégrité, les employés seront plus aptes à adopter ces mêmes valeurs. En revanche, si les dirigeants sont plus occupés par les résultats financiers et donnent peu d'importance aux valeurs morales, les employés ne sentiront pas la nécessité de suivre un comportement éthique et prôneront par conséquent un comportement malsain. Il est établi qu'au sein d'une organisation, les individus accordent plus d'attention aux comportements et aux actions de leurs supérieurs et suivent d'une manière inconditionnée leurs leaders. L'engagement des dirigeants doit donc se traduire en actions concrètes. Selon le référentiel COSO[10], les dirigeants doivent suivre quatre importantes étapes :

– Communiquer aux employés ce qui est attendu d'eux ;
– Gérer par l'exemple ;
– Prévoir un mécanisme de dénonciation des comportements inappropriés ;

[10] Le référentiel COSO considère que « *The Tone at The Top* » joue un rôle crucial dans la mise en place d'un environnement favorable pour la robustesse de l'organisation et de ses capacités à atteindre les objectifs. Nous ajouterons que cela s'applique également en matière de gestion publique et avec davantage d'acuité puisqu'il s'agit de l'intérêt général.

– Récompenser le comportement éthique car il est attendu que les dirigeants d'une organisation soient exemplaires dans la conduite des affaires en développant des valeurs morales, une philosophie et un style de gestion.

Les dirigeants devront donc, de prime abord, prendre en compte les attentes des diverses parties prenantes, notamment les employés, les fournisseurs, les clients, les investisseurs et la communauté au sens large. Ensuite, ils devront renforcer la compréhension et l'adhésion aux obligations réglementaires et légales. Ils prendront, au surplus, les mesures nécessaires pour établir le ton sur le plan moral, social, environnemental et toute autre forme de comportement responsable.

De ce qui précède, ce leadership éthique et responsable serait judicieux chez des dirigeants publics tels que les ministres, les hauts fonctionnaires ou les élus. Ceux-ci devraient adopter des comportements exemplaires et promouvoir des valeurs d'intégrité, de transparence et de redevabilité vis-à-vis de la chose publique. Leur attitude et leurs décisions influencent directement l'ensemble de l'administration publique et la perception des citoyens envers les institutions. Les actions des dirigeants doivent refléter une gestion équitable et transparente des ressources publiques, afin de garantir que les politiques publiques sont appliquées de manière juste, efficace et conforme à l'intérêt général. Par ailleurs, une communication claire et ouverte sur les objectifs, les décisions prises et les résultats obtenus est cruciale. Cela afin de renforcer la confiance des citoyens et des parties prenantes, en s'assurant que les actions gouvernementales sont bien comprises et alignées avec les attentes sociétales. En ce qui concerne la détection des comportements inappropriés, les leaders publics devraient s'assurer que des mécanismes de contrôle, de vérification et de sanction existent et fonctionnent pour prévenir et détecter la corruption, les abus et les malversations. Il y va de leur leadership éclairé dans la conduite du contrôle interne. Notons également qu'en incarnant l'éthique, les dirigeants réussiront à encourager les agents publics à adopter des comportements responsables, à respecter les règles et à éviter les conflits d'intérêt. Le « *Tone at the Top* » est essentiel dans la gestion publique pour assurer une gouvernance éthique, transparente et responsable. Il repose donc sur des actions concrètes des dirigeants, qui doivent non seulement être exemplaires, mais aussi mettre en place des systèmes et des processus qui garantissent la bonne gestion des ressources publiques et la confiance des citoyens. Tous ces efforts combinés peuvent contribuer efficacement à la promotion de l'éthique et de l'intégrité dans la gestion publique.

1.2. Utiliser les Technologies de l'Information et de la Communication (TIC) pour renforcer le contrôle externe

Le deuxième changement stratégique[11] à réaliser dans le cadre de la Stratégie Nationale de Lutte contre la Corruption (2024-2028) vise à renforcer les contrôles interne et externe. Précédemment, nous abordions la nécessité de renforcer le contrôle interne dans la gestion publique. Il est donc question pour nous d'aborder un moyen pouvant améliorer le contrôle externe. L'analyse de la carte stratégique de la Stratégie Nationale de Lutte contre la Corruption envisage de s'appuyer sur le renforcement des capacités opérationnelles des institutions de contrôle. Dans cette perspective, notre proposition vise l'utilisation des TIC comme un moyen pour révolutionner le contrôle externe. Le programme est

[11] L'impact visé est le suivant : Le niveau de la corruption et des infractions assimilées a fortement baissé en Côte d'Ivoire à l'horizon 2028. Pour cela, cinq changements stratégiques (effets) sont à réaliser, dont quatre portent sur le système de gouvernance, la prévention et la lutte contre la corruption, et un sur le comportement citoyen. Cf. Haute Autorité pour la Bonne Gouvernance, « STRATÉGIE NATIONALE DE LUTTE CONTRE LA CORRUPTION (2024-2028) », P.8 consultée le 03/01/2025

ambitieux[12] et doit donc s'accommoder des moyens à la dimension de cette ambition.

De plus en plus, les organismes de contrôle intègrent l'utilisation des TIC pour améliorer leur travail d'audit. Dans ce contexte, leur utilisation peut être considérée comme une bonne pratique pour renforcer la relation entre l'État et le contrôle social. En effet, les TIC permettent de détecter précocement des actes de corruption, de mettre en évidence des irrégularités au moyen de rapports d'audit et d'identifier des cas d'enrichissement illicite. Dans cette optique, les pratiques suivantes concernant l'utilisation des TIC peuvent être encouragées :

– L'amélioration des systèmes de consultation en matière de rapports d'audit et autres services

Certaines institutions de contrôle disposent de moteurs de recherche et/ou des systèmes de consultation des rapports d'audit ou d'autres services sur leurs sites internet, bien que le niveau de développement de ces systèmes diffère. L'objectif est de permettre aux citoyens d'accéder aux audits réalisés et de reconnaître les actions engagées. L'article 19 de la convention des Nations Unies contre la corruption appréhende l'accès à l'information comme un outil essentiel dans la lutte contre la corruption. Il est vecteur de responsabilité et de transparence et permet l'identification des pratiques de corruption et leur détection. En mettant en place des mécanismes de consultation accessibles aux citoyens, on leur permet de mieux comprendre les résultats du processus

---

[12] L'indicateur 1 est relatif au taux de contrôle des structures :
– Cour des Comptes : 20 % des comptes contrôlés en 2028 contre 1 % en 2020 selon le rapport diagnostic sur la corruption et les infractions assimilées en 2020 (Deuxième paragraphe de la page 73)
– Parlement : 35 missions de contrôle en 2028 contre 01 en 2021
– IGE : 72 missions de contrôle en 2028 contre 12 en 2020
– IGF : 312 missions de contrôle en 2028 contre 52 en 2021
– ARNMP : 1000 audits des marchés par an contre 600 en 2020. Cf. Haute Autorité pour la Bonne Gouvernance, « STRATÉGIE NATIONALE DE LUTTE CONTRE LA CORRUPTION (2024-2028) », P.51 consultée le 03/01/2025

d'audit, ce qui est bénéfique en ce qui concerne leur participation à l'examen des activités gouvernementales.

Ces consultations peuvent être rendues possibles grâce à la numérisation des informations et facilitées par l'application de réglementations nationales telles que la loi N° 2013-867 du 23 décembre 2013 relative à l'accès à l'information d'intérêt public. Les audits achevés, examinés par les ministres, doivent être rendus disponibles sur les sites internet des ministères concernés. Le rapport soutenant la décision prise lors de l'examen devant être publié en même temps que la conclusion. Relevons que même en l'absence de moteurs de recherche et/ou de systèmes de consultation des rapports d'audit, des applications pour la gestion et le suivi des audits peuvent être implémentées, contenant des informations et des documents nécessaires à la consultation et au développement des audits.

– L'utilisation de l'analyse des données et du *Big Data* pour détecter les irrégularités dans les marchés publics

L'avènement du Système Intégré de Gestion des Marchés Publics (SIGOMAP), applicatif qui dématérialise les opérations de marchés et permet de retracer les étapes de la procédure et d'évaluer le système des marchés publics, est une avancée notable en ce qui concerne la promotion de la transparence dans la commande publique en Côte d'Ivoire. Ce système offre plusieurs avantages à savoir, la célérité dans le traitement des dossiers induisant la réduction des délais de passation, une plus grande transparence dans les procédures et une meilleure conservation des documents des opérateurs et des marchés. Il s'agit d'une excellente approche qui serait plus efficace avec une sensibilisation plus accrue des acteurs sur le devoir de probité. En effet, il faut retenir que la dématérialisation du système ne pourra produire les effets escomptés que si les acteurs et animateurs du système sont eux-mêmes imprégnés des valeurs éthiques et de probité.

L'homme étant au cœur de tout, il faut agir sur lui afin d'impacter plus amplement son environnement.

À cela, il serait judicieux que s'ajoutent des systèmes d'information permettant de reconnaître la présence d'irrégularités dans les différentes phases de l'attribution d'un marché. Dans la même lignée, la mise en place d'une équipe spécialisée en *Big Data* pour l'identification des risques de corruption serait utile. En effet, les *Big Data* peuvent jouer un rôle crucial dans l'identification des risques de corruption dans les marchés publics en permettant une analyse approfondie des données provenant de diverses sources. Notons qu'ils peuvent permettre de traiter des volumes massifs de données, comme les contrats, les appels d'offres, les paiements et les antécédents des entreprises. Les outils d'analyse[13] peuvent identifier des anomalies ou des tendances suspectes, telles que des prix anormalement élevés, des délais de soumission non respectés ou des fournisseurs qui remportent de nombreux marchés sans justification apparente. S'il existe un risque de corruption très prépondérant dans les marchés publics, c'est bien celui des conflits d'intérêt. Or, les *Big Data* peuvent permettre d'effectuer l'analyse des réseaux sociaux, des relations entre les entreprises et les responsables et/ou agents publics afin de mettre en lumière des liens cachés, des relations de favoritisme. Par exemple, l'obtention de multiples marchés par des entreprises dans des conditions opaques et les liens avec certains prestataires peuvent être identifiés. Les *Big Data*, à travers le croisement des données issues de plusieurs sources (transactions financières, communications internes, historiques des offres) par l'algorithme, peuvent détecter des comportements inhabituels, tels que des pots-de-vin ou des

[13] Nous pouvons citer SPSS MODELER pour l'exploration des données, I2 pour l'analyse des graphiques, POWER BI pour la visualisation des données, Python pour l'extraction via APIS et MS SQL pour les bases de données.

arrangements secrets.[14]Les *Big Data* offrent donc une vue d'ensemble des processus d'appel d'offres et de gestion des marchés publics. L'usage d'outils intelligents peut permettre d'analyser des modèles de corruption et d'anticiper sur une éventuelle vulnérabilité d'un secteur au regard des tendances antérieures. Il en ressort que les *Big Data* peuvent permettre aux autorités publiques et aux auditeurs d'avoir une vision plus claire et plus détaillée des risques de corruption, facilitant ainsi l'adoption de mesures préventives et correctives.

– L'utilisation de l'intelligence artificielle pour détecter les augmentations potentielles des actifs des fonctionnaires et améliorer la communication avec les citoyens

Le contrôle de l'augmentation d'actifs peut également bénéficier de l'incorporation des technologies de l'information. L'intelligence artificielle (IA) peut être utilisée pour détecter les augmentations potentielles des actifs des fonctionnaires. En effet, l'IA peut faciliter l'analyse des données économiques, financières et publiques afin de détecter des tendances ou des anomalies pouvant indiquer des augmentations non justifiées ou non transparentes des actifs des fonctionnaires. Il peut s'agir de l'analyse des déclarations de patrimoine, des flux financiers des agents publics pour détecter des augmentations anormales. La mise en œuvre d'une telle opération inclut l'analyse de grandes quantités de données afin de repérer des incohérences ou des changements inexpliqués dans les revenus ou le patrimoine.

Par ailleurs, l'IA peut être utile dans le renforcement de la communication avec les citoyens en rendant l'information plus accessible et en facilitant les échanges. Par exemple, un robot doté d'intelligence artificielle peut interagir avec les citoyens par l'intermédiaire de l'envoi de *SMS* leur mettant à disposition des informations sur les performances des structures en charge de la lutte contre la corruption et les

[14] Les arrangements secrets peuvent être révélateurs de risque de corruption et perceptibles à travers des paiements récurrents dans des comptes étrangers, des augmentations soudaines des coûts, ou des documents manquants.

infractions assimilées. Cela aura pour impact de permettre aux citoyens d'être imprégnés des avancées qui se font dans le cadre de la lutte contre la corruption. Les *Chatbots*[15] alimentés par l'IA peuvent répondre instantanément aux questions des citoyens sur la réglementation en vigueur, les bonnes pratiques, les sanctions applicables. Ils peuvent assister les agents publics également sur la conduite à tenir face à une situation qui pourrait être porteuse de risque de corruption. Dans la même perspective, l'IA peut traiter le ressenti des citoyens en analysant les commentaires sur les réseaux sociaux, les forums en ligne et autres plateformes afin d'aider les décideurs à prendre les décisions idoines et à adapter leur communication en fonction des attentes des populations.

1.3. Encourager la participation citoyenne

L'accès à l'information et l'interaction avec les citoyens sont au cœur de la lutte contre la corruption et du renforcement de l'intégrité dans les institutions publiques. La transparence permet aux citoyens d'exercer leur droit d'accès à l'information, contribuant ainsi à ce qu'ils puissent avoir une opinion éclairée sur les décisions et les politiques des organismes publics. Néanmoins, en l'absence d'interaction avec le public, les effets escomptés de la transparence et de l'accès à l'information peuvent se dissiper. La transparence n'est donc pas une fin en soi, elle constitue davantage une condition nécessaire à une participation citoyenne efficace, ce qui permet de renforcer le contrôle social, un obstacle majeur au fléau de la corruption.

Pour que la participation citoyenne soit efficace, elle doit être opposable. Il est donc nécessaire de disposer de normes qui soutiennent ce caractère obligatoire et qui ne dépendent pas de volonté temporaire. C'est à juste titre que la Convention

[15] Un programme informatique conçu pour simuler une conversation avec des utilisateurs humains, soit par texte, soit par voix. Il utilise des technologies diverses à l'instar de l'IA.

des Nations Unies, à propos de la promotion de la participation de la société à la prévention de la corruption, recommande aux États parties une interprétation au sens large de ce qu'il faudra entendre par la société et par les associations représentatives avec lesquelles ils doivent coopérer. Ainsi, le concept de société devra être entendu comme englobant les ONG, les syndicats, les médias, les organisations confessionnelles, ainsi que les institutions avec lesquelles il se peut que l'État n'entretienne pas de relations directes. Il serait donc louable que des mesures incitatives soient prises afin d'encourager ce genre d'initiatives.

D'entrée de jeu, toutes les initiatives d'action collectives en faveur de la promotion de l'intégrité et des valeurs éthiques devraient être encouragées. Elles peuvent être menées par des associations ou organisations de droit ivoirien et se déployer par le biais de plaintes citoyennes, de réseaux citoyens ou de surveillance citoyenne. La plainte est une pratique qui permet aux citoyens d'exercer leur rôle de contrôle sur l'État, au moyen de canaux établis dans le cadre réglementaire. Il est opportun de relever que l'objectif des canaux de dénonciation ou de signalement est de permettre aux citoyens d'informer un interlocuteur habilité des irrégularités présumées dans la gestion et l'investissement des ressources publiques. Pour ce faire, il est important de créer des canaux de réception de la plainte, de mettre en place un processus interne de traitement des plaintes, de faciliter un suivi externe des plaintes par les plaignants et de pouvoir intégrer les signalements reçus dans les processus d'audit en tant que contribution au processus de planification et de programmation d'audit, au même titre que d'autres sources d'informations. Ainsi, le dispositif de recueil des plaintes de la HABG devrait être renforcé et il devrait en être de même pour toutes les structures ivoiriennes en charge de la lutte contre la corruption. Aussi faudrait-il qu'une communication efficace soit menée afin d'encourager des actions collectives émanant de la société civile et allant dans ce sens. La convention des Nations Unies contre la corruption d'ailleurs incite les États parties à encourager le public à signaler les cas de corruption. Dans cette veine, les réseaux citoyens constituent un mécanisme d'influence citoyenne, par la création d'espaces de dialogue et de délibération des citoyens pour influencer l'élaboration des politiques publiques en vue d'améliorer la gestion publique et la responsabilité envers les citoyens. La principale caractéristique des réseaux citoyens est la participation directe de la société civile dans un espace de collaboration avec les entités publiques. Ce mécanisme de nature structurelle, qui devrait d'ailleurs être encouragé, s'inscrit dans un environnement où il y a un degré élevé de transparence de l'information, de sorte que la société civile dispose d'outils suffisants pour contribuer au processus décisionnel. Même si la participation peut avoir une incidence mineure sur la prise de décision, elle a du mérite lorsqu'elle intègre la sensibilisation et la formation des jeunes[16] aux outils et aux compétences qu'ils doivent maîtriser afin d'exercer activement leur rôle de contrôle citoyen.

Sur le plan méthodologique, la mise en œuvre de la formation et de la sensibilisation peut obéir à cinq phases qui sont :

– La création d'un tableau technique ;

– L'organisation de forums composés de représentants de la société civile, d'universitaires, des médias et du secteur public afin de communiquer sur la thématique ;

– Les campagnes de sensibilisation ;

– Les ateliers de formation pour les étudiants sur les sujets liés aux institutions supérieures de contrôle des finances publiques.

[16] « Personne ne naît bon citoyen ; aucune nation ne naît démocratie. Mais pour tous deux, il s'agit de processus en constante évolution. Les jeunes doivent être inclus dès leur naissance. Une société qui se coupe de sa jeunesse se prive de sa source de vie et se condamne à mort. » Disait KOFI Annan, ancien secrétaire général des Nations Unies et Prix Nobel de la Paix 2001, lorsqu'il abordait la question de l'implication de la jeunesse dans la participation citoyenne.

De tout ce qui précède, les réseaux citoyens constituent alors un cercle vertueux de rétroaction constante qui, à son tour, contribue à améliorer la démocratie et la qualité de la gouvernance. Il faut également mentionner que de nombreux organismes anticorruptions mènent des campagnes efficaces pour prévenir ce phénomène, mais ce que la Convention des Nations Unies contre la corruption tente de mettre en relief, c'est surtout que la sensibilisation soit considérée à tous les niveaux comme l'une des priorités de l'État. Tous les organismes publics devront manifester, dans la pratique, leur ferme volonté de prévenir la corruption. Plus précisément, en mettant à la disposition des citoyens des moyens d'exprimer leurs préoccupations ou de formuler des allégations sans crainte d'intimidation ou de représailles. Il faudra s'efforcer d'atteindre les couches les plus défavorisées de la société, qui sont fréquemment les plus touchées directement et indirectement, par la corruption. La Haute Autorité pour la Bonne Gouvernance, en tant que responsable de la coordination à l'échelle nationale des actions en faveur de la lutte contre la corruption, pourrait appuyer toutes les initiatives de la société civile en faveur de la moralisation de la vie publique. Cet accompagnement peut même se faire à travers les campagnes de sensibilisation conjointes qui devront tendre à expliquer clairement ce qu'est la corruption, quelles sont ses conséquences, quels sont les types de comportements interdits et ce qu'il faut faire pour la combattre. La surveillance citoyenne, quant à elle, vise à renforcer le contrôle social en rassemblant les critères des citoyens sur la conformité des politiques publiques par les institutions de l'État. Elle peut se faire par le canal d'un formulaire ou d'un questionnaire. Ainsi, la surveillance consistera de prime abord à former les citoyens à prendre part au processus, à traiter et remplir le questionnaire. Ensuite, il s'agira de procéder à l'évaluation générale de divers services et institutions publiques. L'avantage avec ce mécanisme, c'est qu'il nécessite peu de ressources humaines et économiques, mais qu'il permet d'obtenir des informations directes qui sont enregistrées, synthétisées et présentées par la suite aux institutions évaluées et aux personnes qui ont participé au processus en tant qu'évaluateurs. L'aboutissement peut être l'engagement pris par des institutions publiques et ayant pour but d'améliorer leurs prestations de services publics. Il ressort de cette analyse que la participation citoyenne peut être mise en œuvre par l'intermédiaire de différents mécanismes. Ces mécanismes peuvent tenir compte de l'influence plus ou moins grande de l'opinion des citoyens dans les fonctions des organes de contrôle. Mais dans tous les cas, la transparence est une condition clé pour une interaction efficace entre les institutions et les citoyens.

1.4. Impliquer davantage les Partenaires Techniques et Financiers (PTF)

Le 19 juin 2023, l'actuel Président de la Haute Autorité pour la Bonne Gouvernance, alors qu'il était encore ministre de la Promotion de la Bonne Gouvernance et de la Lutte contre la Corruption, sollicitait l'appui des partenaires techniques et financiers. En marge de la 5ème édition du Forum de l'alliance internationale anti-corruption (ICHA), organisé par la Banque Mondiale en partenariat avec l'État de Côte d'Ivoire, des échanges présentant les acquis de la Côte d'Ivoire en matière de lutte contre la corruption et visant à ouvrir des perspectives ont eu lieu. Cette occasion a permis, en outre, de mettre l'accent sur les réformes[17] initiées par la Côte d'Ivoire et également de présenter l'ambitieux projet de création de

[17] Elles concernent la prévention, la détection et la répression des actes de corruption par divers mécanismes, dont la plateforme de signalement des actes de corruption et infractions assimilées SPACIA.

l'Académie ivoirienne de bonne gouvernance dont l'objectif est à la fois institutionnel[18] et pragmatique[19].

L'implication des PTF peut avoir un impact certain en ce qui concerne les actions en faveur de la lutte contre la corruption. La pratique a démontré que les PTF peuvent jouer un rôle crucial en soutenant les efforts de gouvernance et de transparence des pays bénéficiaires dans le cadre de la coopération internationale. En mettant en place des mécanismes de suivi et d'audit externes sur les projets financés[20], ils peuvent encourager les gouvernements à respecter des standards élevés de bonne gestion. Cette incorporation de clauses de lutte contre la corruption dans les accords de financement permet de mettre en évidence des exigences de transparence et de responsabilité, avec des sanctions pour les violations. Lesdites clauses génèrent une obligation de signaler tout soupçon de corruption dans l'exécution de ce type de projets. Cette exigence éthique s'étend jusqu'aux prestataires qui devront interagir avec le bénéficiaire du financement pendant l'exécution.

Sous un autre angle, les PTF sont d'importants contributeurs en ce qui concerne le renforcement des capacités des acteurs locaux impliqués dans la lutte contre la corruption et les infractions assimilées. L'organisation des formations, avec des ressources techniques et des outils adaptés, peut aider

---

[18] Il s'agira de créer une synergie entre les parties prenantes en matière de bonne gouvernance et de lutte contre la corruption, faisant de cette structure une référence pour les meilleures pratiques dans le domaine.

[19] Un important programme de formation visant à renforcer les capacités des acteurs, à délivrer un certificat d'aptitude en matière de bonne gouvernance et à mettre en place un programme académique de master exécutif en gouvernance et leadership anticorruption.

[20] Dans le cadre d'un « *Grant agreement* » entre la Coopération Allemande (GIZ) et le Pôle Pénal Économique et Financier, nous avons pu constater, en notre qualité de point focal au niveau de la juridiction, les exigences de bonne gouvernance mises en jeu par le PTF. Aussi, des clauses anticorruptions sont-elles rattachées afin de s'assurer que le bénéficiaire met en œuvre des mécanismes pour lutter contre la corruption. Tout ce qui précède, sans omettre l'important dispositif relatif à la reddition des comptes.

à établir des systèmes de prévention et de détection de la corruption dans les pays partenaires. Il en va de même du renforcement de l'indépendance des institutions chargées de la lutte contre la corruption. À titre illustratif, nous avons pu bénéficier, dans le cadre du « Projet Bonne Gouvernance pour l'Accroissement des Investissements et de l'Emploi en Côte d'Ivoire[21] », de programmes intensifs de formation au profit du Pôle Pénal Économique et Financier et de l'ensemble des acteurs de la chaîne pénale. Au titre de ces formations intensives, nous pouvons citer :

– La mise en œuvre du droit OHADA en Côte d'Ivoire ;

– Le dépistage, l'identification, la saisie et la confiscation des avoirs criminels ;

– La fraude et la corruption dans les marchés publics.

Ces programmes intensifs auxquels nous avons pu prendre part ont été l'occasion de constater l'implication de divers acteurs allant des Officiers de Police Judiciaire aux Magistrats, sans compter la HABG, la CENTIF, l'AGRAC pour ne citer que ceux-ci. Les participants, dans leur ensemble, marquaient régulièrement leur satisfaction en raison de la mise en œuvre de ces cadres de formation et d'échanges. Selon eux, ces cadres de formation permettaient de mieux organiser la prévention, la détection et la répression des infractions économiques et financières. Les PTF peuvent également appuyer les initiatives de transparence[22] et d'accès

---

[21] Ce projet est le fruit de la coopération entre le Gouvernement de la République de Côte d'Ivoire et celui de la République Fédérale d'Allemagne. Il est conduit par M. Philip WIEDERSPAHN et vise l'amélioration du climat d'investissement et d'affaires en Côte d'Ivoire, en renforçant l'intégrité, la redevabilité et la transparence. Plusieurs acteurs en sont bénéficiaires, au nombre desquels la Cour des Comptes, l'ARNMP, le PPEF, etc.

[22] Il en va de même pour l'initiative pour la transparence dans les industries extractives (ITIE). Cette initiative soutenue par plusieurs PTF vise à promouvoir la transparence dans les secteurs minier, pétrolier et gazier. Elle encourage par exemple les pays producteurs de ressources naturelles à publier des informations détaillées sur les revenus générés par ces secteurs, incluant les paiements des entreprises et les recettes de l'État. Durant la période 2024-2028, elle a trois priorités fondamentales

à l'information en favorisant la mise en place de plateformes ouvertes de gestion des finances publiques, telles que les systèmes de gestion de l'information budgétaire. Il en ressortira nécessairement une transparence des dépenses publiques et une gestion plus rigoureuse des fonds alloués aux unités administratives. C'est ainsi que, dans le cadre du Programme d'Appui à la Gestion Économique et Financière (PAGEF) financé par la Banque Africaine de Développement, la capacité des régies financières à mobiliser des ressources a été renforcée. Il en va de même de la lutte contre la fraude fiscale, le développement du processus budgétaire, la transparence et le contrôle budgétaire, ainsi que la rationalisation des investissements publics.

En ce qui concerne la responsabilité sociale et la participation citoyenne, les PTF peuvent être d'un important apport. Ils peuvent soutenir les organisations de la société civile, les médias indépendants et les initiatives locales de suivi des projets afin de renforcer la vigilance citoyenne. Dans cette veine, des ONG à l'image de Transparency International jouent un rôle essentiel, plus particulièrement dans la sensibilisation et l'éducation du public sur les enjeux de la corruption. Enfin, dans le cadre du suivi-évaluation des projets qu'ils financent, les PTF peuvent analyser l'impact de la corruption sur l'efficacité de l'aide[23] qu'ils apportent. Les résultats de ces analyses pourront servir à réajuster les politiques d'assistance et à renforcer la lutte contre la corruption. Ce sont donc des alliés que nous ne pouvons occulter, si nous voulons agir considérablement sur l'indice de

---

que sont la lutte contre la corruption, la mobilisation des recettes et la transition énergétique.

[23] La Banque Mondiale a mis, par exemple, en place des politiques strictes de transparence et de responsabilité dans ses projets. Certains mécanismes à l'instar du « Proactive Disclosure Assessment Report for Ministries » ont le mérite de rehausser le niveau de redevabilité et de transparence dans les services publics et dans leurs activités. L'objectif à terme étant de garantir que les fonds alloués sont utilisés de manière efficace et responsable. Cela inclut la mise en ligne des rapports de projets et des informations financières sur des plateformes accessibles au public.

perception de la corruption en Côte d'Ivoire. Leur expérience en matière de transparence, de redevabilité et de bonne gouvernance peut enrichir positivement nos pratiques. En outre, la surveillance accrue dont ils font montre dans le cadre de l'exécution des projets qu'ils financent peut s'avérer utile pour détecter d'éventuels cas de corruption.

1.5. Oser faire de la conformité anticorruption au sein des administrations publiques

Autant son implication dans la promotion de l'éthique et de l'intégrité dans la gestion publique est nécessaire, l'instance dirigeante a une importante responsabilité dans l'implémentation de la fonction conformité anticorruption. Il s'agit d'un enjeu stratégique car la mise en cause d'une administration publique dans une affaire de corruption ou infraction assimilée peut entraîner des conséquences financières, humaines et réputationnelles lourdes. L'image de cette administration auprès des citoyens peut s'en trouver dégradée.

Le vendredi 24 mai 2024, les dirigeants de l'Agence de Gestion Foncière (AGEF), un organisme public, étaient condamnés[24] à des peines privatives de liberté allant jusqu'à trente-cinq mois de prison, à des amendes lourdes, environ 5 000 000 000 de francs CFA, et à la confiscation de leurs biens meubles et immeubles au profit de l'État. Dans la même veine, l'AGEF a également été condamnée à verser 5 000 000 000 de francs CFA à l'État pour des faits d'escroquerie et de blanchiment de capitaux. Il est important de mentionner que cette société avait tenté de se constituer partie civile pour demander des réparations en dommages et intérêts, mais a été déboutée dans sa demande par le juge. Ce

[24] L'ex-directeur général de l'AGEF et son ancien responsable financier, Ouattara Zawari Abdoulkarim, ont été condamnés pour des faits de faux et usage de faux commis dans des documents administratifs, d'escroquerie portant sur du numéraire, d'enrichissement illicite, de fraude fiscale et de blanchiment de capitaux.

verdict met en lumière la nécessité pour les sociétés d'État d'épouser la conformité anticorruption. La mise en œuvre d'un programme de conformité anticorruption peut permettre aux administrations publiques de :

– Se prémunir contre le risque de voir leur réputation entachée ;

– Se prémunir de voir leur valeur économique dégradée ;

– Sécuriser leur performance économique dans un environnement concurrentiel où les valeurs de probité et le comportement éthique sont de plus en plus examinés attentivement par les tiers.

Au regard de ce qui précède, il est indispensable que les instances dirigeantes au sein des administrations publiques assurent les conditions d'une gouvernance efficace de la conformité anticorruption au sein desdites administrations. Ainsi, elles doivent :

– S'engager à mettre en œuvre un programme de conformité anticorruption ;

– Promouvoir et diffuser la culture de conformité anticorruption ;

– Mobiliser des moyens et des ressources adaptés ;

– Définir les conditions d'organisation de la fonction conformité ;

– Désigner le responsable de la fonction conformité et s'engager à le protéger contre les pressions qu'il pourrait rencontrer ;

– Associer les fonctions concernées à la démarche ;

– Veiller au déploiement d'un programme de conformité anticorruption adapté aux risques de l'organisation et s'assurer de son efficacité ;

– Veiller au respect des engagements anticorruption de l'organisation ;

– Veiller à l'amélioration continue du programme anticorruption par une évaluation des pratiques et une révision des mesures et procédures en place.

La conformité anticorruption est donc importante non seulement pour préserver la réputation et la performance économique des organisations publiques, mais aussi pour assurer la confiance des investisseurs et des partenaires internationaux. Elle favorise un environnement des affaires plus transparent et équitable, propice à un développement durable. En plus, elle protège les employés et les parties prenantes des conséquences juridiques et éthiques des pratiques corruptives. Oser faire de la conformité anticorruption au sein des administrations publiques, inspire donc une démarche audacieuse, résolument tournée vers une culture d'intégrité et de responsabilité dans la gestion des affaires publiques. La conformité bouleverse les habitudes car elle n'est pas simplement un enjeu juridique ou administratif, mais bien un levier pour rétablir la confiance des citoyens dans leurs institutions, en garantissant une gestion éthique des ressources publiques. Au surplus, la conformité c'est aussi un défi organisationnel et culturel. La mise en œuvre d'un cadre de conformité à l'image de la norme ISO 37001 : 2016[25] nécessite un effort coordonné pour identifier les risques de corruption, former les agents publics, sensibiliser les décideurs et mettre en place des mécanismes robustes de prévention, détection et sanction des actes de corruption. La conformité anticorruption au sein des administrations publiques, c'est la garantie de bâtir des institutions plus résilientes face aux risques de corruption et promouvoir un environnement de travail fondé sur la transparence, la responsabilité et la justice. En d'autres termes, c'est la garantie d'un impact durable.

[25] La norme ISO 37001 : 2016 est un ensemble de règles et pratiques internationalement reconnues. Elle définit des exigences et fournit des préconisations pour l'établissement, la mise en œuvre, la tenue à jour, la revue et l'amélioration d'un système de management anticorruption. Le système qu'elle propose peut être autonome ou intégré à un système de management global. Cf. ISO « SYSTÈME DE MANAGEMENT ANTI-CORRUPTION - EXIGENCES ET RECOMMANDATIONS DE MISE EN ŒUVRE », Première édition 2016-10-15, consulté le 13/01/2025

Il est important de rappeler qu'avec la conformité anticorruption au sein des administrations publiques, on parviendra à :

– Prévenir les conflits d'intérêt ;

– Protéger les deniers publics, les parties prenantes et les instances dirigeantes vis-à-vis de la corruption ;

– Atténuer et réduire considérablement les coûts financiers et réputationnels liés à la corruption ;

– Rendre les pratiques au sein des administrations publiques conformes avec les standards internationaux sur la corruption ;

– Optimiser la transparence et la probité dans l'exécution des prestations ;

– Renforcer la crédibilité des administrations publiques auprès de leurs parties prenantes ;

– S'assurer que des mesures anticorruptions sont adoptées par l'ensemble des administrations publiques et également par leurs partenaires.

Enfin, force est de constater que la conformité anticorruption au sein des administrations publiques, c'est également des bénéfices tant pour l'État que les administrations concernées elles-mêmes. En effet, elle améliore la confiance des citoyens dans les mesures mises en place par le gouvernement et renforce la visibilité et la crédibilité de l'engagement de l'État dans la lutte contre la corruption. Au surplus, elle relève la confiance des bailleurs de fonds envers le pays et le crédibilise à leurs yeux du fait de l'alignement de son dispositif anticorruption sur les standards internationaux. Quant aux coûts que la conformité implique, il faut noter qu'ils sont insignifiants comparativement aux pertes financières engendrées par les pratiques corruptives. Il y va donc de la volonté des instances dirigeantes, comme nous l'avons relevé déjà. D'ailleurs, ne dit-on pas qu'il y a plus à perdre à faire de la conformité anticorruption qu'à ne pas la faire ?

Illustration : L'instance dirigeante au cœur de la fonction conformité anticorruption à travers une boucle de rétroaction[26]

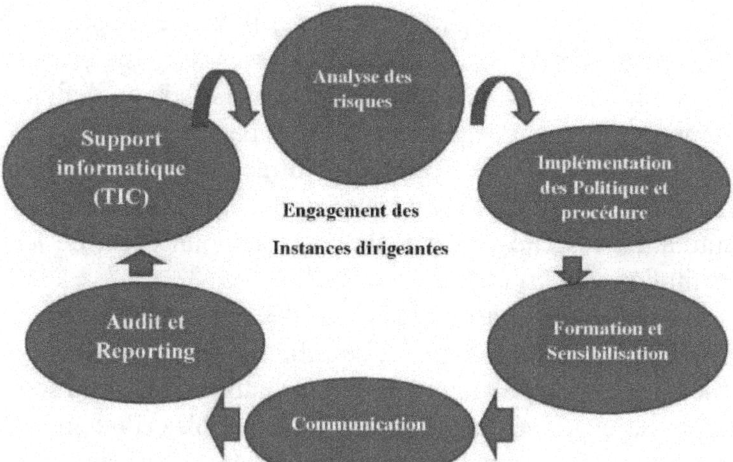

1.6. Communiquer sur les sanctions prises contre les personnes appréhendées pour faits de corruption

La transparence dans la lutte contre la corruption repose non seulement sur la prévention, mais aussi sur la communication des sanctions. Il est important d'informer le public des conséquences réelles des actes de corruption. Il s'agit d'un levier puissant pour renforcer la confiance des citoyens en démontrant que les lois sont appliquées sans distinction. En outre, communiquer sur les sanctions peut avoir un effet dissuasif en rendant visible le coût personnel et professionnel des infractions. Au surplus, c'est un excellent

[26] Dans cette boucle de rétroaction dont l'engagement de l'instance dirigeante est le cœur, chaque incident ou cas inclus dans l'analyse des risques, dans le cadre des contrôles et Programmes de formation deviennent une composante importante pour l'amélioration continue du cadre de conformité et de gestion du risque anticorruption par le biais des procédures et politiques mises en place. Cf. Agence Française Anticorruption « GUIDE PRATIQUE DE LA CONFORMITÉ ANTICORRUPTION DANS L'ENTREPRISE », Version 1/Janvier 2019, P.5

moyen de valorisation de l'action des institutions. Il est souvent constaté une crise de confiance entre les citoyens et les institutions judiciaires. Dans le jargon populaire, on entend dire : « ça n'ira nulle part ! » Pour signifier que les scandales financiers sont systématiquement classés sans suite. Notre point de vue est qu'une telle perception est liée au déficit en communication sur les sanctions prises par les juridictions. En effet, une chose est de réprimer les infractions économiques et financières, une autre est de le faire savoir afin de stimuler la confiance des citoyens dans le bon fonctionnement de leurs institutions.

Le rôle des mass médias et des réseaux sociaux est important comme moyen de sensibilisation au problème de manque d'intégrité de certains agents publics. En effet, seules la presse et les réseaux sociaux sont capables d'atteindre le maximum des populations tant rurales qu'urbaines, tant lettrées qu'illettrées. Les mass médias et les réseaux sociaux peuvent stigmatiser, avec le maximum d'effets et d'efficacité, le caractère néfaste de l'indélicatesse de certains agents publics. C'est pourquoi, ils constituent un canal adéquat pour communiquer sur les sanctions prises contre les personnes appréhendées pour faits de corruption. Les mass médias et les réseaux sociaux constituent aujourd'hui une sorte « d'épée de Damoclès[27] » qui pèse sur la tête de chaque citoyen. Ils sont également ce puissant relais qui pourrait aider à amplifier le son des décisions rendues par les juridictions et également des sanctions prises. Il est évident que plus il y aura de la communication sur les sanctions prises contre les personnes appréhendées pour des faits de corruption, moins les agents publics seront enclins à s'adonner à de tels actes par crainte de se retrouver sous les projecteurs. Il est vrai que la HABG publie annuellement ses rapports d'activité à l'intérieur

---

[27] Au milieu d'un festin, Damoclès l'orfèvre leva la tête et s'aperçut qu'une épée était suspendue au-dessus de lui, et n'était retenue que par un crin de cheval. C'est pourquoi, depuis le XIXème siècle, on parle d'une « épée de Damoclès » pour décrire une situation particulièrement dangereuse ou pénible.

desquels sont perceptibles certaines statistiques sur les cas de corruption. Mais l'enjeu serait plutôt d'optimiser la communication autour de ces cas, à travers l'usage d'outils plus adéquats et plus accessibles au plus grand nombre à l'ère du numérique.

Dans cette perspective, l'Organisation Nationale des Journalistes d'investigation de Côte d'Ivoire (ONJI-CI) joue un rôle important qui pourrait l'être davantage. Cette organisation a été active en 2023, dans la prévention et la lutte contre la corruption à travers des activités de journalisme, d'investigations et de sensibilisation[28]. Elle aura permis de renforcer la véracité des informations et de lutter contre la désinformation, tout en engageant les médias dans la lutte contre la corruption et la promotion de la bonne gouvernance. Dans le cadre des activités en matière de journalisme d'investigation de ses membres, l'ONJI-CI a soutenu plusieurs enquêtes et reportages tout au long de l'année 2023. Ces travaux ont couvert divers sujets allant de la corruption dans les marchés publics à la gestion des ressources naturelles, en passant par des cas de violations des droits de l'homme. Ces enquêtes ont contribué à exposer les pratiques corruptives et à sensibiliser le public sur l'importance de la transparence et de la redevabilité.[29]Il y a là des canaux adéquats pour communiquer sur les cas de corruption et surtout sur les sanctions prises à l'encontre des responsables de ces actes. De toute évidence, la communication est un outil puissant en ce 21e siècle qu'un projet aussi ambitieux que celui de la lutte

---

[28] Dans le cadre du renforcement de la véracité des informations dans certains pays africains, l'ONJI-CI a participé à une mission pour un projet de lutte contre la désinformation en Côte d'Ivoire. Ce projet a été soutenu par la GIZ et l'USAID et a permis une collaboration avec des experts allemands. Cf. HAUTE AUTORITÉ POUR LA BONNE GOUVERNANCE « RAPPORT D'ÉVALUATION 2022-2023 DES ACTIVITÉS LIÉES À LA PRÉVENTION ET À LA LUTTE CONTRE LA CORRUPTION »

[29] Cf. HAUTE AUTORITÉ POUR LA BONNE GOUVERNANCE « RAPPORT D'ÉVALUATION 2022-2023 DES ACTIVITÉS LIÉES À LA PRÉVENTION ET À LA LUTTE CONTRE LA CORRUPTION », P. 119

contre la corruption et les infractions assimilées ne pourrait ignorer.

1.7. Revaloriser la fonction publique

Le régime statutaire tel qu'hérité de l'époque coloniale, en garantissant la stabilité de l'emploi[30] dans la fonction publique, rendait jusqu'à une période récente, pratiquement difficile des remplacements indispensables à l'efficacité et à l'intégrité dans l'administration publique. La fonction publique, qui anciennement était le principal employeur, se trouve en concurrence sur le marché du travail avec des entreprises privées de plus en plus nombreuses et puissantes, qui offrent des salaires plus élevés. Dans ce rapport de force, elle est parfois perçue comme un refuge, un endroit où l'emploi est garanti, peu importe les écarts dont un agent pourrait se rendre coupable. La revalorisation de la fonction publique comme moyen de lutte contre le manque d'intégrité, impliquerait de notre point de vue une revalorisation morale, une revalorisation financière et une nouvelle gouvernance.

La revalorisation morale est l'aboutissement de réformes culturelles. Ces réformes s'entendent de toutes les mesures et prescriptions d'ordre psychologique, moral et disciplinaire à même d'influencer l'environnement du service public pour l'avènement du « fonctionnaire ou agent public nouveau ». De prime abord, notons l'instauration de la charte d'éthique et le code de déontologie. Ce corpus de règles renferme un ensemble de valeurs morales édictées pour garantir une transformation qualitative des personnels, tant dans leur conception du service public, dans leurs comportements et dans l'exercice de leurs activités professionnelles, que dans la fourniture des prestations au public et dans leurs relations avec les usagers-clients. Ces valeurs contribuent à moraliser

[30] La fonction publique dont nous avons hérité est une fonction publique fermée dite « fonction publique de carrière ». Lorsqu'on y entre, on en ressort qu'à la retraite.

l'environnement du service public et engagent, effectivement, tous les acteurs à la responsabilité et à la probité. Dans cette veine, un comité éthique de la fonction publique a été installé depuis le 20 mai 2021[31]. Un tel dispositif existe déjà dans certaines administrations publiques à l'instar du Trésor Public. Si cet outil est puissant pour revaloriser moralement la fonction publique, sa valeur serait davantage renforcée par sa vulgarisation et par un mécanisme permettant à tout agent public nouvellement recruté d'y adhérer après en avoir pris connaissance en le signant. Il y a là un contrat nouveau qui lie l'administration à l'agent public. Ledit contrat fait naître à l'encontre de ce dernier des exigences éthiques et déontologiques, auxquelles il aura librement souscrit et qu'il devra respecter, au risque de subir les conséquences liées à toute violation constatée. Dès lors, la moralisation de la fonction publique serait le résultat du contrat social tel que pensé par Rousseau[32]. Le pacte social que propose Rousseau établit que chacun doit renoncer à tous ses droits particuliers ou du plus fort pour obtenir l'égalité des droits que procure la société. Cette aliénation de chaque sujet de l'État est ce pacte qui offre à chacun l'égalité. En effet, l'affirmation de Nicolas Machiavel selon laquelle les hommes « sont ingrats, changeants, simulateurs et dissimulateurs, lâches devant les dangers, avides de profit »33 renforce l'idée selon laquelle les hommes sont naturellement enclins à tirer profit des situations dans leur seul intérêt et au détriment de la collectivité. La corruption est un fléau dont l'origine pourrait être inhérente à la nature même de l'homme si l'on s'en tient à la conception Machiavélique. Face à cet état de fait, le contrat social proposé

[31] Deux arrêtés ont renforcé ce dispositif structurel et fonctionnel du Comité Éthique. Il s'agit de l'arrêté n° 0116 MEMFPMA/CAB du 30 mai 2024 portant création du comité d'Éthique du Ministère en charge de la Fonction Publique et l'arrêté n° 0117 MEMFPMA/CAB du 30 mai 2024 portant nomination des membres du comité d'Éthique du Ministère en charge de la Fonction Publique.

[32] Cf. Jean-Jacques ROUSSEAU, « DU CONTRAT SOCIAL OU PRINCIPES DU DROIT POLITIQUE », Marc-Michel REY, Amsterdam, 1762

[33] Nicolas Machiavel, *Le Prince*, trad. Charles Bec, Paris, Garnier, 1987, p. 371

aux agents publics ne serait rien d'autre qu'une panacée, un moyen de contenir les appétits parfois attentatoires à la chose publique. En souscrivant à une charte éthique et déontologique, tout agent public s'engagerait à mettre en avant l'intérêt général et à adopter des comportements propices à un environnement professionnel plus éthique et plus valorisant.

Ensuite, le renforcement de la culture du civisme à travers l'instauration de pratiques telles que la cérémonie de salut aux couleurs est bénéfique dans cette entreprise de revalorisation morale. Il est important d'accroître chez les agents publics, le respect pour la République et ses symboles, et surtout de consolider leur sentiment d'appartenance à une administration au service de la patrie. N'omettons pas que le vrai patriotisme est le puissant carburant qui fait agir les citoyens dans le seul intérêt de la nation. Au surplus, il ne serait pas inopportun d'envisager un réarmement moral des agents publics à travers des cérémonies de récompenses de ceux qui se seront bien illustrés dans le service public. Dans cette optique, l'activité dénommée « Les *Awards* de la Fonction Publique », initiée depuis 2022 par la Ministre Anne Désirée OULOTO arrive à point nommé. Elle récompense les meilleurs agents qui assurent une gestion de proximité des ressources humaines civiles de l'État. L'institution de ce prix vise à créer une saine émulation entre responsables pour un service de qualité à offrir aux citoyens. Par ailleurs, l'article 16 du Code d'Éthique et de déontologie des agents du Trésor Public prévoit que l'agent qui observe les dispositions dudit code, peut recevoir des encouragements, des félicitations ou une décoration. Ce code, qui est en vigueur depuis 2012 et qui a été révisé en 2014 puis en 2020, a pour principal objet le renforcement de l'image et de la crédibilité du Trésor Public à travers un comportement irréprochable de ses agents, à même de rassurer les clients et les partenaires. Ainsi, le dispositif de récompenses au sein du Trésor Public est mis en œuvre à travers l'Observatoire de l'Éthique et de la déontologie du Trésor Public qui suggère, au Directeur Général, des récompenses pour la bonne application du Code d'Éthique et de déontologie. En outre, relevons le prix d'excellence du meilleur agent du Trésor Public à l'issue de l'évaluation du personnel sur la base des contrats d'objectifs.[34]Au surplus, le système de notation des agents prévoit que tout agent qui obtient la note de 5/5 durant huit (8) trimestres consécutifs bénéficie d'une récompense définie par la Direction Générale.

En ce qui concerne la revalorisation matérielle, elle implique l'idée de salaires décents. Selon plusieurs agents publics, la cause fondamentale du manque d'intégrité et de la corruption dans l'administration publique est le niveau très bas des salaires. Certes, cette assertion doit être considérée avec énormément de prudence car la grande corruption ne se trouve pas dans les rangs des petits salariés, mais elle peut se vérifier. Lorsqu'on compare le secteur public et le secteur privé, le fossé en termes de rémunération est énorme. Il en va de même entre les administrations publiques. Il y a quelques années, l'on déplorait l'exode massif et à n'importe quel prix de certains fonctionnaires vers les régies financières. Ne nous méprenons pas, la raison essentielle de ces migrations, c'est l'argent. Rose-Ackerman[35] estimait que les agents corrompus percevaient un salaire inférieur au secteur privé et suggérait que le « salaire efficient » pouvait réduire la corruption. Face à un salaire qui ne couvre pas leurs besoins, plusieurs agents publics cherchent à trouver dans « l'affairisme », la solution à leurs difficultés. Mais l'affairisme peut rapidement se transformer en un terrain favorable aux conflits d'intérêts, au blanchiment de capitaux. Les statuts ne permettant pas

[34] Au début de chaque gestion, les agents du Trésor souscrivent à un contrat d'objectif qui est évalué à l'issue de ladite gestion. Ce contrat permet d'encadrer leurs agissements et de stimuler leur productivité. À terme, il fait l'objet d'une notation susceptible d'avoir une incidence sur leur évolution au sein de l'appareil « Trésor Public ».

[35] Susan Rose-Ackerman, « CORRUPTION AND GOVERNMENT: CAUSES, CONSEQUENCES AND REFORM, Cambridge University Press, 1999

également de se réfugier dans l'affairisme, plusieurs agents publics pourraient se retrouver exposés à des risques de prévarication pour résoudre leurs problèmes. S'il y a bien une évidence, c'est celle selon laquelle il faut impérativement redorer financièrement le blason des agents publics afin de revaloriser la fonction publique. L'idée du « cordonnier mal chaussé » est à proscrire car contre-productive. Néanmoins, il faut diffuser et communiquer sur les bonnes valeurs afin de fabriquer des personnes véritablement éthiques et il faut, au surplus, leur donner les moyens adéquats pour vivre décemment. Disons-le clairement, aucune situation ne peut justifier une prévarication. Cependant, il est important de faire en sorte que les agents publics soient véritablement à l'abri de besoins existentiels. Tout être humain aspire à vivre sous un toit décent, à se nourrir correctement, à prendre soin de sa famille et à être heureux. Nous estimons qu'il serait judicieux d'allier cette mesure avec la promotion de l'éthique. À l'issue de ce processus, l'on serait fondé à sanctionner les « cupides » qui ne sauront pas se tenir face à la chose publique. Dans la recherche de la cause racine des cas de manquements qui surviennent très souvent dans la gestion des deniers publics, il faudrait s'atteler à avoir un regard à 360° qui promeut des valeurs et surtout qui cherche à comprendre le pourquoi de certains agissements. En sanctionnant à l'aveuglette, on ne règle pas forcément le problème car il y aura toujours des contrevenants.

Enfin, une nouvelle gouvernance s'impose. La fonction publique revalorisée sera la résultante de la mise en œuvre de réformes, innovations et mesures initiées par nos dirigeants. La théorie et la pratique du changement sont le fondement de la nouvelle administration. L'objectif est d'offrir aux usagers-clients un service public de qualité. Cet état d'esprit et d'être reposera nécessairement sur des valeurs éthiques et déontologiques que sont la probité, le dévouement, la discipline, l'assiduité, la ponctualité, la redevabilité et la responsabilité. La nouvelle gouvernance se traduira par une gestion digitale, un style managérial nouveau et une promotion du leadership féminin. Le passage d'une gestion manuelle à une gestion digitale est un impératif au regard de l'avènement des TIC. La pratique administrative des années de l'indépendance, basée sur les transcriptions manuelles et scripturales, fait place aujourd'hui, à l'utilisation du numérique. Cela aura pour incidence d'améliorer les rendements, les délais de traitement, de production et de délivrance des actes administratifs. Aussi, l'offre de service public connaît-elle déjà une nette amélioration qui facilite la vie aux populations. En ce qui concerne le style managérial, il évolue déjà sous deux angles. Premièrement, nous constatons un changement du rapport ou de la dialectique du patron et du subalterne de manière considérable. Dorénavant, le donneur d'ordre et l'exécuteur de cet ordre sont à équidistance et évoluent dans une approche participative. Ensuite, cette approche participative va impacter la méthode de travail au sein de l'administration. ASSAHORE Konan Jacques, un ancien Directeur Général du Trésor Public, disait souvent que « le groupe est plus fort que le plus fort du groupe ». Ce mode de pensée, basé sur la prise en compte de l'intelligence collective et la participation de tous les agents, en impliquant tous les collaborateurs davantage dans le fonctionnement de l'administration, est à saluer. Cette nouvelle approche managériale vise donc des réformes ayant pour objectif d'améliorer l'efficacité de l'État et l'imputabilité de ses commettants à l'aide de méthodes s'inspirant du management public et érigé en opposition à l'approche bureaucratique. Pour finir, il est utile de parvenir à développer le leadership et la capacité d'influence des femmes en tant que manager. Cette idée sera la traduction en acte du principe d'égalité des chances pour tous, indépendamment du sexe. Le Ministère d'État, Ministère de la Fonction Publique et de la Modernisation de l'Administration, en collaboration avec l'ambassade des États-Unis en Côte d'Ivoire, s'est déjà engagé sur cette voie en réalisant un programme de formation à l'attention de mille femmes fonctionnaires sur la période 2023-2024. Désormais, il est évident que la revalorisation de la fonction publique est un levier qui pourrait contribuer à améliorer la gouvernance. Force est de constater des actions fortes déjà initiées par les dirigeants et qui doivent continuer. Désormais, les mots clés de la fonction publique ivoirienne sont « Management et évaluation ». La modernisation de l'administration publique est l'un des principaux défis à relever pour faire de la Côte d'Ivoire un pays solidaire. Cette modernisation vise l'efficience, l'efficacité et la performance de l'action publique au service du développement durable de la Côte d'Ivoire. N'omettons pas que la mise en œuvre du Plan National de Développement, en ses axes basés sur l'éducation, la santé, l'électricité, l'eau potable, l'employabilité des jeunes, l'autonomisation des femmes, repose sur l'expertise des animateurs du service public. Cette problématique induit donc, un changement de paradigme dans l'exercice du service public par les fonctionnaires et agents de l'État qui doivent, dorénavant, se distinguer par leur exemplarité, leur redevabilité et leur loyauté.

1.8. Former et assister les élus

« Je ne savais pas ou encore, j'ai été induit en erreur ». Nous avons l'habitude d'entendre des élus invoquer l'ignorance lorsque des situations susceptibles de mettre en cause leur probité surviennent. La plupart du temps, les fonctionnaires et agents de l'État mis à disposition pour les accompagner dans leurs missions sont « les fusibles » qui sautent si un scandale éclate. Nous en sommes arrivés à conclure que les élus doivent être formés et assistés dans l'exercice de leurs fonctions. En effet, l'exercice de mandat électif dans notre pays ne requiert pas, à ce jour, de justifier d'une expertise avérée en matière de bonne gouvernance. Mais nous estimons que nos élus veulent bien faire. En devenant Président de la République, Maires, Gouverneurs, pour ne citer que ces fonctions, ils veulent améliorer le quotidien de leurs concitoyens. Toutefois, dans l'exercice de leurs fonctions, il arrive qu'ils soient confrontés à des subtilités qu'ils ne parviennent pas forcément à identifier comme des risques d'atteinte à la probité susceptibles d'entacher négativement leur réputation. En tant que personnes politiquement exposées, ils méritent une attention particulière du fait des risques énormes de corruption qui gravitent autour d'eux. Ainsi, il serait judicieux dès leur prise de fonction de les astreindre à un renforcement de leurs capacités, ne serait-ce que pour leur permettre d'identifier les scénarios porteurs de risque de corruption. Certains me diront qu'ils savent déjà. Mais je répondrai qu'il est du devoir de la nation de garantir l'égalité des chances. Il serait plus aisé de former nos élus que de ne pas le faire, car de toutes les façons le coût est toujours très élevé lorsqu'il y a détournement de deniers publics.

De manière pratique, cette formation consisterait à les initier à l'identification et à la gestion des risques de corruption lors de leurs mandats. Ils pourraient apprendre à cartographier les risques de corruption inhérents à leur secteur d'activité, élaborer des procédures, initier des sensibilisations et des formations à l'attention de leurs collaborateurs, mettre en place au sein de leurs entités des dispositifs d'alerte interne et améliorer le contrôle interne. En résumé, ils apprendront le management des risques de corruption. Les supports pédagogiques peuvent être adaptés à nos réalités afin d'en faciliter la compréhension. Nous sommes persuadés que les ressources ne seront pas difficiles à trouver si la volonté y est. L'Académie de bonne gouvernance et de lutte contre la corruption pourrait, dans cette veine, offrir le cadre approprié. Ainsi, par une disposition légale, la formation des élus pourrait être rendue obligatoire au même titre que la déclaration de patrimoine. En début de mandat, et également en cours de mandat, des recyclages pourraient permettre de les maintenir à niveau. Par conséquent, il ne sera plus admis d'invoquer l'ignorance pour justifier des situations dommageables pour les deniers publics. Il est vrai que nul n'est censé ignorer la loi, mais il serait mieux de s'assurer que nul n'ignore la loi et encore moins, ceux qui gouvernent.

En ce qui concerne l'assistance, nous suggérons la création de la fonction de référent déontologue et la mise à disposition des élus locaux. Il s'agit d'une initiative pertinente et réalisable. Les collectivités locales jouent un rôle clé dans le développement, mais elles sont souvent confrontées à des risques de conflits d'intérêts, de gestion non transparente et de corruption. Les élus locaux sont tenus d'incarner des valeurs d'intégrité et de responsabilité, mais comme nous le disions plus haut, peuvent manquer de repères ou de soutien face à des situations éthiques complexes. Il nous a été donné de constater qu'en France, le dispositif relatif aux référents déontologues existe pour encadrer la déontologie des responsables publics. Il ne serait pas superflu de nous en inspirer. Ainsi, ces référents pourraient offrir des conseils personnalisés pour aider les élus à respecter les obligations légales et éthiques liées à leur fonction. En outre, ils pourraient accompagner les élus dans l'identification et la gestion des situations à risque, cela sans compter leur appui dans la formation continue de ceux-ci. Enfin, ils pourraient jouer un rôle d'interlocuteur neutre en cas de dilemmes éthiques. Nous estimons qu'en le faisant, nous avons des possibilités d'améliorer la gouvernance locale à travers une meilleure gestion des affaires publiques. Ensuite, nous verrons la confiance citoyenne renforcée, parce que les populations accorderont davantage de crédit à leurs élus, percevant leur engagement pour une gouvernance intègre. Par ailleurs, ce sera un moyen pour réduire les risques juridiques et politiques, puisque les élus se protègent eux-mêmes en évitant les pratiques douteuses. Tout ce qui précède aboutira au renforcement de l'État de droit et à l'optimisation de la lutte contre la corruption à l'échelle de la gestion locale. Dans la faisabilité, il s'agira de créer une base légale pour définir les missions, la nomination et les obligations des référents déontologues. Ensuite, il faudra recruter et former des experts en éthique et en gouvernance, sans compter une nécessaire sensibilisation des élus pour leur faire comprendre l'utilité de ces postes et obtenir leur collaboration. En ce qui relève de l'aspect financier, le budget des collectivités locales pourrait être mis à contribution avec un appui possible de partenaires techniques et financiers.

1.9. S'inspirer des bons exemples : Le Botswana ou le bon élève de la classe

Classé 39e sur 180 pays dans le rapport 2023 de Transparency International, le Botswana occupe une place spéciale dans la lutte contre la corruption en Afrique en surpassant plusieurs pays du continent. Ce pays est devenu un modèle de bonne gouvernance et est cité en exemple par de nombreux observateurs occidentaux. Il n'y a aucun mal à copier les bons exemples. La question fondamentale est néanmoins de savoir comment le Botswana en est arrivé à un niveau de gouvernance et de redevabilité si appréciable. En réalité, sa gouvernance n'a pas toujours été celle que nous voyons aujourd'hui.

En 1994, suite à une série de scandales, le gouvernement du Botswana a mis en place un service indépendant et puissant, la Direction de lutte contre la corruption et la criminalité économique (DCEC). Cette direction, créée à l'initiative du parlement, a pour mission spécifique de lutter contre ces fléaux. Elle est placée sous la responsabilité d'un directeur général nommé par le Président de la République, auquel il rend compte par l'intermédiaire du ministre des Affaires présidentielles et de l'Administration publique. Il est important de retenir que la DCEC dispose de nombreux instruments de lutte contre la corruption. Elle procède à des contrôles au sein du gouvernement et des organismes publics afin de détecter les points faibles qui pourraient favoriser l'émergence de risques de corruption. Elle informe la population sur les dangers de la corruption par le biais de sa division « Éducation publique » et instruit les dénonciations de corruption qu'elle a reçues par le biais de sa division « Enquêtes ». Par ailleurs, un système de dénonciations a été implémenté par courriel, réseaux sociaux, téléphone, courrier et qui permet aux dénonciateurs de conserver l'anonymat s'ils le souhaitent.

Le 18 juin 2018, à l'occasion de la conférence régionale de la Commission Économique pour l'Afrique (CEA) pour l'Afrique australe, Said Adejumobi, Directeur Régional, affirmait : « Le Botswana suscite une lueur d'espoir dans la lutte contre la corruption en Afrique et possède l'un des meilleurs profils de lutte contre la corruption sur le continent. ». En effet, ce pays, à ce jour, connaît une réussite dans la lutte contre la corruption et se présente comme l'un des pays les mieux gouvernés[36] sur le continent. Les institutions fonctionnent et les ressources bien exploitées font du Botswana le pays le mieux placé pour défendre le programme de lutte contre la corruption en Afrique australe et pour encourager les autres pays africains à faire de même. Il est important de relever que des politiques saines en matière de lutte anticorruption ont été adoptées et qui concernent la

[36] Il possède près de deux millions d'habitants. Il est considéré comme l'une des plus grandes réussites du continent. De nombreux experts estiment qu'il est l'un des rares pays africains à avoir échappé au destin maudit réservé à ceux qui renferment d'importantes réserves naturelles. Bien qu'il détienne de grandes réserves de diamants, le pays semble avoir tiré profit de sa richesse. Le Botswana est aujourd'hui le deuxième producteur mondial de diamant. Ces performances sociales et économiques sont le résultat d'une bonne gouvernance, doublée d'institutions fortes et transparentes ainsi que de la mise en place de politiques de développement adéquates et adaptées. Cf Oumnia Boutaleb « POLICY PAPER : LA GOUVERNANCE DES RESSOURCES NATURELLES EN AFRIQUE : LE MODÈLE BOTSWANAIS », Octobre 2022

comptabilité, le contrôle interne, les systèmes d'audit ainsi que les institutions anticorruptions et de contrôle. Au surplus, le Botswana a institutionnalisé les idéaux de lutte contre la corruption à travers les organisations gouvernementales et paraétatiques et les autorités locales afin d'éradiquer le fléau de la corruption. Il existe, à n'en point douter, un leadership politique résolu à endiguer la corruption. Loin de s'arrêter à la mise en place de lois et d'institutions de lutte contre la corruption, le Botswana à travers ses dirigeants a entrepris des efforts particuliers pour en assurer la mise en œuvre. Or c'est bien cela qui manque à l'ensemble des pays qui peinent encore à agir considérablement sur l'évolution de la corruption en leur sein, traduisant un défaut d'engagement sincère des instances dirigeantes. L'approche des Botswanais a mis en avant l'exemplarité au sommet de l'État, montrant que les leaders doivent être les premiers garants d'une gestion intègre. Notons que les institutions robustes implémentées ont pu également bénéficier du soutien des dirigeants qui valorisent ainsi l'État de droit. Par ailleurs, l'intégrité et la transparence qui sont devenues des valeurs fondamentales de développement alimentent au quotidien la culture nationale selon laquelle, la lutte contre la corruption n'est pas uniquement une affaire de lois, mais aussi de valeurs. Pour finir, le leadership Botswanais, outre son intérêt marqué par la transparence dans la gestion des ressources naturelles, met un point d'honneur sur l'éducation et la sensibilisation en vue de promouvoir une société consciente des dangers de la corruption.

Au nombre donc des mesures inspirantes, le Botswana donne quelques leçons ; c'est-à-dire : l'exemplarité des dirigeants, le renforcement des institutions judiciaires de contrôle et la sensibilisation pour générer une culture de tolérance zéro envers la corruption. Tel que présenté, il s'avère être un modèle à imiter pour les pays en quête d'intégrité et de bonne gouvernance comme le nôtre.

- **Tableau synthétique des dix (10) recommandations**

N°	Recomman-dation	Nature de l'action	Justification du classement
01	Renforcer le contrôle interne dans la gestion publique	Institutionnelle	Cette recommandation renvoie à l'organisation et au fonctionnement interne des institutions.
02	Promouvoir l'éthique et l'intégrité dans la gestion publique	Éthique/Culturelle	Cette recommandation vise à changer les comportements, normes et valeurs des agents publics.
03	Utiliser les Technologies de l'Information et de la Communication (TIC) pour renforcer le contrôle interne	Technologique	Il est fait appel aux outils numériques pour appuyer la gouvernance.
04	Encourager la participation citoyenne	Participative	L'objectif est de solliciter l'implication directe de la société civile dans le suivi de l'action publique.
05	Impliquer davantage les partenaires techniques et financiers	Participative	Une inclusion d'acteurs externes pour appuyer les politiques nationales pourrait être bénéfique.
06	Oser faire la conformité anticorruption au sein des administrations publiques	Juridique	Il ne serait pas superflu d'orienter nos administrations vers la normalisation en ce qui concerne leurs pratiques. À titre d'illustration, une norme telle que

			l'ISO 37001 : 2025 pourrait être utile.
07	Communiquer sur les sanctions contre les personnes appréhendées pour faits de corruption	Éthique/Culturelle	Une telle mesure renforcerait la dissuasion par la transparence et la culture de reddition.
08	Revaloriser la fonction publique	Institutionnelle	L'amélioration des conditions de travail, de vie et de reconnaissance des agents ne peut être occultée dans cette démarche.
09	Former et assister les élus	Institutionnelle/Éthique	La présente recommandation induit le renforcement des compétences et de la conscience éthique des décideurs.
10	S'inspirer des bons exemples : Le Botswana ou le bon élève de la classe	Comparative/Stratégique	Il ne serait pas superflu de faire du benchmarking en vue d'adopter les meilleures pratiques adaptées à nos réalités.

Conclusion

Entre promesses et actions

Le 31 décembre 2024, à l'occasion du traditionnel discours présidentiel, Son Excellence Alassane OUATTARA affirmait que la bonne gouvernance, la lutte contre la corruption et le blanchiment des capitaux feront l'objet d'une attention particulière tout au long de l'année 2025. Cette déclaration est révélatrice de la volonté du Chef de l'État de poursuivre les efforts en matière d'amélioration de l'environnement des affaires, afin d'offrir un climat d'investissement toujours plus compétitif et plus attractif. Mieux, elle exprime la reconnaissance que des efforts restent à mettre en œuvre pour moraliser la vie publique ivoirienne.

L'engagement présidentiel de bâtir une nation intègre nous entraîne dans un voyage entre promesses et actions. Il réaffirme la volonté politique de renforcer l'intégrité et d'assainir l'environnement socio-économique. Dans le contexte mondial actuel, la transparence et l'éthique ne sont plus des options, mais des impératifs pour garantir la stabilité politique et la croissance économique. Cependant, l'histoire récente nous enseigne que l'efficacité de telles annonces réside non seulement dans la formulation d'intentions, mais surtout dans leur mise en œuvre concrète, rigoureuse et inclusive. Les intentions, si louables soient-elles, doivent se traduire par des actions concrètes, mesurables et pérennes. La lutte contre la corruption ne peut plus se limiter à des promesses ponctuelles ou à des mesures isolées. Elle appelle une réforme systémique autour de trois axes fondamentaux : la prévention, la répression et l'éducation citoyenne.

La prévention est la pierre angulaire de la lutte contre la corruption. Nous ne cesserons d'affirmer que réprimer les infractions est une chose excellente, mais ce qui serait mieux, c'est d'éviter qu'elles se produisent par une prévention qui porte des fruits. Pendant la rédaction de ce livre, nous avons évoqué des ébauches de transparence de gestion publique à travers la déclaration de patrimoine, la transparence dans la commande publique, la traçabilité des fonds publics, le contrôle interne et externe, la sensibilisation et la formation. Ces initiatives doivent être des instruments au service d'une redevabilité accrue. En outre, la conformité avec l'implémentation de systèmes de management, à l'instar de la norme ISO 37001, serait un levier essentiel. Tout ce qui précède pourrait être renforcé par des mécanismes de contrôle indépendant.

« La crainte du policier est le commencement de la Sagesse » [1]me disait mon défunt père qui fut Officier Supérieur de la Police. La répression ne peut être ignorée. Elle est la raison d'être de la prévention et découle naturellement de cette dernière. Lorsque les mesures mises en œuvre pour sensibiliser, éduquer et mener les citoyens vers des comportements plus éthiques ont montré leurs limites, il faut réprimer. Dans notre cas d'espèce, nous savons que la corruption est une infraction pénale. Ainsi, une réglementation existe pour apporter la réponse

---

[1] Cf. Commissaire DIBY Léguébé Pierre, mon défunt père, me disait que la société fonctionne véritablement bien lorsque ses membres, craignant la répression, commencent à respecter les lois établies. Selon lui, il ne s'agit pas de mettre en place un régime policier mais de faire appliquer les lois avec une rigueur telle que nul ne doute du fait qu'il subira la rigueur de la loi s'il la viole.

appropriée à ceux qui commettent des infractions. Que nous les envisagions à l'échelle internationale, régionale ou nationale, des mécanismes juridiques ont été élaborés en vue de lutter contre la corruption et les infractions assimilées. Premier instrument universel et global en matière de lutte contre la corruption, la Convention de Mérida définit un ensemble cohérent de principes et de règles communs, tant en matière de prévention que de répression de la corruption. Elle contribue jusqu'à ce jour à la mise en place d'une véritable action internationale de lutte contre la corruption. Plus précisément, la promotion de l'entraide judiciaire et le recouvrement des avoirs volés sont des mesures importantes appartenant à ce dispositif. Quant aux mesures prises à l'échelle régionale[2], elles convergent vers la mise en œuvre d'une politique pénale commune protégeant la société contre la corruption, mais aussi l'adoption de mesures législatives et administratives adéquates. À l'échelle nationale, la Côte d'Ivoire a conféré le caractère d'infraction pénale à toute une série d'actes de corruption, qui vont des actes de corruption ordinaire, comme le versement de pots-de-vin ou le détournement de fonds publics, au trafic d'influence et au recel, ainsi qu'au blanchiment du produit de la corruption[3]. Malheureusement, toutes ces mesures juridiques ne suffisent pas à lutter contre la corruption car d'une part, elles sont méconnues des populations et d'autre part, en raison du fait que leur application n'est pas toujours aussi effective qu'on le souhaiterait. Face à tous ces cas de corruption avérés, le citoyen lambda a fini par croire que la corruption est la règle et la probité l'exception dans le

[2] L'exemple de la Convention de l'Union Africaine relative à la prévention et à la lutte contre la corruption.

[3] Le blanchiment des capitaux perçu comme un processus ardu, dont l'auteur, en alerte permanente, cherche à accumuler des couvercles sur l'origine illicite des fonds, à la revêtir d'un semblant de légalité et à ne pas laisser filtrer le nom de son propriétaire ou de son bénéficiaire véritable.

fonctionnement des administrations publiques et même privées. L'édiction de normes juridiques et la multiplication d'institutions de lutte anticorruption ne suffisent pas à elles seules à combattre la corruption.

Il faut des mesures politiques courageuses pour venir à bout de cette gangrène sociale. Les dirigeants ont un grand rôle à jouer dans la lutte contre la corruption en assainissant le domaine politique, notamment les mécanismes permettant d'acquérir le pouvoir d'État ou les pouvoirs de décision. Les hommes politiques sont normalement en première ligne dans le cadre de la lutte anticorruption. Selon la Banque Mondiale, « la corruption prospère là où les politiques lui donnent des motivations et où les institutions de répression sont faibles »[4]. Il est donc indispensable, suite à l'identification claire des lacunes et des risques propres à notre pays, de formuler une stratégie pour renforcer le fonctionnement de l'État. Fort heureusement, la Stratégie Nationale de Lutte Contre la Corruption (2024-2028) traduit en actions concrètes la promesse faite par nos autorités de parvenir à faire baisser considérablement le niveau de la corruption et des infractions assimilées en Côte d'Ivoire à l'horizon 2028.

La stratégie se base sur deux postulats. Premièrement, le système de gouvernance de la prévention et de la lutte contre la corruption et les infractions assimilées peut être amélioré à travers le renforcement du cadre juridique de prévention, de détection et de lutte, le renforcement des contrôles interne et externe, l'amélioration de la performance des structures de prévention, de détection et de répression, une administration publique performante, accessible et caractérisée par l'intégrité, la transparence et la responsabilité. Deuxièmement, elle considère que le citoyen ivoirien pourrait devenir imperméable à la

[4] BANQUE MONDIALE, « DIAGNOSTIQUER LA CORRUPTION ET LA COMBATTRE », Les Nouvelles Frontières, Washington, 1998

corruption à travers le développement de la culture citoyenne de la prévention et de la lutte contre la corruption. Tout ce qui précède relève de la théorie du changement telle que perçue par nos dirigeants. L'espoir est donc permis et les indicateurs de performance prévus nous permettront de juger de l'efficacité et de l'effectivité de la mise en œuvre de ce programme d'envergure car, il faut agir. Au surplus, force est de constater que les dirigeants eux-mêmes ne nient pas l'importance de la prise en compte des citoyens. Pour notre part, c'est la confirmation de ce que nous évoquions : l'éducation citoyenne comme le troisième axe sur lequel pourrait s'appuyer la réforme du système.

La corruption naît et se développe en l'homme. Aussi, l'homme en est-il la principale victime. Un changement de mentalité s'impose en Côte d'Ivoire et la lutte contre la corruption consistera pour tous les Ivoiriens à refuser la corruption et à la dénoncer publiquement et auprès des autorités compétentes. Nos compatriotes pourraient, par exemple, commencer à s'émanciper vis-à-vis des contraintes sociales et familiales qui sont parfois des vecteurs de corruption. De même, chaque opérateur économique, usager/client, doit s'efforcer de remplir les conditions prescrites par la loi pour ne pas se voir dans l'obligation de corrompre[5], en contournant les règles établies. Au niveau collectif, la lutte contre la corruption commence par une sensibilisation de la population pour aboutir à un changement positif des mentalités. Idéalement, c'est un changement des mentalités en profondeur qui conduira les gens à cesser de croire que la corruption fait partie de la vie et se convaincre de ne plus avoir à tolérer ce genre de comportement. Néanmoins, il faut du temps pour vaincre le mal et c'est là que toutes les forces vives, dont

[5] Des transporteurs en règle vis-à-vis de la loi au niveau des documents relatifs à leur véhicule, n'auraient très certainement pas besoin de corrompre et contribueraient ainsi à réduire les rackets et les extorsions de fonds de la part de certains éléments des forces de l'ordre.

principalement la société civile, doivent travailler de concert pour dépasser la simple condamnation morale et aboutir à l'application effective de la législation en vigueur. N'omettons pas le rôle crucial des médias avec l'essor spectaculaire des réseaux sociaux ces dernières années et leur impact dans la diffusion des informations.

La corruption n'a pas régressé malgré tous les mécanismes mis en œuvre pour la résorber à cause de l'impunité, du laisser-aller qui ont témoigné d'un manque de volonté politique pour appliquer réellement les mesures déjà prises et faciliter le fonctionnement normal des structures déjà existantes. Les interventions, les implications des liens familiaux ne favorisent pas un comportement citoyen et une conception démocratique de l'État de droit. Il en résulte que les bonnes déclarations publiques ont rarement été suivies par des actions concrètes, et le phénomène a continué d'avoir de beaux jours devant lui. Aujourd'hui encore, l'État s'engage à combattre la corruption. Nous lui souhaitons du succès. L'avancée notable dans la lutte contre la corruption, selon le dernier rapport de Transparency International, est à encourager. La Côte d'Ivoire atteint un score de 45 sur 100 dans l'indice de perception de la corruption (IPC), se classant ainsi au 69ème rang sur 180 pays évalués. Néanmoins, des efforts doivent encore être mis en œuvre.

Pour ce faire, nous envisageons également l'engagement des religions comme un moyen dont l'impact ne serait pas négligeable. La Côte d'Ivoire est un État laïc dans lequel coexistent plusieurs religions[6] dont le Christianisme, l'Islam et l'Animisme. Elle est membre de l'Organisation de la coopération islamique et détient également l'un des

---

[6] Selon le sondage U.S. Department of State de 2021, l'Islam serait représenté avec 42,5 % de la population, le Christianisme serait représenté avec 39,8 % de la population et l'animisme qui maintient une influence assez forte sur toutes les autres croyances représente 3,6 %.

plus grands édifices[7] chrétiens au monde. Les Ivoiriens sont dans l'ensemble attachés à leur religion respective et vouent une déférence à leurs guides religieux. De notre point de vue, les religions ont pour mission fondamentale d'instaurer une société plus juste et plus respectueuse des droits et de la dignité humaine. Le sens et les motivations de leur engagement à lutter contre la corruption peuvent prendre appui sur les textes sacrés dont elles pourraient s'inspirer pour répondre aux questions sociales du moment.

Selon la religion musulmane, le combat contre les fléaux en général et contre la corruption en particulier, constitue une préoccupation dont la responsabilité incombe à chaque être humain et à toute la communauté des hommes. Le succès de ce combat suppose donc une approche solidaire et c'est pourquoi il est écrit : « Dieu aime ceux qui combattent sur son sentier en rang serrés, pareils à des constructions compactes »[8]. La promotion des vertus et le combat contre les vices constituent les vrais facteurs de développement, de cohésion sociale et de rapprochement des peuples. Ainsi, l'Islam combat la corruption[9] et estime que cette lutte passe avant tout par la lutte contre la pauvreté. C'est pourquoi, la *Zakat*[10] est un système obligatoire de redistribution des richesses. Cette solidarité exclut l'idée de captation des richesses par un seul individu ou un groupe de personnes. Aussi, l'Islam condamne-t-elle tous les comportements visant à corrompre les juges et à les détourner de leur devoir vis-à-vis des justiciables. Tel est le

---

[7] La Basilique Notre-Dame-de-la-Paix de Yamoussoukro

[8] Coran, *Sourate* 61, verset 4. À la suite de ce verset, le Prophète ajoute : « Chacun de vous est un berger et chacun de vous sera interrogé sur la manière dont il aura gardé son troupeau ».

[9] La corruption est réprouvée par le Coran. Elle est perçue comme tout gain illicite dépourvu, par conséquent, de *baraka* ou susceptible de l'annihiler. Les auteurs de la corruption sont bannis de la miséricorde divine. Le châtiment qui leur est réservé est clairement défini dans la *sourate « Al ma'ida »*, (verset 33), allant du pire des supplices (la crucifixion) au bannissement.

[10] La *Zakat Al Maal* est l'aumône obligatoire versée annuellement en vertu des règles de solidarité de l'Islam. Il s'agit du troisième pilier de l'Islam.

sens du verset 188 de la sourate 2 du Coran[11]. Ce mot « Juge » pourrait s'appliquer à tous les responsables d'une fonction publique, en raison des pouvoirs parfois discrétionnaires qu'ils détiennent. La pratique du pot-de-vin et l'usage du trafic d'influence et des dessous de tables sont formellement interdits. Les guides religieux devraient accentuer la sensibilisation de leurs fidèles afin de les conduire vers des comportements plus éthiques, car les comportements des croyants ne sont pas toujours en harmonie avec les textes.

Dans la même veine, le septième commandement[12] prescrit aux chrétiens l'interdiction formelle de voler. Il s'agit d'un principe hérité de l'ancien testament dans lequel il est également écrit que ni les voleurs, ni les cupides n'hériteront du Royaume de DIEU. Le Magistère de l'Église appelle à lutter contre ce phénomène. Dans le catéchisme de l'Église Catholique, le commentaire du septième commandement du Décalogue revient sur la corruption. « La corruption par laquelle on détourne le jugement de ceux qui doivent prendre des décisions selon le droit » est un vol et enfreint le commandement divin. Il en ressort que ni l'Islam, ni le Christianisme ne sont responsables de la corruption et de la vénalité de nombreux détenteurs de l'autorité (judiciaire, politique, administrative et même religieuse) en Côte d'Ivoire. Néanmoins, la corruption étant un serpent à plusieurs têtes, il ne serait pas superflu d'envisager la mise à contribution des guides religieux afin d'emmener les uns et les autres à une véritable conversion selon les exigences des livres saints.

---

[11] « Et ne dévorez pas mutuellement et illicitement vos biens, et ne vous en servez pas pour corrompre des juges, pour vous permettre de dévorer une partie des biens des gens, injustement et sciemment ».

[12] Exode 20 verset 15. Ce commandement défend de prendre ou de retenir le bien du prochain injustement et de faire du tort au prochain en ses biens de quelque manière que ce soit. Il prescrit la justice et la charité dans la gestion des biens terrestres et des fruits du travail des hommes. Il demande, en vue du bien commun, le respect de la destination universelle des biens et du droit de propriété privée.

L'expérience ayant prouvé le respect voué aux autorités religieuses, celles-ci pourraient être mises à contribution. La lutte contre la corruption interroge nos capacités à fonder des sociétés viables. Nos allégeances religieuses ne sont, bien souvent, que des parures sociales sans emprise réelle sur nos convictions. C'est pourquoi, quoi qu'elles enseignent, nos intérêts du moment l'emportent. Le niveau de corruption dans notre pays signifie quelque part que nous avons perdu notre âme. Nos prières ne sont que de vaines incantations car « ... Quand les habitants d'un pays sont croyants et que ce pays sombre dans l'appauvrissement, l'insécurité, l'immoralité, l'injustice, il faut conclure que la faillite est également spirituelle. En effet, si nous en sommes là aujourd'hui, c'est que, malgré notre foi en Dieu, comme animistes, musulmans, chrétiens, nous n'avons pas toujours agi conformément à la volonté de Dieu dans la gestion des choses et des hommes. »[13].

La corruption ronge notre société comme un cancer, elle infiltre nos institutions, dénature nos valeurs et étouffe les espoirs de plusieurs de nos concitoyens. Elle exacerbe les méfiances, les injustices et les inégalités au sein de notre pays. Bâtir une nation prospère, c'est également bâtir une nation intègre car derrière chaque scandale de corruption, il y a des écoles non construites, des hôpitaux sous équipés, des routes impraticables. Chaque détournement cache une mère qui pleure son enfant faute de soins, un étudiant dont l'avenir est compromis, une communauté entière privée de dignité. Dès lors, il nous faut refuser la corruption, même si nous risquons l'isolement, le mépris et parfois même l'échec social. Il nous faut parvenir à la capacité de dire « NON » à une offre, à un fonctionnement douteux, à la facilité, à un pot-de-vin ou à un passe-droit. Nous devrons pouvoir nous regarder en face et ressentir la fierté de léguer

[13] La politique au service du pays, Regard de foi et d'espérance, Lettre pastorale des évêques de Côte d'Ivoire, DC 1990, P.821

aux générations à venir une nation éthique, un modèle de bonne gouvernance, une contribution positive à la construction de notre pays. Nous devrons nous garder de sombrer dans l'indifférence face à ce fléau, car c'est là le plus grand danger. À l'instar de la maladie, la corruption nous habitera toujours. Mais la tristesse de ce constat ne nous interdit pas de tout faire pour réduire cette maladie. La corruption est nocive certes, mais des progrès sont possibles tant pour l'éradiquer que pour voir émerger des dirigeants intègres et irréprochables dans l'exercice de leurs fonctions. C'est pourquoi, Platon dans les Lois, pouvait affirmer : « Les serviteurs de la nation doivent s'acquitter de leurs services sans recevoir la moindre gratification… se forger une opinion et s'y tenir n'est pas chose facile, mais c'est pour un homme le moyen le plus sûr d'obéir loyalement à la loi qui lui dit : Ne rends aucun service en échange d'un présent. ».

Je ne suis ni un donneur de leçons, ni un observateur distant. Je suis un agent public ivoirien, un fils de la République, formé par ses écoles, nourri par ses institutions, et profondément reconnaissant envers ce pays qui m'a tout donné. Je suis le produit du système ivoirien, avec ses forces, ses limites et ses promesses. Ainsi, c'est justement parce que je lui dois tant que j'ai ressenti le devoir impérieux de lui rendre quelque chose en retour.

Ce livre est né d'un parcours personnel et professionnel au sein du Trésor Public, où je suis confronté au quotidien, à l'exigence de rigueur, de transparence et d'intégrité. Il est aussi le fruit d'une passion mûrie pour la recherche, non pas pour elle-même, mais pour ce qu'elle peut offrir à la nation lorsque la connaissance éclaire l'action. J'ai voulu contribuer, à ma place, aux efforts que nos décideurs, nos institutions et nos partenaires mènent avec détermination, pour éradiquer la corruption et bâtir une Côte d'Ivoire plus juste. Aussi, ai-je surtout voulu adresser un message à notre jeunesse : « Vous êtes l'avenir, vous êtes les décideurs de demain. Il est temps d'épouser, sans compromission, les valeurs d'éthique, de responsabilité et d'exemplarité. ».

Retenez que ces pages traduisent un appel à la conscience, un appel à l'action et à l'intégrité. Ce livre n'est pas parfait, mais il est sincère. Il porte l'empreinte d'un homme engagé, d'un fonctionnaire en éveil, d'un citoyen en quête d'une nation plus forte, parce que plus juste. Si ces écrits ont pu semer un doute fertile, éveiller une vocation ou raviver une conviction, alors mon objectif est atteint.

Que Dieu bénisse la nation ivoirienne !

Bibliographie

I. Ouvrages généraux

KLITGAARD Robert, Combattre la corruption, Nouveaux Horizons-ARS, Paris, 1995.

KOSSONOU Noé Moïse, Non ! Ça doit changer, les éditions CERAP, 2021.

LACROIX André, Éthique et intégrité du service public, Presses de l'Université du Québec, Édifice Fleurie, 480, rue de la Chapelle, bureau F015, Québec, 2022.

NGOUDA Fall Kane, Criminalité financière en Afrique et moyens de lutte - l'exemple du Sénégal, l'Harmattan, 30 septembre 2021.

DAGO Guiby Joseph, Histoire économique et sociale de la Côte d'Ivoire de 1843 à nos jours, l'Harmattan, 2016.

KOFFI-DJÉMÉ Michel, L'Afrique francophone peut-elle se libérer de ses chaînes ? Collection Autant écrire, éditions l'Harmattan, 2022.

MADOUN Mouloud, AUTISSIER David, PERETTI Jean-Marie, Artashastra : pédagogie et pratique du changement, la gestion consiste à équilibrer les forces en présence, Transformer sans rompre ni exclure : Étonnante actualité de l'Inde ancienne ; Académie des Sciences de Management de Paris, EMS Éditions, 2019.

SARASSORO Hyacinthe, La corruption des fonctionnaires en Afrique : Étude de droit pénal comparé », Economica, 49, rue Héricart, 75015 Paris 1980.

Hocine BÉNISSAD, « Blanchiment de capitaux : Aspects économiques et juridiques », ECONOMICA, 49 rue Héricart, 75 015 Paris, 2014

Jean-Jacques ROUSSEAU, « Du contrat social ou principes du droit politique », Marc-Michel REY, Amsterdam, 1762

Nicolas Machiavel, *Le Prince*, trad. Charles Bec, Paris, Garnier, 1987

DOMMEL Daniel, 2003, Face à la corruption. Peut-on l'accepter ?

Peut-on la prévenir ? Peut-on la combattre ? Paris, Éditions Karthala

OLIVIER DE SARDAN Jean-Pierre, BIERSCHENK Thomas et CHAUVEAU Jean-Pierre, 2000, Les Courtiers du développement, Paris, Éditions Karthala

II. Ouvrages spécialisés, rapports, manuels et guides

Haute Autorité Pour la Bonne Gouvernance, Rapport d'évaluation 2020-2021 des activités liées à la prévention et à la lutte contre la corruption.

Lignes directrices du GAFI, Personnes politiquement exposées, (recommandations 12 et 22), juin 2013, GAFI/OCDE.

« les recommandations de l'afa », recommandations de l'Agence Française Anticorruption destinées à aider les personnes morales de droit public et de droit privé à prévenir et à détecter les faits de corruption, de trafic d'influence, de concussion, de prise illégale d'intérêts, de détournement de fonds publics et de favoritisme ; Version du 4 décembre 2020.

Haute Autorité de la Bonne Gouvernance, Stratégie Nationale de Lutte contre la Corruption (2024-2028), Version adoptée par le Conseil de la HABG le 11/04/2023 et actualisée le 05/06/2024.

Ministère du Plan et du Développement, Institut National de la Statistique, Enquête sur l'état de la corruption à Abidjan (ECA 2015), Mars 2016

La Maison des Mères (1985), Thu-zen tleilaxu

OCDE (2014), « Rapport de l'ocde sur la corruption transnationale », http://www.oecdilibrary.org/fr/governance/rapport-de-l-ocde-sur-lacorruption-transnationale_9789264226623-fr cité dans OCDE (2016), « Prévention de la corruption dans les marchés publics », prevention-corruption-marches-publics.pdf (oecd.org)

« impact de la corruption sur la jouissance du droit à la santé des populations des régions sanitaires d'Abidjan, de Bouake et de Korhogo », Conseil National des Droits de l'Homme, Mars 2022, httsp://www.caidp.ci

Rapport d'évaluation 2022-2023 des activités liées à la prévention et à la lutte contre la corruption, Septembre 2024

Bloomfield Investment : Risque Pays Côte D'ivoire 2024, Des avancées notables dans la lutte contre la corruption

Rapport du Fonds Monétaire International (FMI) n°21/171 du 06 juillet 2021

GIABA (2021) Rapport de recherche et Documentation, Évaluation des Défis en matière d'Enquête, Poursuite et Jugement des Affaires de Blanchiment de Capitaux et de Financement du terrorisme en Afrique de l'Ouest GIABA, Dakar.

Konan Jacques ASSAHORÉ, « Code d'éthique et de déontologie des agents du trésor public », 3ème édition, mars 2021

« politique de lutte du trésor public contre la fraude et la corruption », juillet 2021

Haute Autorité pour la Bonne Gouvernance, « ÉTUDE PORTANT CARTOGRAPHIE DES SECTEURS EXPOSÉS AUX RISQUES DE CORRUPTION (ECSERC-2018) »

GIZ, « Rapport sur l'analyse des Comités Locaux d'Intégrité en Côte d'Ivoire », Avril 2022

ONUDC « GUIDE TECHNIQUE DE LA CONVENTION DES NATIONS UNIES CONTRE LA CORRUPTION », V.10-53540-Juillet 2010

COSO, Référentiel intégré de contrôle interne, Principes de mise en œuvre et de pilotage, IFACI, Eyrolles, Août 2015

ISO « SYSTÈME DE MANAGEMENT ANTI-CORRUPTION - EXIGENCES ET RECOMMANDATIONS DE MISE EN ŒUVRE », Première édition 2016-10-15

HAUTE AUTORITÉ POUR LA BONNE GOUVERNANCE « RAPPORT D'ÉVALUATION 2022-2023 DES ACTIVITÉS LIÉES À LA PRÉVENTION ET À LA LUTTE CONTRE LA CORRUPTION »

Oumnia Boutaleb « POLICY PAPER : LA GOUVERNANCE DES RESSOURCES NATURELLES EN AFRIQUE : LE MODÈLE BOTSWANAIS », Octobre 2022

BANQUE MONDIALE, « DIAGNOSTIQUER LA CORRUPTION ET LA COMBATTRE », Les Nouvelles Frontières, Washington, 1998

La politique au service du pays, Regard de foi et d'espérance, Lettre pastorale des évêques de Côte d'Ivoire, DC 1990

BLUNDO Giorgio et OLIVIER DE SARDAN Jean-Pierre, 2007, État et corruption en Afrique : Une anthropologie comparative entre fonctionnaires et usagers (Bénin, Niger, Sénégal), Paris, Éditions Karthala

CIRES, 2006, « Situation générale de la gouvernance et diagnostic de la corruption dans les secteurs du Transport et des F.D.S », Bulletin de lutte contre la pauvreté, 24 janvier

OLIVIER DE SARDAN Jean-Pierre, 1996, « L'économie morale de la corruption », Politique Africaine, n° 63

TRANSPARENCY INTERNATIONAL, 2002, Combattre la corruption : enjeux et perspectives, Paris, Éditions Karthala

CARBONNIER J, droit civil, 7ème édition, P.U.F., Paris 1967.

GOUDOT G, Les données d'une politique criminelle dans les pays en voie de développement, Archives de politique criminelle, 1, Ed. A. Pedonne, Paris, 1975.

DUMETZ Marc, Le droit du mariage en Côte d'Ivoire, préface de J.B BLAISE, L.G.D.J, Paris, 1975.

COSTA J, La nouvelle famille africaine dans les droits de l'indépendance, année sociologique, Vol. 22, 1971.

KOUASSIGAN G.A, quelle est ma loi ? Tradition et modernité dans le droit privé de la famille en Afrique francophone, préface de Pierre Bourel, Paris, Pedone, 1974.

BRILLON Yves, Évolution de la criminalité en Côte d'Ivoire, in Psychologie africaine, 1974.

III. Articles de revue, recherches et publications académiques

BUXBAUM Jürgen, Corruption et services publics, approche politique d'une campagne de le psi et de ses affiliés, Public Services International, www.world-psi.org.

VOS Jeroen, Lutte contre la corruption dans le secteur de l'eau : méthodes, outils et bonnes pratiques (New York, Programme des Nations Unies pour le Développement, 2011).

DIAGANA Ousmane, DIAGNE Mouhamadou « La corruption est un problème mondial pour le développement. » Pour la combattre, nous avons tous un rôle à jouer https://www.banquemondiale.org/fr/news/opinion/2023/06/13/corruption-is-a-global-problem-for-development-to-fight-it-we-all-have-a-role-to-play

KALNINS Valts, Corruption : Définition, causes et conséquences, https://rm.coe.int/16806efbe3, Tunis, 24-25 septembre 2014.

WERNER Simcha B, New directions in the study administrative corruption, Public Administration Review 43 (mars-Avril 1983).

SNAC Tunisie, Promotion de la bonne gouvernance et de la lutte contre la corruption, Document technique - note conceptuelle sur la contribution de l'INLUCC/IBOGOLUCC à l'activité normative nationale relative à la lutte contre la corruption et en faveur de la bonne gouvernance. Cf. https://rm.coe.int/16806d8b4d

INDRAWATI Sri Mulyani, La bonne gouvernance est à la base de la lutte contre la pauvreté et la corruption, Banque Mondiale Blog, publié sur Opinions, 17 Mai 2016 Cf. https://blogs.worldbank.org/fr/voices/la-bonne-gouvernance-contre-la-pauvreté-et-la-corruption.

ROQUAIN Jean, Les Yeux du Monde, actualité internationale et géopolitique : le miracle ivoirien et ses conséquences sur la situation actuelle du pays, https://www.les-yeux-du-monde.fr

JACQUEMET Nicolas, Revue française d'économie, VOLUME 20, N° 4, 2006.

AHREND Rudiger, 2002 Liberté de la presse, capital humain et corruption, Delta Working Papers 2002-11, DELTA (École Normale Supérieure).

BRUNETTI A, WEDER B, Une presse libre est une mauvaise nouvelle pour la corruption, Journal d'économie publique, 2003, Elsevier.

LEFF, N. (1964), Economic development through bureaucratic corruption, The American Behavioural Scientist 8(2):8-14.

HUNTINGTON S, (1968), Political order in changing societies, New Haven, Yale University Press.

BLUNDO, Giorgio et Olivier de SARDAN Jean-Pierre (2007), La corruption quotidienne en Afrique de l'ouest, Éditions Karthala. DOI : 10.3917/polaf.083.0008.

Gong, Ting et Shiru Wang, Indicators and implications of zero tolérance of corruption: the case of Hong Kong, Social Indicators Research, Vol.112, n°3, 2013.

CAHUC, Pierre et ZYLBERBERG André (1994), Que reste-t-il de la théorie du salaire d'efficience ? Revue économique, vol. 45, n° 3, P.385-397.DOI : 10.2307/3 502 334.

LAVALLÉE Emmanuelle, RAZAFINDRAKOTO Mireille, ROUBAUD François, Ce qui engendre la corruption : Une analyse microéconomique sur données africaines, Revue d'économie du développement 2010/3 (Vol.18), P.9, Éditions De BOECK SUPÉRIEUR.

HASSENFRATZ Christian, Le phénomène criminel dans un pays en voie de développement. L'exemple de la Côte d'Ivoire, Thèse, Paris 1974.

POLICHINELLE Dreyfus, Côte d'Ivoire : Affaire 18 milliards de l'UE, Guikahué clarifie tout ! 2 novembre 2023, https://www.afrique-sur7.ci

TILOUINE Joan, « P » : Drame écologique et bonnes affaires, https://www.lemonde.fr

« Où sont passés les milliards du cacao ? », Jeune Afrique, https://www.jeuneafrique.com, publié le 22 octobre 2007.

POLICHINELLE Dreyfus, Audit des sociétés d'État : Cinq employés de l'AGEF licenciés, 2 novembre 2023, https://www.afrique-sur7.ci

KROP Pascal, Le génocide franco-africain, faut-il juger les MITTERAND ? », Ed. Jean-Claude LATTÈS, Octobre 1994.

BEDE Rebecca C, les déterminants de l'amélioration de l'indice de contrôle de Corruption en vue de l'éligibilité de la Côte d'Ivoire au MCC, Mémoire de fin de cycle, Master Éthique et Gouvernance, CERAP, année académique 2014-2015.

« CORRUPTION ET DÉLITS APPARENTÉS DANS LES TRANSACTIONS COMMERCIALES INTERNATIONALES », Revue internationale de droit pénal, 2003/1 (vol.74), éditions ÉRÈS

« COTE D'IVOIRE : 36 SOCIÉTÉS EXCLUES DE LA COMMANDE PUBLIQUE DEPUIS 2014 POUR CORRUPTION » La Tribune Afrique (2018), en ligne : https://afrique.latribune.fr/afrique-de-l-ouest/cote-d-ivoire/2018-04-11/cote-d-ivoire-36-societes-exclues-de-la-commande-publique-depuis-2014-pour-corruption-774941.html

« REVUE AFRICAINE DES SCIENCES POLITIQUES ET SOCIALES N° 35, JANVIER 2022 »

Susan Rose-Ackerman, « CORRUPTION AND GOVERNMENT: CAUSES, CONSEQUENCES AND REFORM, Cambridge University Press, 1999

IV. Normes juridiques

Convention de Vienne sur le droit des traités du 23 mai 1969

Constitution ivoirienne du 08 novembre 2016

La loi organique 2018-979 du 27 décembre 2018 déterminant les attributions, la composition, l'organisation et le fonctionnement de la Cour des Comptes

Ordonnance n° 2013-660 du 20 septembre 2013 relative à la prévention et à la lutte contre la corruption et les infractions assimilées

Ordonnance n° 2013-661 du 20 septembre 2013 fixant les attributions, la composition, l'organisation et le fonctionnement de la Haute Autorité pour la Bonne Gouvernance

Ordonnance n° 2018-594 du 27 juin 2018 portant création, organisation et fonctionnement de l'Autorité Nationale de Régulation des Marchés Publics

Décret n° 2012-312 du 13 avril 2012 portant attributions, organisation et fonctionnement de l'Inspection Générale d'État (IGE)

Décret n° 2021-454 du 08 septembre 2021 portant organisation du ministère de l'économie et des finances

Décision n° 00237/MEF/DGTCP/DEMO du 21 avril 2020 portant création, attribution, organisation et fonctionnement de l'Observatoire de l'Éthique et de la Déontologie du Trésor Public

Loi n° 2022-193 du 11 mars 2022 portant création, organisation et fonctionnement du Pôle Pénal Économique et Financier

Ordonnance n° 2023-875 du 23 novembre 2023 relative à la lutte contre le blanchiment de capitaux, le financement du terrorisme et de la prolifération des armes de destruction massive

Code des Marchés Publics

Loi n° 2023-892 du 23 novembre 2023 portant statut général de la fonction publique

Décision n° 00947/MEF/DGTCP/DEMO du 11 décembre 2020 portant création, attributions, organisation et fonctionnement de l'Observatoire de l'Éthique et de la Déontologie du Trésor Public

Loi n° 2018-570 du 13 juin 2018 relative à la protection des témoins, victimes, dénonciateurs, experts et autres personnes concernées

Convention des Nations Unies contre la corruption

Arrêté n° 0194/MEF/DGTCP/DRH du 25 mai 2021 portant nomination de Monsieur DIBI Amafou Pierre Stéphane en qualité de régisseur d'avances du Pôle Pénal Économique et Financier

Arrêté n° 0116 MEMFPMA/CAB du 30 mai 2024 portant création du comité d'Éthique du Ministère en charge de la Fonction Publique

Arrêté n° 0117 MEMFPMA/CAB du 30 mai 2024 portant nomination des membres du comité d'Éthique du Ministère en charge de la Fonction Publique

Table des matières

Structures éditoriales du groupe L'Harmattan

L'Harmattan Italie
Via degli Artisti, 15
10124 Torino
harmattan.italia@gmail.com

L'Harmattan Hongrie
Kossuth l. u. 14-16.
1053 Budapest
harmattan@harmattan.hu

L'Harmattan Sénégal
10 VDN SICAP AMITIE 3
BP 45034 Dakar-Fann
direction@senharmattan.com

L'Harmattan Cameroun
Tsinga/Derrière polyclinique FECAFOOT
BP 11486 Yaoundé
Jacques.koukam@harmattan.fr

L'Harmattan Burkina Faso
Villa 281, secteur 23 623, rue 14.32
Ouagadougou
zagbie@outlook.fr

L'Harmattan Guinée
Almamya, rue KA 028 OKB Agency
BP 3470 Conakry
harmattanguinee@yahoo.fr

L'Harmattan RDC
185, avenue Nyangwe
Commune de Lingwala – Kinshasa
matangilamusadila@yahoo.fr

L'Harmattan Congo
219, avenue Nelson Mandela
BP 2874 Brazzaville
deunovmikhael@gmail.com

L'Harmattan Mali
Immeuble Mgr Jean Marie Cissé
Aci Hamadallaye
BP 145 Bamako
syllaka@yahoo.fr

L'Harmattan Togo
Djidjole – Maison Amela
face EPP BATOME
02 BP 20680 Lomé
didieramela11@gmail.com

L'Harmattan Côte d'Ivoire
Résidence Karl – Cité des Arts
Abidjan-Cocody
03 BP 1588 Abidjan
harmattan.ivoire@gmail.com

L'Harmattan Bénin
Rue 604, (Immeuble à l'entrée
de la rue UCAO- Cite de Saint-Jean)
Cotonou
stepcorpus@gmail.com

Nos librairies en France

Librairie internationale
16, rue des Écoles
75005 Paris
librairie.internationale@harmattan.fr
01 40 46 79 11
www.librairieharmattan.com

Librairie des savoirs
21, rue des Écoles
75005 Paris
librairie.sh@harmattan.fr
01 46 34 13 71
www.librairieharmattansh.com

www.ingramcontent.com/pod-product-compliance
Lightning Source LLC
LaVergne TN
LVHW011451061026
849535LV00004BA/1037
* 9 7 8 2 3 3 6 5 5 1 5 4 8 *